教育部人文社会科学研究青年基金项目"东南亚华人社群的建构与演化：以新加坡江兜王氏社群为研究个案"(项目批准号：11YJC850016)

上海市教委科研创新项目："民间信仰与社群整合：新加坡华人社群化神明崇拜研究"（项目批准号：14YS057）阶段性成果

鼓楼史学丛书·华侨华人研究系列

# 新加坡"江兜人"社群建构与演化研究

孟庆梓 著

A study on the Construction and Evolution
of the "Jiangdou People"
Community in Singapore

中国社会科学出版社

## 图书在版编目（CIP）数据

新加坡"江兜人"社群建构与演化研究/孟庆梓著.—北京：中国社会科学出版社，2022.12

（鼓楼史学丛书.华侨华人研究系列）

ISBN 978-7-5203-8932-7

Ⅰ.①新… Ⅱ.①孟… Ⅲ.①华人社会—研究—东南亚 Ⅳ.①D634.333

中国版本图书馆CIP数据核字（2021）第163207号

| 出版人 | 赵剑英 |
|---|---|
| 责任编辑 | 宋燕鹏 |
| 责任校对 | 宋妍洁 |
| 责任印制 | 李寡寡 |

| 出　　版 | 中国社会科学出版社 |
|---|---|
| 社　　址 | 北京鼓楼西大街甲158号 |
| 邮　　编 | 100720 |
| 网　　址 | http://www.csspw.cn |
| 发 行 部 | 010-84083685 |
| 门 市 部 | 010-84029450 |
| 经　　销 | 新华书店及其他书店 |
| 印　　刷 | 北京明恒达印务有限公司 |
| 装　　订 | 廊坊市广阳区广增装订厂 |
| 版　　次 | 2022年12月第1版 |
| 印　　次 | 2022年12月第1次印刷 |
| 开　　本 | 710×1000 1/16 |
| 印　　张 | 22 |
| 字　　数 | 258千字 |
| 定　　价 | 108.00元 |

凡购买中国社会科学出版社图书，如有质量问题请与本社营销中心联系调换
电话：010-84083683
版权所有　侵权必究

# 目　　录

**第一章　导论** ································ (1)
　第一节　问题缘起与学术回顾 ················ (1)
　第二节　研究价值与研究思路 ················ (35)
　第三节　研究方法与研究资料 ················ (39)

**第二章　祖籍溯源：中国福清江兜村的地域化宗族聚落** ································ (47)
　第一节　聚族而居：福清江兜王氏宗族社会的形成 ··· (47)
　第二节　福清江兜王氏宗族的民间信仰：
　　　　　以昭灵庙为中心 ······················ (53)

**第三章　过番南洋：中国福清江兜移民的早期南来** ··· (62)
　第一节　从福清到星洲：中国江兜移民的跨境流动 ··· (62)
　第二节　新加坡江兜王氏移民的早早期聚居形态 ····· (80)

**第四章　谋生立足：江兜移民在新加坡的行业化经营** ··· (86)
　第一节　新加坡江兜人的人力车业起步 ········ (87)
　第二节　新加坡江兜人在交通行业中的成功经营 ····· (91)

第三节　宗乡关系与新加坡江兜人交通行业经营………（96）

**第五章　社群凝聚：新加坡江兜移民宗乡组织的建立与运作**………（107）
第一节　移民时代新加坡江兜人的"江兜馆"…………（108）
第二节　新加坡江兜王氏公会的建立及其组织系统…………（113）
第三节　新加坡江兜王氏公会的运作及其整合功能…………（126）
第四节　江兜移民在当地华人社会中的帮群所属……（133）

**第六章　神缘联结：福清江兜移民的社群保护神崇拜**………（147）
第一节　跨境分灵：江兜移民祖籍神明的南来及其信仰重建…………（148）
第二节　神缘边界：江兜移民保护神崇拜的社群化……（152）
第三节　神缘隐喻：历史记忆、仪式场景与江兜移民社群整合…………（162）

**第七章　与时俱进：新加坡江兜人社群的当代发展与演化**…………（176）
第一节　新加坡华人社会发展背景的时代变迁………（176）
第二节　江兜移民传统业缘经济的衰落与转型………（193）
第三节　新加坡江兜人社群组织机构的调适与更新…………（202）
第四节　超越社群：新加坡江兜人社群保护神崇拜的双向发展…………（243）

## 第八章　结论与讨论 …………………………………… (285)
### 第一节　东南亚华人社群的建构与演化 …………… (285)
### 第二节　东南亚华人社群研究的若干启示 ………… (291)

## 附　录 ……………………………………………………… (301)
福清江兜王氏家族史 …………………………………… (301)
新加坡昭灵庙重建碑记 ………………………………… (303)
新加坡江兜王氏公会章程(1963年) …………………… (305)
新加坡江兜王氏公会第25届执委会成员 ……………… (310)
新加坡昭灵庙董事会成员名单 ………………………… (311)
新加坡江兜王氏公会与新加坡昭灵庙(图) …………… (313)

## 参考文献 …………………………………………………… (315)

## 后　记 ……………………………………………………… (337)

# 第 一 章

# 导　　论

## 第一节　问题缘起与学术回顾

### 一　研究缘起

2003 年，为收集硕士论文研究资料，笔者曾多次前往福建省福清市侨乡地区开展田野调查。此间，尽管当时笔者关注的研究对象仅限于中国海外新移民群体①，然而在实际调查访谈过程中，却时常不得不"被动"地从当地村民那里"收听"到许多有关当地海外老移民②的历史叙述。特别是在新厝镇江兜村③，来自东南亚的海外老移民与该村之间的紧密联系更成为当地人津津乐道的话题。其中，村民们对于当地华侨大厦的介绍很快引起了笔者的浓厚兴趣。

---

① 一般系指 1978 年中国改革开放后移居国外的中国公民。
② 与海外新移民概念相对，此处老移民泛指中国近代时期移居国外的华侨华人。
③ 江兜村是福建东南沿海的一个典型侨乡村落，几乎家家都是侨眷。自清末以来的百余年间，该村海外移民及其后裔数量已达 1 万多人，其中绝大部分集中于东南亚一带。

江兜村华侨大厦（见图1-1）是当地众多海外华人移民至今记忆犹新且曾引以为豪的一个标志性历史建筑物。该大厦系由早期该村前往东南亚的老一代海外移民于20世纪80年代初发起筹建而成。当时的建设初衷主要是为了给回乡恳亲的海外移民年轻后代提供一个比较舒适的住所，以便鼓励他们能够常回中国祖籍地看看，能够"毋忘祖先摇篮之地"，并寄望实现"大厦百年在，乡侨往返亲"的宏愿。①江兜华侨大厦三层楼的建筑及配套设施费用前后耗资总额高达80万元人民币，成为当时"整个福清县数一数二的高档宾馆"。

图1-1 江兜华侨大厦

不过，在倾听江兜村民们介绍华侨大厦来龙去脉的过程中，当初最吸引笔者兴趣与思考的问题并非其建成之初的豪华程度，而是其筹建过程中那规模庞大的跨国筹款活动。经过进一步深

---

① 《江兜华侨大厦纪念碑》，江兜村侨乡建厦委员会1981年立。

入调查，笔者了解到当年该村华侨大厦的建筑经费都是早期移民东南亚的老一代移民带头捐献的，当时发动筹款时的原则强调只要是祖籍江兜的华侨华人，均可自愿出钱出力，不分多少，一块钱也会记录在册。结果这次筹款活动一呼百应，遍及新加坡、马来西亚、印尼各地的祖籍江兜海外华人纷纷以个人家庭或公司名义认捐，短短数月之间就筹集到近百万元人民币的巨额资金。至今那些参与捐款的175个海外华人家庭捐款名单仍然镌刻于华侨大厦内的纪念碑记之中。由此，笔者在慨叹江兜村华侨大厦海外筹款事宜如此高效之余，与此有关的思考、疑问伴随研究兴趣的日渐浓厚而不断浮现：为什么东南亚华人在此次筹款活动中纷纷慷慨认捐？其中的群体凝聚力源头何在？究竟什么是东南亚的华人？

上述经历与疑问成为本书选题及问题意识思考的滥觞。进入博士研究生学习阶段，笔者有幸师从东南亚华人研究专家曾玲教授专攻东南亚华人社会文化研究。在曾玲教授从理论解读到田野实践的系统指导下，笔者逐渐走进东南亚华人社会文化的研究领域，并开始尝试以历史学和人类学相结合的方法开展研究。在博士论文选题过程中，基于撰写硕士论文期间笔者已在侨乡福清市江兜村做过调查的经历及前述问题思考，曾玲教授建议和鼓励笔者以该村海外移民群体为研究对象继续开展深入个案研究，并将田野调查的空间范围跨越至东南亚，以跨境视野对福清"江兜人"到新加坡"江兜人"的内在历史意涵转换进行深度考察与分析，进而从中进一步思考和探讨东南亚华人社群建构的若干相关议题。此后，在曾玲教授指导和帮助下，笔者曾于2005—2007年期间多次往返于福清江兜村和新加坡之间积极开展田野调查，并在广泛收集、整理和分析研究资料的基础上围绕19世纪以来福清江兜移民在新加坡社会变迁中的社群认同凝聚与整合等议题开展研究并撰写论文。但囿于考察视野和研究能力的局限,当时的理论思考与研究层面仍有待进一步深入。

近十余年来,在曾玲教授的关心和指导下,笔者继续围绕东南亚华人社群建构问题开展相关课题研究和学术思考,同时利用国外访学等机会广泛查阅、补充并分析有关研究资料。随着研究的不断推进,笔者对新加坡江兜移民社群个案的研究视野、研究方式、研究思路及其研究意义的认识不断更新和深化,进而促成本书研究问题意识的逐步显现:在新加坡乃至东南亚社会变迁背景下,移民时代自中国跨境南来的福清江兜移民是如何在新的社会场景中谋生立足并凝聚群体认同以及建构新的社群形态的?有关社会经济文化资源又在其中起到了怎样的作用,且作用如何发生?其当代演化态势怎样?该个案研究的学术意义何在?……

## 二　学术回顾

众所周知,东南亚是海外华人分布最为集中的地理区域。自19世纪末以来东南亚华人社会向来是中外学界考察海外华人社会的主要研究对象。在近百余年的研究历程中,不同学科背景的中外研究者从不同的角度、运用不同的方法对东南亚华人社会进行了广泛而深入的探讨,并且取得了相当丰富的研究成果。在这些研究成果中,有关东南亚华人社会结构的考察是其中一个非常重要的组成部分。本书的研究主题亦从属于该研究范畴。鉴于此,笔者将以第二次世界大战前(含第二次世界大战期间）和第二次世界大战后为分界点，从纵向的角度对学界以往有关东南亚华人社会内部结构的研究成果试做梳理与归纳，并在此基础上进一步阐明本书主题研究的学术问题面向。

（一）社会观察与史学家关注：二战前的东南亚华人社会考察研究

**1. 海外作者的研究**

二战以前，海外作者对于东南亚华人社会的研究主要集中于曾在东南亚工作过的一些殖民地官员、西方汉学家以及少量东南亚当地土生华人的著述中。

西方作者较有影响的著作有：1879年，先后在槟榔屿和新加坡担任英国政府公务员的沃恩（J. D. Vaughan）出版了《海峡殖民地华人习俗》一书，该书对19世纪海峡殖民地华人文化习俗进行了较为细致的描述；1941年英国政府出版了曾在海峡殖民地担任高级警官的怀恩（W. L. Wynne）所著的《三合会与神龛》一书，该著记述了当时马来半岛华人与伊斯兰秘密社团的一些状况；1924年，曾在上海圣约翰大学历史系任教的麦克内尔（H. F. MacNaiv）教授出版了《海外华人》一书，该书讨论了包括东南亚华侨在内的海外华侨的地位与保护问题，[①]等等。

东南亚当地土生华人较有影响的成果有律师宋旺相于1923年出版的《新加坡华人百年史》与中文报记者刘焕然在1939年出版的《荷属东印度概览》两部著作。其中前者的著述主要以编年体的方式详细地记述了19世纪初至20世纪初百

---

① ［印尼］廖建裕：《对东南亚华人研究的几点看法》，《南洋资料译丛》1989年第3期。

年之内有关新加坡华人社会的一些重大事件及主要社会文化活动。① 后者则在著述中汇编了不少荷属东印度群岛杰出华人的人物传记。②

总之,在二战以前,由于受到当时个人知识背景与社会科学理论的局限,无论是西方的汉学家、殖民官员,还是东南亚当地的华人作者,他们的著述更多偏重于对东南亚不同地区华人社会的一般性历史记述或描述。当然,尽管如此,这些早期海外作者的著述仍然为我们对于 19 世纪东南亚华人社会的研究保留下了诸多重要的研究资料。

**2. 中国学者的研究**

在中国历史上,自宋元开始直至明清时期,有关东南亚华人移民的史料记载已经逐渐集中的反映于各类正史典籍(外国传部分)与私人笔记著述之中。例如,宋代赵汝适的《诸番志》、元代汪大渊的《岛夷志略》、明代张燮的《东西洋考》等。清代时期尤其是鸦片战争后的清代晚期,随着海禁政策初解后中国人往来东南亚的日益频繁,有关东南亚华人社会的各类游记与笔记也迅速增多,其中颇为值得一提的是李锺珏的《新加坡风土记》,该书虽然字数不多,但是却有不少关于 19 世纪末新加坡华人社会生活状况的细节描述。这些史料对于研究包括东南亚华人在内的海外华人移民社会历史具有重要意义。不过,中国正式展开对于海外华人问题的研究,则一般认为是以梁启超于 1905 年在《新民丛报》发表《中国殖民八大伟人

---

① 宋旺相著,叶书德译:《新加坡华人百年史》(华文版),新加坡中华总商会 1993 年版。

② [印尼]廖建裕:《对东南亚华人研究的几点看法》,《南洋资料译丛》1989 年第 3 期。

传》一文作为开端。该文对东南亚历史出现的八位中国移民杰出人物进行了历史分析与评价。[①]

进入民国时期以后，中国针对海外华人问题的研究著述逐渐增多。其中较有影响的主要有张相时的《华侨中心之南洋》（1927年）、温雄飞的《南洋华侨通史》（1929年）、刘继宣与束世澂合著的《中华民族拓殖南洋史》（1935年）、刘士木与徐之圭合著的《华侨概观》（1935年）、刘伯周的《海外华侨发展史概论》（1935年）、丘汉平的《华侨问题》（1936年）、李长傅的《中国殖民史》（1937年）等，这些研究成果主要围绕中国南洋移民史、华侨概念、华侨政治地位等问题展开讨论，这种情况反映出两个面向的含义：一方面是由于受到当时中国近代民族主义日益高涨的时代政治环境影响，所以在问题讨论的主题上明显侧重于华侨地位、概念等问题的讨论；另一方面由于当时从事东南亚华人研究领域的人员多为历史学科的工作者，因而导致当时问题研究的另一个倾向是关注于海外华人移民史的探讨。

不过，特别值得一提的是，与以上所列诸多著述研究方法与内容不同，1938年社会学家陈达所著的《南洋华侨与闽粤社会》（商务印书馆1938年版）则是在对闽粤侨乡与南洋社会进行实地调查的基础上，具体考察了南洋华侨对于闽粤侨乡社会变迁的影响。

综上所述，自19世纪末直至二战前，人们对于东南亚华人社会的研究工作已经逐渐起步，并且取得了一定的研究成

---

① 李安山：《中国华侨华人研究的历史与现状概述》，周南京主编《中国华侨华人大百科全书·总论卷》，中国华侨出版社2002年版，第997—1036页。

果，尤其是在保存历史研究资料方面具有较多贡献。然而，从另一方面来讲，由于受到当时研究者自身的理论知识结构与社会时代背景的限制，二战以前中外学界对于东南亚华人的研究主要停留在对华人社会概况、华人移民史以及华侨概念等外部层面的考察阶段，而尚未深入东南亚华人社会结构的内部层面。

（二）多学科视野下的内在解构：二战后东南亚华人社会结构研究

第二次世界大战后的近半个世纪是中外学界对东南亚华人社会研究取得长足发展的历史阶段。此间，以人类学界和历史学界为代表，越来越多不同学科出身的学科学术工作者逐渐进入东南亚华人社会研究领域，从而推动着中外学界对于东南亚华人社会的研究工作逐步走向深入。

**1. 人类学者与东南亚华人社会结构研究**

从华人社会结构研究的角度来看，与二战前东南亚华人社会研究的情况相比，二战后的一个显著变化是逐步由外部的观察描述阶段推进到深入于东南亚华人社会结构内部考察与分析的新阶段。之所以出现这种研究取向的转变，则与二战后许多人类学者迅速进入东南亚华人社会研究领域有关。[1]

第二次世界大战结束以后，受当时世界冷战格局下的国际关系环境所限，不少希望进一步了解中国社会的西方汉学人类学者由于无法到中国大陆进行实地考察而纷纷转向针对东南亚

---

[1] 有关人类学者对于东南亚华人社会的研究状况已有学者做过归纳述评。参见叶春荣《人类学的海外华人研究：兼论一个新的方向》，《"中央研究院"民族学研究所集刊》第75期，1993年春季卷；赵树冈《东南亚华人的人类学研究：以区域及主题为分析焦点》，《华侨华人历史研究》2003年第3期。

华人社会内部结构与文化形态的研究，并试图将其作为了解中国本土社会的一个窗口。另一方面，由于当时的东南亚地区仍处于西方殖民者统治时期，从而也为这些汉学人类学者前往东南亚开展田野调查研究提供了便利条件。在这种背景下，自20世纪40年代末开始直至80年代初，一些西方汉学人类学家陆续抵达东南亚对当地华人社会进行研究。其中较有影响者如Maurice Freedman 在新加坡进行的华人家族、婚姻、亲属与祖先崇拜的研究、① Alan EllIott 在新加坡进行的华人灵媒信仰研究的、② Skinner 在泰国进行的华人同化、社区领袖研究③、Amyout 对菲律宾华人的家族与适应研究、④ Crissman 对东南亚华人社会组织的研究、⑤ Willmott 对柬埔寨金边华人的政治结构研究、⑥ Carstens 在马来西亚进行的华人社区研究、⑦ Cheu 对马来西亚华人九皇宫灵媒信仰研究，⑧ 等等。

---

① Maurice Freedman 著，郭振羽、罗伊菲译：《新加坡华人的家庭与婚姻》，台北正中书局1985年版。

② Alan J. A. Elliott, *Chinese spirit – medium cults in Singapore*, London：Athlone Press, 1990.

③ Skinner, G. william, "Chinese Assimilation and Thai Politics", *Journal of Asian Studies*, 1957, 16 (2)：237 – 250.

④ Amyot, Jacques S. J., *The Chinese Community of Manila：A study of Adaptation of Chinese Familism to the Philippine Environment*, Chicago：University of Chicago, 1960.

⑤ Crissman, Lawrence W. The Segmentary Structure of Urban Overseas Chinese Communities, *Man*, New Series, Vol. 2, No. 2 (June 1967), pp. 185 – 204.

⑥ Willmott, Willian E., "Congregations and Association：The Political Structure of the Chinese in Phnom Penh, Cambodia", *Comparative Studies in Society and History* 11 (3)：282 – 301, 1969.

⑦ Carstens, *Image of Community in a Chinese Malaysian Settlement*, Ph. D. Dissertation, Department of Anthropology, Comell University, 1980.

⑧ Cheu, Hock Tong, *An Analysie of the Nine Emperor Gods Spirit – Medium Cult in Malaysia*, Ph. D. Dissertaition, Department of Anthropology, Cornell University, 1981.

除了西方人类学者以外，二战后中国的人类学者也逐渐进入了东南亚华人社会的研究领域。例如，毕业于伦敦经济学院人类学研究所的田汝康曾于1948年前往马来西亚沙捞越地区对当地华人社会结构进行田野调查，并在此基础上完成了被视为人类学界进入海外华人研究领域开端标志的研究成果。[①] 不过，总体来看，中国人类学者较大规模从事东南亚华人社会问题的研究工作则是自20世纪60年代在台湾地区开始的。

1962年，台北"中央研究院"民族学研究所的李亦园教授前往马来西亚沙捞越地区对当地华人社会进行田野调查研究，1963—1967年之间，他又先后三次前往马来西亚麻坡镇开展华人社会调查研究工作，并发表《一个移植的市镇：马来亚华人市镇生活的调查报告》（1970年）[②] 一书，成为第一本以中文发表的人类学东南亚华人研究专著。[③] 在李亦园之后，台湾人类学界很快进入东南亚华人社会研究领域，并先后取得了一系列的研究成果。其中较有影响者如文崇一对二战后新加坡华人社会变迁的研究，[④] 戎抚天对泰国华人同化问题的研究，[⑤] 谢剑对新

---

[①] Ju‑Kang Tien, *The Chinese of Sarawak: A Study of Social Structure*, Dept. of Antropology, London: London School of Economics and Political Science, 1953.

[②] 李亦园：《一个移植的市镇：马来亚华人市镇生活的调查研究》，台北"中央研究院"民族学研究所1970年版。

[③] 赵树冈：《东南亚华人的人类学研究：以区域及主题为分析焦点》，《华侨华人历史研究》2003年第3期。

[④] 文崇一：《新加坡华人社会变迁》，李亦园、郭振羽主编：《东南亚华人研究（上册）》，台北正中书局1985年版。

[⑤] 戎抚天：《泰国华人同化问题研究》，李亦园、郭振羽主编：《东南亚华人研究（下册）》，台北正中书局1985年版。

加坡华人志愿社团的研究,①李威宜对新加坡华人族群内部认同的考察,②等等。

除以上中西方人类学者之外,还有一些在东南亚社会中成长起来的华人人类学者对东南亚华人社会进行了深入研究。其中较有影响的有施振民对菲律宾华人宗亲会、同乡会及华人文化存续的研究,③麦留芳对移民时代星马华人社会方言群认同④及私会党的研究⑤,陈志明对马来西亚华人族群认同的研究,⑥等等。

上述情况表明,二战后至20世纪80年代的几十年期间,中外人类学者对东南亚华人社会的研究工作取得了颇为丰富的研究成果。从这些研究成果的考察内容来看,主要集中于华人社会结构及运作、华人文化以及族群认同三个面向的探讨。从历时态的角度来看,20世纪70年代末以前这些研究成果比较侧重于华人社会结构及运作的探讨,80年代以后则逐渐转向侧重于华人族群文化认同层面的讨论。出现这种现象与人类学理论

---

① 谢剑:《志愿社团的组织原则:新加坡华人社团的个案研究》,李亦园、郭振羽主编:《东南亚华人研究(下册)》,台北正中书局1985年版。

② 李威宜:《新加坡华人游移变异的我群观:语群、国家社群与族群》,台北唐山出版社1999年版。

③ 施振民:《菲律宾华人文化的持续:宗亲与同乡组织在海外的演变》,李亦园、郭振羽主编:《东南亚华人研究(上册)》,台北正中书局1985年版。

④ [新]麦留芳:《方言群认同:早期星马华人的分类法则》,台北"中央研究院"民族研究所1985年版。

⑤ [新]麦留芳著,张清江译:《星马华人私会党的研究》,台北正中书局1985年版。

⑥ [马来]陈志明:《马来西亚华人的认同》,《广西民族学院学报》1998年第4期;[马来]陈志明:《族群认同与国家认同:以马来西亚为例》(上、下篇),《广西民族学院学报》2002年第5、6期;[马来]陈志明:《华裔族群:语言、国籍与认同》,《广西民族学院学报》1999年第4期。

的流变有关。70年代末以前，受当时人类学文化功能主义理论的影响，许多东西方学者在对东南亚华人社会开展研究的过程中大都偏重于华人社会结构与运作层面的讨论，80年代以后，随着人类学界族群认同理论讨论热潮的日渐兴起，从事东南亚华人社会研究领域的人类学者也逐渐将研究视角转向侧重于华人族群文化认同的探讨。基于本书研究主题的考虑，笔者在此仅就其中有关东南亚华人社会结构及其运作方面的研究成果试做分析。

如前所述，二战以前，由于受到研究者自身理论知识结构与社会时代背景的局限，当时人们对于东南亚华人的研究主要表现为概况描述或偏重于移民史、华侨地位与概念等问题的讨论，而尚未深入海外华人社会内部结构考察的层面。不过，尽管如此，这些研究成果中有关华人同乡会馆、宗亲会以及华人宗教信仰、方言文化习俗等状况的或多或少描述，仍然为二战后人类学学者的研究工作起到了原始性的铺垫作用。正是在这个对东南亚华人社会初步认识基础上，人类学者对于东南亚华人社会的研究逐步深入社会结构的内部层面。

就二战后人类学界对于东南亚华人社会结构的研究方式而言，主要从华人家族与亲属关系、华人社团、华人方言群以及三者在华人社会内部之间互动关联等角度展开分析。

在华人家族与亲属关系研究方面，人类学者主要关注于东南亚家族功能及亲属关系转变的分析。例如，Freedman通过对新加坡华人家庭与婚姻的考察，指出由于与华人移民祖籍地所处的社会环境不同，与中国华南民间社会宗族组织下的传统亲属关系制度情形相比，新加坡华人的亲属关系制度已经发生改变，并彰显于当地华人家庭婚姻与丧葬礼俗的外在表征之中，因而他认为"由于缺乏亲族系统的支持，崇拜祖宗已成为个别家户的仪式行为，而不具有团结同族亲人同聚一堂的功能"①。Freedman 与另一位人类学者 Amyot② 一致认为，东南亚华人社会中国很难发现比家族更大的亲族团体，相比之下，当地各类华人社团的研究则显得更为重要。③

对于华人社团的研究推动着东南亚华人社会的考察进入内部结构与功能解析的新层面。不过，囿于中国"视角"下重在考察华南移民祖籍地诸如亲属关系、地域、方言等因素来考察华南移民祖籍地诸因素对社团建立的制约作用④和结构功能这些成果的研究却未能在东南亚历史变迁场景中从历时态和共时态相结合的角度展开进一步的深入分析。

在华人方言群研究方面，较早颇有影响的代表性研究专著当属社会人类学者麦留芳的《方言群认同：早期星马华人的分类法则》一书。⑤ 该著研究旨趣的出发点在于分析"星马华人对自己社群的认同，亦即是他们之间化地自限，组帮结派的社会现象"⑥。换言之，他是从华人社群认同的角度来考察东南亚

---

① Maurice Freedman 著，郭振羽、罗伊菲译：《新加坡华人的家庭与婚姻》，台北正中书局 1985 年版，第 261 页。

② Amyot, Jacques S. J., *The Chinese Community of Manila: A study of Adaptation of Chinese Familism to the Philippine Environment*. Chicago: University of Chicago, 1960.

③ 赵树冈：《东南亚华人的人类学研究：以区域及主题为分析焦点》，《华侨华人历史研究》2003 年第 3 期。

④ 曾玲：《庙宇、坟山的"社群化"与新加坡华人移民帮群组织之建构——兼对东南亚华人社会结构研究的新思考》，《华人研究国际学报》2015 年第 7 卷第 1 期。

⑤ [新]麦留芳：《方言群认同：早期星马华人的分类法则》，台北"中央研究院"民族研究所 1985 年版。

⑥ [新]麦留芳：《方言群认同：早期星马华人的分类法则》，台北"中央研究院"民族研究所 1985 年版，《序言》第 1 页。

华人社会组织分类法则,并认识到方言文化认同意识在华人方言群中的分类与整合功能。从这个意义上讲,麦留芳的研究取向已经跳出了原有的"社团"思路①,转而尝试从移民时代东南亚华人方言帮群组织与社群认同法则的关系角度对东南亚华人社会结构进行考察,这是人类学者在该方面研究取向上的一个新拓展,反映出东南亚华人社会研究视角中的在地化趋向。

**2. 历史学者与东南亚华人社会结构研究**

二战后的近半个多世纪以来,中外历史学者有关东南亚华人社会的研究成果是相当丰富的。②就东南亚华人社会结构研究而言,相关成果主要体现于东南亚华人史或东南亚各国华人史的研究专著之内。较有代表性者有巴素(Victor Puveell)的《马来亚华侨史》(1950年),③《东南亚之华侨》(1951年)、④陈碧笙主编的《南洋华侨史》,⑤温广益编的《印度尼西亚华侨史》,⑥黄滋生、何思兵合著的《菲律宾华侨史》,⑦林远辉、张应龙的《新加坡马来西亚华侨史》,⑧吴凤斌主编的《东南亚华

---

① 曾玲:《庙宇、坟山的"社群化"与新加坡华人移民帮群组织之建构——兼对东南亚华人社会结构研究的新思考》,《华人研究国际学报》2015年第1期。

② 从研究内容上看,这些研究成果涵盖了东南亚华人社会的历史、政治、经济、文化、教育、族群关系等广泛领域。从研究方法上看,许多研究成果都不再局限于历史学的单一研究法,而是纷纷采取跨学科的方法进行研究。

③ [英]巴素:《马来亚华侨史》,刘前度译,[马来西亚]槟榔屿:光华日报社1950年版。

④ [英]巴素:《东南亚之华侨》,郭湘章译,"国立"编译馆1974年版。

⑤ 陈碧笙主编:《南洋华侨史》,江西人民出版社1989年版。

⑥ 温广益编:《印度尼西亚华侨史》,海洋出版社1985年版。

⑦ 黄滋生、何思兵:《菲律宾华侨史》,广东高等教育出版社1987年版。

⑧ 林远辉、张应龙:《新加坡马来西亚华侨史》,广东高等教育出版社1991年版。

侨通史》，① 崔贵强的《新加坡华人——从开埠到建国》，② 李学民、黄昆章《印尼华侨史：古代至 1949 年》，③ 等等。该类著作的特点是立足于东南亚华人社会发展历史的阶段性叙述，但是同时也往往或多或少涉及对华人社会结构的考察，特别是有关华人社团的研究一般均有述及。其中《新加坡华人——从开埠到建国》《东南亚华侨通史》《南洋华侨史》三部通史著作中对于东南亚华人社会结构的考察较为详细，不仅具体论述了华人社团的类型、结构与功能，而且还对私会党以及方言帮群进行了较为具体的介绍。不过，与人类学学者相较，历史学研究者对华人结构与功能的考察主要表现为基于史料的分析论述，并在研究取向上明显更注重于变迁角度的分析。这种纵向的考察有助于我们从动态的角度深入解读东南亚华人社会结构乃至华人社会本身的历史变迁。不过，因为囿于学科属性的限制，单一的史学研究方式在东南亚华人社会结构的研究方面未能走向进一步深入。

当然，有必要指出的是，除上述研究成果外，还有一些历史学者尝试借鉴社会学、人类学视角或方法对东南亚华人社会结构进行了若干创新性考察与分析，进而有力推动了该研究的进一步发展。就此而言，其中较有影响者如陈育崧对东南亚华人帮群形态与成因的探讨，④ 杨进发对二战前新加坡华人社会结

---

① 吴凤斌主编：《东南亚华侨通史》，福建人民出版社 1994 年版。
② ［新］崔贵强：《新加坡华人：从开埠到建国》，新加坡宗乡会馆联合总会、教育出版私营有限公司 1994 年版。
③ 李学民、黄昆章：《印尼华侨史：古代至 1949 年》，广东高等教育出版社 2005 年版。
④ 陈荆和、陈育崧：《新加坡华文碑铭集录》，香港中文大学出版社 1971 年版。

构与领导层的分析,[①] 颜清湟对19世纪新、马华人社会结构及其职能的多角度分析,[②] 林孝胜对19世纪新加坡华人社会帮权结构及其变迁的分析,[③] 刘宏对二战后新加坡华人社会内部结构变迁的考察,[④] 曾少聪从族群关系视角对东南亚华人族群内部社会组织组建原则及其形态与功能演变问题进行的考察,[⑤] 等等。

20世纪70年代初,陈育崧在对移民时代新加坡华人碑铭资料进行分析的基础上,明确提出"帮"是移民时代东南亚华人社会结构基本特征的重要观点,同时以新加坡福建与广客帮群关系的演化为例展开分析,指出华人移民群中的方言差异是帮形成的主要原因,并认为中国传统的地缘、血缘、业缘观念是东南亚华人帮群结构产生的内在根源。[⑥] 继陈育崧之后,90年代林孝胜则在研究中进一步指出帮是一个方言社群,带有浓厚的地缘性和业缘性,偶尔附有血缘性,并对19世纪新加坡华人社会帮权格局的形成、表征及其演变进行了深入考察。[⑦] 华人帮群问题的探讨对于东南亚华人社会结构研究,特别是在推动东南亚华人社群研究方面具有重要意义。一方面,上述二人的研

---

[①] [澳]杨进发:《战前星华社会结构与领导层初探》,新加坡南洋学会1977年版。

[②] [澳]颜清湟著,粟明鲜等译:《新马华人社会史》,中国华侨出版公司1991年版。

[③] [新]林孝胜:《新加坡华社与华商》,新加坡亚洲研究学会1995年版。

[④] 刘宏:《战后新加坡华人社会的嬗变:本土情怀·区域网络·全球视野》,厦门大学出版社2003年版。

[⑤] 曾少聪:《漂泊与根植:当代东南亚华人族群关系研究》,中国社会科学出版社2004年版,第151—160页。

[⑥] 陈育崧、陈荆和:《新加坡华文碑铭集錄》,香港中文大学出版社1972年版,第15—18页。

[⑦] [新]林孝胜:《新加坡华社与华商》,新加坡亚洲研究学会1995年版,第28—62页。

究表明，东南亚华人帮群并非是一个结构简单的人群集合体，而是一个囊括了地缘组织、血缘组织、业缘组织、庙宇、坟山等众多要素整合起来的紧密复合体。另一方面，其中对于华人帮群关系和帮群格局的研究则初步彰显了东南亚本土化的研究取向。

综上所述，从历史脉络看，在东南亚华人社会研究领域，对于当地华人社会结构的研究经历了一个逐步深入的渐进过程，并取得了丰富的研究成果。在这个过程中，人类学者与历史学者分别以不同的研究侧重面对东南亚华人社会结构进行了深入考察，并将东南亚华人社会结构的研究逐步推进到华人社团、华人帮群的研究层面，从而亦推动着东南亚华人社会结构问题研究的逐步拓展与深入。但与此同时，也存一些明显研究局限，制约了该问题研究的进一步完善与发展。

人类学者的主要贡献在于通过田野调查对东南亚不同区域的华人社会结构功能展开深入考察，具体分析了华人社团与方言群之组织形态及其运作功能，并在一定区域的华人社会内对不同华人社团之间、不同方言群之间以及华人社团与方言群之间的互动关联进行了有效研究尝试，进而实现了其试图尽力勾勒当地华人社会结构轮廓的研究初衷。[1]然而，必须指出的是，这些研究的代表性成果主要集中产生于20世纪50、60年代，并深受当时西方汉学人类学者普遍将东南亚华人社会视为中国文化实验室借以研究中国文化及中国人社会组织在本土以外环

---

[1] 李亦园：《马来亚华人社会的社团组织与领袖形态》，《"中央研究院"民族学研究所集刊》第20期，1965年。

境下如何适应与发展之研究取向①的显著影响。该影响在推动中西方人类学者开展东南亚华人社会结构研究并取得成果的同时,也阻碍了其将东南亚华人社会视为中国社会的海外延伸向东南亚华人社会本土化建构进行跨越的研究视角转换。尽管其中也有个别学者在研究中已经注意到并强调了华人社会结构与文化特征在东南亚当地环境中的发展变迁,但是终究未能趁机更进一步而走出"文化调适"②的预设结果形态。值得注意的是,这种研究取向上的局限对于后来研究者的问题意识影响在很长一段时间内都是相当深刻的。而要彻底打破和摆脱这种研究范式上的束缚,就必须寻找并确立一个更进一步的研究新方向。

再从历史学者的研究成果来看,在东南亚华人社会结构研究不断深入的发展脉络中,其研究方式主要表现为两种面向:20世纪70年代前的传统历史学者侧重于以史料为基础,并在考察东南亚华人移民史的过程中对当地华人社团、方言群、私会党等社会组织结构与功能及其变迁进行分析概述;20世纪70年代后,一些历史学者开始尝试借鉴社会学、人类学视角或方法对东南亚华人社会结构开展集中式的考察与分析,重点探讨了东南亚华人社会发展中的帮群结构与权力、社会组织原则与功能、社会阶层构成与流动等问题。就研究方式而言,后者明显更倾向于努力从社会史的角度对东南亚华人社会结构及其变迁进行整体考察。与人类学者相较,20世纪70年代后的历史学者

---

① 李亦园:《中国社会科学院海外华人研究中心成立并举办"海外华人研究研讨会"祝贺词——兼谈海外华人研究的若干理论范式》,郝时远主编:《海外华人研究论集》,中国社会科学出版社2002年版,第15页。

② 所谓"文化调适",即指移民海外的中国人在移居地的文化适应。参见曾玲《李亦园教授与东南亚华人研究:人类学的视野与方法》,《华侨华人历史研究》2004年第3期。

在研究取向上的一个显著变化是逐渐转向东南亚本土化视角的研究出发点，即将对当地华人社会结构的研究置于东南亚社会历史变迁场景中展开各种分析，而不再是将其继续视为考察中国文化之海外调适的文化实验室。这是一个明显的视角转换和重要的研究进步。不过，从另一方面看，上述历史学者的成果也存在以下两方面的研究不足：一是主要集中于针对东南亚华人社会结构的宏观性考察而较少个案性的深入研究；二是主要依赖于殖民地政府档案、华文报刊等传统文献的史料分析而未能充分运用广泛的华人民间文献和田野调查资料。这些不足导致历史学者的研究成果在较大程度上仍停留于东南亚华人社会结构的外部考察层面，从而限制了其对东南亚华人社会结构问题研究的进一步深入。

总而言之，以人类学者和历史学者为研究主体，20世纪内的东南亚华人社会结构问题研究已经全面铺开并逐步走向深入。不过，囿于研究视野、研究取向、研究方法、研究资料等方面的研究局限，其中也存在以下一些研究不足：

其一，就研究视野而言，东南亚华人社会结构是在东南亚社会变迁历史场景中自我发展而成，但又与中国乃至整个世界的时代背景紧密相关。因此，对于东南亚华人社会结构问题的研究视野必须具有广泛的跨境性。就此而言，尽管前述文献综述情况显示，20世纪既有成果的研究视角已经逐步实现了从中国视角到东南亚本土化视角的过渡转换，但就东南亚华人社会结构问题研究所需的空间视野范畴而言，仍然有待进一步的全面扩展。

其二，就研究取向而言，前述既有研究成果对于东南亚华人社会结构的研究取向主要聚焦于华人方言帮群结构与权力、华人社团类型与功能，以及华人社会阶层构成与流动等问题的探讨。这些问题探讨在推动东南亚华人社会结构研究取向全面铺展的同时，也引发了若干有必要进一步深入考察的研究议题。例如，以华人方言帮群为中心，庞大而复杂的东南亚各地华人社会结构究竟如何实现内部的整合和有效运作？

其三，就研究方法而言，人类学者与历史学者分别从不同学科角度对东南亚华人社会结构问题的研究做出了显著贡献。但同时又都囿于自身学科方法与视角的一定局限而限制了该问题研究的进一步深入。由此，如何在研究方法上继续深化人类学与历史学的有机结合也便成为有效推动东南亚华人社会结构研究的一个新要求。

其四，就研究资料而言，充分占有研究资料是深入东南亚华人社会结构研究的基础条件。前述既有研究成果中，人类学者主要立足于田野调查所得资料开展研究，历史学者则主要运用殖民地政府档案、华文报刊和华人特刊等文献资料进行考察分析。二者兼而有之的全面深入性资料运用与分析则仍较为少见。

这些不足为东南亚华人社会结构问题的后续研究留下了进一步拓展的广泛空间。有鉴于此，如何突破上述既有成果的研究局限以继续深入推进该问题的研究工作显然已成为世纪之交学界亟待解决的一个现实议题。

### （三）新取向和新突破：曾玲的东南亚华人社会结构与形态研究

如前所述，在二战后至 20 世纪末之间长达半个多世纪的时间里，人类学者和历史学者针对东南亚华人社会结构问题的研究工作已全面铺开，并取得丰富成果。但与此同时也在研究视野、研究取向、研究方法、研究资料方面存在明显局限，从而阻碍了东南亚华人社会结构问题研究的进一步深入。因此，要突破既有成果的这些局限，就必须在前人研究基础上积极探索和创新，开拓新的研究取向和研究范式。就此而言，自20世纪90年代以来，东南亚华人研究专家、厦门大学历史系曾玲教授将华人社会结构及形态纳入东南亚华人社会建构与演化历史进程的深入田野研究工作正是这种背景下的一种全新尝试，并已取得颇为丰厚的研究成果，① 在学界产生深刻影响。

在近30年的长期考察和研究中，曾玲对于东南亚华人问题的研究领域甚为广泛，涵盖东南亚华侨华人史、新加坡华人社会文化、东南亚华人民间宗教、东南亚华人社会文献以及东南亚华人与祖籍地关系等多个领域。其中，针对东南亚华人社会结构与形态的考察亦是其研究中的一个主要面向，并融入于其丰富的研究领域之中。在深入总结和汲取前人研究成果的基础上，曾玲对于东南亚华人社会结构与形态的研究并未止步于前述成果的研究层面，而是在不断研究探索中逐步突破了既有的研究局限，在多方面有力推动了东南亚华人社会结构问题研究的再深入与新发展。

**1. 问题意识新突破：建构与演化视角下的东南亚华人社会结构与形态研究**

如前所述，二战后直至20世纪末，在人类学者和历史学者的共同推动下，学界对于东南亚华人社会的考察逐渐深入内部的结构层面。就研究取向而言，此间取得的研究成果主要聚焦

---

① 自2001年至今，曾玲教授已承担国家社科基金项目、教育部人文社科项目、国家侨办课题、福建省社科基金项目，以及与新加坡南洋理工大学中华语言文化中心合作进行的多项研究计划。著有多部代表性专著成果。已在《世界历史》《史学理论研究》《世界民族》《世界宗教研究》《文史哲》《华侨华人历史研究》《光明日报·学术版》及海外重要学术刊物上发表与东南亚华人研究相关的论文数十篇。

于华人方言帮群结构与权力、华人社团类型与功能等问题的探讨。囿于研究者自身学科背景、研究资料以及一度深受西方汉学人类学者普遍将东南亚华人社会视为中国文化实验室观念等方面的有关研究局限,这些研究成果在将东南亚华人社会结构研究向前推进一大步的同时,也留下了诸多有待进一步深入拓展的研究空间。由此出发,在反思既有研究成果的基础上,曾玲则将华人社会结构与形态置于东南亚华人社会建构与演化的历史进程中进行分析,正如其在研究中所明确指出:"在东南亚华人研究领域,移民时代华人社会结构与形态,是涉及华人社会建构与演化历史进程研究的一项重要课题。"①

建构与演化视角下的东南亚华人社会结构与形态研究对于突破前述既有成果的研究局限具有重要学术意义。曾玲在《庙宇、坟山的社群化与新加坡华人移民帮群组织之建构——兼对东南亚华人社会结构研究的新思考》② 一文中曾就此展开理论阐述。一方面,其在文中首先从方法论角度对东南亚华人社会结构的既有研究成果进行了深刻总结与反思,在肯定学界以往华人"社团组织"、"帮"与"帮群组织"两种分析框架学术研究价值的同时,也指出了其中存在的研究局限:以往华人社团研究导向中的"中国视角"特点忽视了从东南亚当地历史脉络与华人移民社会内部来考察华人社会建构与演化的历史进程;以往"帮"与"帮群组织"考察视角及研究资料局限则阻碍了从华人移民社会内部动态考察"帮"结构形成和"帮群组织"建构及运作等问题。另一方

---

① 曾玲:《新加坡华人宗乡文化研究》,中国社会科学出版社 2019 年版,第 161 页。
② 曾玲:《庙宇、坟山的社群化与新加坡华人移民帮群组织之建构——兼对东南亚华人社会结构研究的新思考》,《华人研究国际学报》2015 年第 1 期。

面，其在文中更以移民时代新加坡帮群组织绿野亭为研究个案，立足于华人社团账本、会议记录等一手资料分析，具体考察了南来拓荒的华南移民如何在殖民地时代新加坡时空脉络下，运用传承自中国祖籍地的文化资源实现华人移民社群整合和建构华人帮群组织形态的历史实相，进而在审视既有研究成果基础上就有关东南亚华人社会结构问题研究提出三点新见解：其一，"帮"与"帮群组织"经历了一个建构的历史进程，绿野亭的研究结果显示这一历史进程是伴随华南移民祖籍地中华传统文化在殖民地时代新加坡当地社会场景中的"社群化"和帮群组织建构的制度化而实现；其二，就涉及的内涵而言，与华人社团基于地缘、血缘、业缘等文化纽带而建立的人群结成关系不同，"帮"与"帮群组织"则是华人移民社群分类与整合的产物；其三，在华人移民社会结构中，"帮"及"帮群组织"与华人社团之间存在着紧密关联，从华人移民社会整合意义上看，二者均具有整合所属移民的特征属性，但相较而言，"帮"及"帮群组织"比各类华人社团具有更大的整合空间。

概言之，该文反映了曾玲对于东南亚华人社会结构研究的密切关注和深刻思考，并从具体研究出发，在问题意识上为突破既有成果的研究局限而提供了一个重要新取向，即有必要将华人社会结构与形态纳入东南亚华人社会建构与演化的历史进程中开展研究。换言之，我们不仅要继续考察华人社会的结构与功能，还要考察华人社会结构与功能的形成逻辑，从而有效推进东南亚华人社会结构研究取向上的进一步彻底性与完整性。

**2. 在多元视野中广泛开展东南亚华人社群建构及演化的具体研究**

就研究贡献而言，曾玲不但在研究取向上开拓了新的取向，还通过长期和大量深入性田野调查研究为建构与演化视角下的东南亚华人社会结构与形态分析奠定了重要的方法论基础并取得了相当丰富的研究成果，尤其是在华人移民社群建构及演化理论研究方面提出了诸多已在学界产生广泛影响的重要论述，从而有力推动了东南亚华人社会结构研究的新发展。

从研究内容开看，曾玲有关东南亚华人社会结构与形态的丰富研究成果涉及华人坟山、华人庙宇、华人社团等广泛研究范畴。不过，其中的相关研究主线则围绕华人社群建构及演化的议题而展开分析。

针对华人坟山组织的深入考察是曾玲以东南亚华人社群建构视角开展华人社会结构及形态研究的一个代表性课题。通过对新加坡广惠肇碧山亭和新加坡福德祠绿野亭之组织形态、管理机构及其运作方式的具体深入考察[1]，曾玲在研究中明确指出

---

[1] 曾玲、庄英章：《新加坡华人祖先崇拜与宗乡社群整合：以战后三十年广惠肇碧山亭为例》，台北唐山出版社2000年版；曾玲：《一个聚族而居的华人村落的建立与运作——殖民地时代新加坡华人村落的调查研究》，《亚洲文化》（第21期），新加坡亚洲研究学会1997年版；曾玲：《新加坡广惠肇碧山亭的建立及其社会文化意义》，陈荣照主编《新马华人文史论丛》，新加坡新社1999年版，第227—250页；曾玲：《"虚拟"先人与十九世纪新加坡华人社会——兼论海外华人的"亲属"概念》，《华侨华人历史研究》2001年第4期；曾玲：《新加坡华人宗乡社群认同形态的历史考察：以广惠肇碧山亭为例》，李元瑾主编《新马华人：现代与传统的对话》，新加坡南洋理工大学中华语言文化中心2002年版，第77—100页；曾玲：《阴阳之间——新加坡华人祖先崇拜的田野调查》，《世界宗教研究》2003年第2期；曾玲：《坟山崇拜与19世纪新加坡华人移民之整合》，《思想战线》2007年第2期；曾玲：《"三属认同"与"社会国家认同"：广惠肇碧山亭研究》，《新加坡华人宗乡文化研究》，中国社会科学出版社2019年版，第192—211页；曾玲主编：《新加坡福德祠绿野亭文献汇编之一：1920—1927年会议记录》、《新加坡福德祠绿野亭文献汇编之二：1953—1959年会议记录、1957—1959绿野亭坟山迁葬委员会立议案簿》、《新加坡福德祠绿野亭文献汇编之三：1887—1933年海唇福德祠绿野亭义山逐岁进支簿》，新加坡华裔馆2005年版；曾玲：《新加坡福德祠绿野亭发展史1824—2004》（中英双语），新加坡华裔馆2005年版；曾玲：《移民社群整合与华人社团建构的制度化——新加坡福德祠绿野亭（1824—1927）研究》，《史学理论研究》2008年第3期等。

华人帮群坟山不仅能够解决帮内移民的身后丧葬祭祀问题，同时也具有界定社群成员身份并促进社群认同与凝聚力的重要功能。[①] 而其之所以具有这种重要功能，则缘于华人移民可以透过埋葬先人的坟山组织建构"社群共祖"，以虚拟血缘基础上的"先人"或"祖先"崇拜凝聚和整合社群认同。[②] 从本质上讲，这种凝聚和整合社群的功能是反映了广大华南移民充分运用祖籍地中华传统文化资源，在新加坡近现代社会变迁脉络下透过坟山的社群化以重新建构当地华人社会组织结构的历史实态。[③]

围绕华人庙宇的深入考察是曾玲以东南亚华人社群建构视角开展华人社会结构及形态研究的另一个代表性课题。新加坡潘家村的横山庙是曾玲较早进行具体研究的一个华人庙宇，研究中其主要深入考察了该庙如何运用中华祖先崇拜和神明信仰文化资源在新加坡移民社会场景中建立亦神亦祖的"祖神"崇拜，[④] 并承担整合与建构新加坡潘家村的功能。[⑤] 此后，在广泛考察新马华社同类庙宇情况的基础上，曾玲再以新加坡蓬莱寺内六个姓氏庙为研究个案，进一步深度考察了移民时代新加坡

---

[①] 曾玲：《坟山崇拜与19世纪新加坡华人移民之整合》，《思想战线》2007年第2期。

[②] 曾玲：《"虚拟"先人与十九世纪新加坡华人社会——兼论海外华人的"亲属"概念》，《华侨华人历史研究》2001年第4期。

[③] 曾玲：《社群边界内的庙宇、坟山与移民时代新加坡华人帮群组织之建构——从碑文、账本、会议记录、章程等切入的研究》，《华侨华人文献学刊》第3辑，社会科学文献出版社2016年版。

[④] 曾玲：《越洋再建家园：新加坡华人社会文化研究》，江西高校出版社2003年版，第42—53页；曾玲：《华南海外移民与宗族社会再建——以新加坡潘家村为研究个案》，《世界历史》2003年第6期；曾玲：《从福建南安的"炉内潘"到新加坡的"潘家村"：南洋华人宗族村落的个案研究》，《闽台文化研究》2013年第3期。

[⑤] 曾玲：《新加坡华人宗乡文化研究》，中国社会科学出版社2019年版，第226页。

华人社群"祖神"具体建构的历史过程,并揭示了这种"祖神"崇拜之所以能够凝聚当地华人移民社群的祖籍认同内涵。①除此之外,曾玲还尝试从移民时代新加坡华人帮群社会结构的历史脉络切入,具体考察了伴随华南移民而跨境分香到新加坡的"妈祖"的信仰形态如何在当地社会脉络下再建构的过程。其中的研究结果显示,由于受到移民时代华人帮群社会结构的制约,源自闽粤的妈祖信仰在新加坡发展出"社群化"的崇拜形态,并承担着凝聚与整合华人移民社群之功能。②

尽管上述坟山组织与庙宇组织在凝聚与整合华人移民社群整合时所运用的文化资源并不相同,但就二者内在实质而言,则仍然同属于华南移民运用祖籍地中华传统文化资源,在新加坡近现代社会变迁脉络下重建华人移民社群认同及其组织结构形态的研究范畴。正如曾玲在研究中所强调指出:"在东南亚殖民地时代,南来拓荒的华南移民历经了一个运用传承自祖籍地的中华传统文化资源,在东南亚再建其社会结构与文化形态的过程。"③

另外,需要指出的是,在曾玲有关东南亚华人社群建构理论的讨论中,除了基于各种宗乡文化纽带而建立的社群认同之外,华人社团的制度化运作亦是整合华人移民社群的重要组成部分。无论是在对坟山组织还是庙宇组织的研究中,曾玲都始

---

① 曾玲:《社群整合的历史记忆与"祖籍认同"象征:新加坡华人的祖神崇拜》,《文史哲》2006年第1期;曾玲:《新加坡华人宗乡文化研究》,中国社会科学出版社2019年版,第225—246页。

② 曾玲:《社群边界内的"神明":移民时代的新加坡妈祖信仰研究》,《河南师范大学学报》2007年第2期。

③ 曾玲:《移民社群整合与华人社团建构的制度化——新加坡福德祠绿野亭(1824—1927)研究》,《史学理论研究》2008年第3期。

终注意分析其中的社团组织制度化结构、章程及其社群化运作逻辑，并将其视为华人移民社群整合的有效实现保障。值得一提的是，在运用华人社团账本对二战前新加坡应和会馆的研究中，其不仅具体考察了该社团的财务制度及其运作内容，还通过研究结果显示，与一般的商号账册不同，包括新加坡在内的东南亚华人社团账本亦具有社群属性。换言之，华人社团的经济系统亦具有维持华人社会运作与凝聚整合华人社群的双重功能。①

在以东南亚华人社群建构视角开展华人社会结构及形态研究的过程中，曾玲不但对殖民地时代新加坡华人移民社群的建构过程进行了深入考察，还在前述具体研究中将这种社群建构的历史考察脉络延续至今，并结合新加坡华人社会当代变迁背景，从宗乡社团和宗乡文化研究的主题角度切入就当代华人社群的发展演化问题展开广泛探讨。②

在《调整与转型：20 世纪八九十年代的宗乡社团》③ 一文中，曾玲全面分析了新加坡建国后华人社会与宗乡社团面临的挑战与危机以及 20 世纪 80 年代以来华人社会的发展契机，并在此背景下围绕认同形态、组织结构、运作内容以及未来发展趋势等问题对当代华人宗乡社团的发展演化展开讨论。在有关

---

① 曾玲：《社团账本与二战前新加坡华人社团经济研究——以嘉应五属社群总机构应和会馆为个案》，《中国社会经济史研究》2016 年第 4 期。

② 曾玲：《调整与转型：当代新加坡华人宗乡社团变迁》，《暨南学报》2005 年第 1 期；曾玲：《凝聚、开放与融汇：新世纪以来的新加坡华人宗乡社团》，《源》2018 年第 2 期；曾玲：《新加坡华人宗乡文化研究》，中国社会科学出版社 2019 年版，第 86—113 页。

③ 曾玲：《调整与转型：20 世纪八九十年代的宗乡社团》，《新加坡华人宗乡文化研究》，中国社会科学出版社 2019 年版，第 86—102 页。

华人社群认同研究方面,该文通过分析指出,对新加坡的国家、社会认同和延续与坚持传统社群认同并存,是当代新加坡华人宗乡社团认同形态的重要特征之一。尽管新加坡建国后华人社会的"帮群"形态已经逐渐淡化,但华人社团的基本组织形态仍得以被保留并延续。不过,由于时代变迁,当代新加坡宗乡社团在成员构成、管理机构以及组织运作等方面亦呈现出若干新的变化。而在《凝聚、开放与融汇:21世纪以来的宗乡社团》[1] 一文中曾玲则进一步研究指出,因应新的时空变迁和新加坡政府各项政策影响,在延续上世纪末调整与转型趋势的同时,当代华人社团在运作内容与社会功能等方面日益呈现出"凝聚""开放""融汇"三个显著特征。在社群之内,凝聚社团与强化宗乡社群的历史记忆是当前华人宗乡社团延续和转型中的重要运作内容;在社群之外,当代华人社团的运作范畴则更具开放性,会务内容开始超越社团和所属社群乃至向华族之外开放;与此同时,当代华人宗乡社团还将其运作内容主动融汇于新加坡社会文化发展之中。

另一方面,在对新加坡在20世纪八九十年代以来新加坡华人宗乡文化发展的考察[2]中,曾玲的研究结果显示,与当代新加坡宗乡社团调整与转型的发展趋势相应,当地华人宗乡文化的发展亦呈现出诸多新的特征。新加坡宗乡会馆联合总会和宗乡社团是当代华人宗乡文化振兴的主要力量。从当代华人宗乡文

---

[1] 曾玲:《凝聚、开放与融汇:21世纪以来的宗乡社团》,《新加坡华人宗乡文化研究》,中国社会科学出版社2019年版,第103—113页。

[2] 曾玲:《社会变迁、国家因素与当代新加坡华人社会宗乡文化之复兴》,《河南师范大学学报》2013年第1期;曾玲:《宗乡社团的推动与新世纪以来的新加坡华人文化》,《华侨华人历史研究》2018年第3期;曾玲:《新加坡华人宗乡文化研究》,中国社会科学出版社2019年版,第114—138页。

化的内容来看,在推动新加坡华人文化发展的过程中,华人宗乡文化仍然在一定程度上反映出的凝聚社群认同的意义。尤其是方言文化的振兴,不仅可以展示华人祖籍原乡丰富多彩的地方文化,而且还具有强化新加坡华人与祖籍地的文化纽带并凝聚社群认同的重要功能。[1] 而这也正是当代华人宗乡社团为实现成功转型而持续关注和重视方言文化重振的一个重要缘由。[2]

**3. 方法论的新发展:跨学科基础上的个案研究与宏观考察**

在研究方法方面,历史学与文化人类学的有机结合是曾玲从事东南亚华人社会结构与形态问题研究的基本方法论。

曾玲教授的学术专业背景出身于历史学,1991年在厦门大学获得历史学博士学位,曾师从明清史学家傅衣凌教授和杨国桢教授,专治明清社会经济史。系统的历史学专业知识学习为其奠定了坚实的史学理论功底。不仅如此,在以明清福建手工业经济发展史为选题的博士学位论文撰写期间,基于从中获得的对华南区域地方性海洋文化传统和以民间穷苦百姓为主体的华南海外移民构成特征的了解,也为其日后考察源自华南祖籍地的新加坡华人社会打下了基础。[3] 由此,在长期从事的东南亚华人社会历史与文化研究过程中,史学理论分析法成为其丰富研究成果中的一个基本方法论。除了历史学背景外,对曾玲从事东南亚华人社会文化研究影响至深的另一个学科背景则来自文化人类学。1994—2001年其曾移居新加坡,任职新加坡南洋

---

[1] 曾玲:《新加坡华人宗乡文化研究》,中国社会科学出版社2019年版,第124页。

[2] 曾玲:《新加坡华人宗乡文化研究》,中国社会科学出版社2019年版,第130页。

[3] 曾玲:《越洋再建家园:新加坡华人社会文化研究》,江西高校出版社2003年版,《致读者》第2页。

理工大学中华语言文化中心研究员，学术旨趣逐渐转入新加坡华人社会文化领域的田野调查研究。在此学术转型过程中，海内外著名文化人类学家李亦园的学术理念和研究方法对其影响深远。其亦将李亦园视为自己从中国明清社会经济史转入东南亚华人研究领域的引路人。[①]

如前所述，在以往东南亚华人社会结构问题研究过程中，历史学者的特点是擅长于运用文献分析法对东南亚殖民地档案、华文报刊以及有关历史著述进行解析，且主要从华人移民史和华人社会变迁的历史视角开展研究，并推动了东南亚华人社会结构研究从"中国视角"向"本土视角"的逐渐转换。在此基础上，曾玲则进一步从历史学逻辑出发提出东南亚华人社会与演化的研究思路，并更加注重在时空情景中对当地华人社会结构与形态展开深入的动态分析，从而更好地弥补了以往人类学者在东南亚华人社会结构研究中"本土视角"弱化和偏重于静态分析的不足。与此同时，曾玲亦继续坚持运用历史学之文献分析法对东南亚华人社会中的各类有关文献进行充分的爬梳、整理与解析，进而有助于对华人社群研究个案进行更为全面而细致的动态考察。

另一方面，如前所述，基于功能主义、族群认同等理论的影响，二战后的人类学者积极推动东南亚华人社会结构研究进入内部分析的层面，特别是在华人志愿社团与方言群的分类法则、华人社会组织的功能及其内部互动关联研究方面成效显著。李亦园则以人类学民族志的研究方法对马来西亚一个市镇华人

---

① 曾玲：《新加坡华人宗乡文化研究》，中国社会科学出版社2019年版，第414页。

社会结构及其运作进行了深入考察,不仅提出了诸多新的重要观点,还充分展现了参与观察、口述访谈以及问卷调查等田野调查方法在东南亚华人社会考察与分析中的重要意义,进而在方法论上对东南亚华人社会文化问题研究产生深远影响。在此基础上,曾玲继续借鉴人类学理论与方法以积极拓展和深化东南亚华人社会结构研究,并进一步从社群认同凝聚与整合的建构角度将华人社会结构与形态研究推进到历史文化溯源的更深层面。与此同时,其亦始终坚持运用文化人类学的田野调查方法开展相关研究,特别是长期在东南亚和中国进行了连续深入的田野调查工作以收集各种研究资料。深入民间的东南亚华人社会田野调查实践不仅彰显了其深刻的人文情怀,也为其开拓性的东南亚华人社会结构与形态问题研究提供了坚实的资料保障,进而亦可有效弥补以往历史学者在东南亚华人社会结构研究中基于一手资料不足而难以进入进一步具体深入考察分析的若干局限。

此外,还有必要指出的是,从研究方式上讲,曾玲则始终坚持通过个案研究与宏观考察相结合方式对东南亚华人社会结构与形态问题进行长期性研究。在其多部相关研究专著和重要学术论文中,这种结合性研究方式的运用随处可见。就研究方式实现效果而言,个案研究方式有助于其更好地深入于东南亚华人社会结构内部针对大大小小的华人社群开展具体研究;宏观考察研究方式则有助于在比较分析中更系统地考察东南亚华人社会的结构与形态,进而可以得出更具普遍性意义的特征归纳和理论逻辑。

**4. 文献解读与田野调查:多样化一手研究资料的整理分析**

基于历史学和文化人类学跨学科方法的运用,以及东南亚华人社会研究资料的自身特点,曾玲所使用的研究资料主要来自华人社会文献、华文报刊,以及田野调查与口述访谈等记录。尤其是对新加坡华人社团档案与资料的收集、整理和分析才使其"在对包括新加坡在内的东南亚华人社会文化的考察中有新的学术视角、探究内容与一些不同于现有研究的思考"[①]。

曾玲主张应深入研究对象国的华人社会,重视搜集研究所需的一手资料,充分发掘和运用不同文献的史料价值。除广泛搜集、运用华人社团纪念特刊、"会讯"等自书自叙历史文本资料外,曾玲还在新加坡多年开展田野调查研究期间收集了一批数量丰富的华人社团档案资料,主要涉及移民时代新加坡华人会馆与其所兴办的华文学校、帮群坟山以及庙宇组织三类重要社团形态,内容涵盖章程名册、会议记录、征信录、账本账册、坟山档案等多种类型资料。这些自华人社会民间所得的一手资料成为其从个案出发具体考察东南亚华人社会建构与演化的基本文献依据。例如,其以广惠肇碧山亭和海唇福德祠绿野亭两个坟山组织档案、金石碑铭等资料为基础对新加坡移民时代闽粤移民如何运用中国传统文化中的"祖先崇拜"和"坟山崇拜",并通过对移民先人丧葬与祭祀的处理来凝聚华人社群认同与整合之问题的研究;又如其以海唇福德祠绿野亭及其属下社群的账本记录资料为基础对新加坡移民时代闽粤移民如何在运用祖籍地祖先崇拜和神明信仰等文化资源的同时,亦通过经济层面运作来建构社群关系及社群认同形态以解决该帮群组织的

---

① 曾玲:《新加坡华人宗乡文化研究》,中国社会科学出版社2019年版,第22页。

凝聚与整合之问题的研究;① 以及其以新加坡应和会馆和应新学校保留的历史账本账册及会议记录、章程等文献为基础研究资料,从华人社团经济史的视角对基于移民"方言群认同"和"祖籍地缘认同"的应和会馆如何在新加坡移民时代建立具有嘉应五属社群边界并承担维持该社群运作与整合双重功能的财务系统之问题的研究②,等等。③

此外,在对东南亚华人社会建构与演化之研究个案进行具体考察的过程中,曾玲还注意运用必要的非文本资料补充研究内容,尤其是在以华人庙宇、坟山、节庆为视角而开展的新加坡华人社会结构与文化形态研究过程中,在整理分析相关各种华人社会文献资料的同时,曾玲还通过参与观察和口述访谈所得田野调查资料补充和深化相关问题研究,从而使其可以在充分运用历史文献和田野调查两类研究资料的分析基础上持续推动东南亚华人社会结构形态之建构与演化问题的研究不断走向深入与完善。

综上所述,在前人既有研究成果基础上,曾玲进一步突破了以往东南亚华人社会结构问题研究中的"中国视角"局限,并将华人社会结构与形态纳入东南亚华人社会建构和演化历史

---

① 曾玲:《社群边界内的庙宇、坟山与移民时代新加坡华人帮群组织之建构——从碑文、账本、会议记录、章程等切入的研究》,《华侨华人文献学刊》第3辑,社会科学文献出版社2016年版。
② 曾玲:《社团账本与二战前新加坡华人社团经济研究——以嘉应五属社群总机构应和会馆为个案》,《中国社会经济史研究》,2016年第4期;曾玲:《以数字实录华人社会的历史图像:华人社团账本与"二战"前东南亚华校研究》,《文史哲》2015年第1期。
③ 曾玲:《新加坡华人宗乡文化研究》,中国社会科学出版社2019年版,第18—22页。

进程中进行具体而深入的考察分析。就研究取向而言，这为东南亚华人社会结构与形态问题的研究开辟了一个新方向。其内在的学术意义在于，在研究东南亚华人社会结构问题的过程中，必须明确的是，我们不能仅仅专注于当地华人社会结构与功能及其变迁的考察，还要深入解析并揭示产生这种情形的历史缘由和内在逻辑，进而有效实现华人社会结构问题在研究取向上的更加完整性。

在对东南亚华人社会结构与形态进行长期考察的研究实践中，曾玲在多元视野中围绕华人社群建构与演化问题开展了丰富的研究工作，提出了若干重要观点。其不仅通过对新加坡华人坟山组织、庙宇组织以及宗乡社团等广泛具体而深入的连续性研究，曾玲围绕华人"社团组织"、"帮"与"帮群组织"对东南亚华人社会结构与形态问题的既有研究成果进行了再审视和新思考，而且还通过一系列具体研究成果显示："在东南亚殖民地时代，南来拓荒的华南移民历经了一个运用传承自祖籍地的中华传统文化资源，在东南亚再建其社会结构与文化形态的过程。在这一历史进程中，闽粤移民的社群整合与华人社团组织的制度化，是建构东南亚华人社会最基本的内容之一。"[①] 与此同时，21世纪初以来，曾玲亦非常重视针对东南亚华人社群演化的考察，尤其注意结合当地华人社会变迁场景，从宗乡社团和宗乡文化研究等角度就当代华人社群的发展演化问题展开广泛探讨。

就研究方法而言，在前人研究基础上，曾玲坚持立足于历

---

① 曾玲：《移民社群整合与华人社团建构的制度化——新加坡福德祠绿野亭（1824—1927）研究》，《史学理论研究》2008年第3期。

史学思维与文献分析法的合理运用，同时积极借鉴文化人类学的田野调查研究方法，并在充分收集、整理和分析一手华人社会文献与田野调查资料的基础上，通过个案研究与宏观考察相结合的方式扎实推进该问题的研究实践。

概而言之，从学术意义上讲，曾玲的华人社群建构与演化研究实践不仅突破了以往东南亚华人社会结构研究成果中的既有局限，亦为该问题研究提供了一个新的分析框架。与此同时，在该问题的研究实践中创新了方法论，从而超越了以往的传统研究范式，并将东南亚华人社会结构问题的研究工作往前推进了一大步。而这也正是本书主题研究的学术问题缘起和理论基础来源。

## 第二节 研究价值与研究思路

### 一 研究价值

本书将从个案研究出发，具体地讨论南来拓荒的中国移民如何在19世纪末以来东南亚社会变迁场景中重寻生存之道和建构当地华人社群形态及其历史演化情形，并就当前学界有关东南亚华人社群建构与演化的有关问题再做探讨。从学术意义上讲，本书的研究价值将主要体现在以下三个方面：

其一，如前所述，在东南亚、中国乃至全球历史视域中对东南亚华人社会结构与文化形态建构及其当代演化的学术研究仍方兴未艾，也是迄今为止学术界仍普遍关注的研究课题。曾玲围绕华人社群建构与演化而进行的卓有成效的系列研究成果，既为东南亚华人社会结构与形态问题研究提出了一个新的分析框架，也打开了广阔的研究空间。

与此同时，在对东南亚华人社会建构与演化问题进行长期考察分析的过程中，曾玲已经注意到，基于社会历史文化等多方面因素的影响，东南亚各华人移民社群的具体认同形态及整合情形并非完全相同，复杂的社群关系和多元的认同形态是殖民地时代华人移民帮群社会的一个重要特征。因此，若要对东南亚华人移民社群的建构与演化问题进行更为完整而深入的研究以得出更具普遍性的理论认识，则仍有必要对更多不同情况的华人社群进行具体考察，并从比较分析中不断归纳出更具普遍性价值的理论观点。从这个意义上讲，本书将为该分析框架提供一个新的研究个案。

具体而言，本书个案研究对象之新加坡江兜移民群体系为一个兼具血缘、祖籍地缘、业缘与神缘特征的华人移民社群，尽管其并非当地华人社会中的显赫"大群"，但是却兼具了自身特点和东南亚华人移民社群的诸多一般性特征，正所谓"麻雀虽小，五脏俱全"。对该移民社群的研究有助于我们从微观层面更为细致地分析东南亚华人社群建构逻辑和演化趋势。特别是新加坡江兜移民社群既是一个以祖籍地血缘纽带维系的宗亲组织团体，又兼具显著业缘和神缘特征，从而使其殖民地时代的历史建构中呈现出更开阔的结构性张力。由于这类个案在学界以往的研究中并不多见，因而本书研究将可以为我们更全面深入地了解新加坡乃至东南亚华人社会史提供一个有价值的个案文本，进而可以在相关比较研究中进一步论证、补充或丰富既有研究成果。

其二，众所周知，殖民地时代东南亚华人社会呈现出复杂的结构特征，存在着众多多元异质的移民社群。[①] 从各大帮群到各级社群，这些大大小小的移民社群成为东南亚华人社会的结构单位和重要组成部分，亦成为我们分析当地华人社会结构的主要考察对象，有着重要的研究价值。由此，从整体意义上讲，本书研究内容亦将有助于我们从"微观社群"分析角度进一步加深对东南亚华人社会结构基础乃至东南亚华人社会本质的认识。

其三，追本溯源，移民时代东南亚华人社会结构与文化形态缘于华南移民的历史建构。由此，基于华南移民兼有祖籍地关联性和移居地关联性的双重属性，在中国、东南亚的跨境视野内展开考察对于东南亚华人移民社会的结构与形态研究始终具有重要意义，亦是近年来学界日益重视的一个研究面向。就此而言，在坚持多元视野的基础上，本书研究视野中亦强调跨境性，即在中国和东南亚的时空情景中进行连续性的历史考察与田野调查研究，从而有助于继续促进东南亚华人社会结构与形态问题的创新性研究发展。

## 二 研究思路

本书将以曾玲开创的东南亚华人社群建构与演化之分析框架为基础，从个案研究出发，并结合宏观考察的研究方式，运用中国与东南亚两方面的田野调查资料与有关文献资料，具体地讨论南来拓荒的福清江兜移民如何在19世纪末以来东南亚社

---

[①] 曾玲：《越洋再建家园：新加坡华人社会文化研究》，江西高校出版社2003年版，第5页。

会变迁场景中重寻生存之道和凝聚社群认同，进而建构当地华人社群形态及其历史演化过程，并在此基础上就当前学界有关东南亚华人社群建构与演化的有关问题再做探讨。

具体而言，本书研究内容的整体分析思路将从以下八个部分展开论述：

第一章导论主要阐明本书主题的研究缘起、学术回顾、研究价值、研究思路、研究方法以及资料来源。

第二章主要考察分析福清江兜村的宗族社会形态及其与地域化民间信仰之间的内在紧密关联。

第三章主要考察分析福清江兜移民南来拓荒的主要历程及其在新加坡华人社会中的早期空间聚居状况。

第四章主要考察分析江兜移民在新加坡的行业化经营表现与内在逻辑，分析其在华人社群建构中的历史作用。

第五章主要考察分析新加坡江兜移民宗乡组织的建立与运作功能，并分析其在华人移民社群整合中的历史作用。

第六章主要考察分析江兜移民在新加坡社群保护神崇拜的产生缘由、文化形态及其社群聚合作用。

第七章主要考察分析当代新加坡江兜人社群发展与演化的背景、态势及内在缘由。

第八章结论与讨论主要对东南亚华人移民社群建构与演化的历史考察做出总结性分析，并就当前学界有关东南亚及海外华人社会研究领域的若干问题及研究取向进行一些相应探讨。

## 第三节　研究方法与研究资料

### 一　研究方法

本书主要采取历史学和人类学相结合的研究方法展开论述，注意在空间和历史的双重维度内开展研究。

在研究过程中，本书一方面运用历史学考证与分析方法对有关文献、档案、碑铭等资料进行历史脉络的爬疏，以便从纵向的角度考察新加坡江兜移民社群的变迁过程。与此同时，另一方面，本书亦注重借鉴人类学口述访谈与参与观察等田野调查方法对研究对象展开深度考察，进而在具体解析一手田野资料的基础上对新加坡江兜移民社群形态进行解读。概言之，本书将结合历史学与人类学有关研究方法力图对新加坡江兜移民社群建构与演化实态做出全面而深入的具体考察与分析。

### 二　研究资料

本书研究中使用的基础资料主要由笔者在中国与东南亚两地收集到的田野调查资料与相关文献资料构成。具体而言，这些研究资料可以归纳为以下两个方面的内容：

（一）中国方面的资料收集

2003 年至 2008 年期间，笔者曾先后在福建省图书馆、福建师范大学图书馆、厦门大学图书馆、福清市图书馆、福清市档案馆、福清市政协、福清市侨联、新厝镇侨联等单位内收集到与本书内容相关的《闽都记》（明王应山撰）、《乾隆福清县志》

(清李修卿、林昂纂，饶安鼎修)、《福州市志》（2000年）、《福清市志》（1994年）、《福清华侨史》（2003年）[1]、《新厝镇华侨史》（2004年）[2]、《江兜侨乡史略》[3]，以及《福清文史资料第8辑》（1989年）、《福清文史资料·新第5辑》（1998年）等地方文献资料。

与此同时，笔者亦于2003—2008年期间多次前往福建省福清市江兜村开展田野调查，尤其是2006年2月、2006年8月以及2007年10月先后前往福清江兜村进行了为期近两个月的驻地考察，收集到《韶溪江兜王氏族谱》（王声远抄，1983年）、《江兜村王氏族谱》（王锦照主编，2005年）、《江兜始祖严清公诞辰五百周年纪念册》（江兜王氏宗祠董事会编，1999年）、《江兜昭灵庙宣赞大元帅出郊巡游锡福纪实》（江兜昭灵庙宣赞大元帅出郊巡游锡福纪实董事会编，2005年）、《福山学海：福清江兜华侨中学50周年华诞纪念特刊》（陈章照主编，2005年）、《江兜侨建基本情况统计表》（1997年）、《江兜侨胞捐赠项目登记表》（1997年）、有关信函，以及庙宇、祠堂、学校、华侨大厦等处碑铭、匾额记录等一手研究资料。另外，笔者还对当地数十位村民进行了口述访谈，并在参与观察中详细记录了元霄节期间江兜村昭灵庙的神明"绕境"巡游仪式活动内容，以及江兜村王氏祠堂新殿开光大典庆祝活动内容，等等。

以上资料构成笔者勾勒福清江兜村自然人文背景、宗族发

---

[1] 中共福清市委党史研究室、福清市市志编纂委员会编：《福清华侨史》（编印），2003年。

[2] 福清市《新厝镇华侨史》编委会编：《新厝镇华侨史》（编印），2004年。

[3] 王福瑞：《江兜侨乡史略》，杨银仙主编：《福建地区华侨出国史全书集》，福州市华侨历史学会（编印），1994年。

展史、海外移民史，以及当代海内外江兜人互动状况的基本资料来源。

（二）新加坡方面的资料收集①

应新加坡江兜王氏公会与新加坡昭灵庙邀请，笔者曾于2006年11月—2007年2月、2007年10月先后两次前往新加坡开展田野调查。② 其间，笔者多次在新加坡国家图书馆、新加坡国家档案馆、口述史馆、新加坡国立大学中文图书馆、新加坡宗乡总会文史资料中心、新加坡华裔馆，以及新加坡江兜王氏公会、新加坡昭灵庙、新加坡慈云山宫、新加坡福发宫、新加坡莆田天后宫、新加坡福清会馆、新加坡福莆仙公会、新加坡兴安会馆、新加坡车商公会、新加坡王氏慈善（开闽公司）等华人社会团体内收集与本书相关的各类文献资料。归纳而言，主要有以下几种：

**1. 文献著述资料**

与本书个案直接相关的文献著述资料主要集中在以下两个方面：

其一是述及新加坡江兜王氏社群交通行业发展史的文献著述资料，如《南洋车业交通录》③、《新加坡工商业全貌》④、《新加坡华侨商业指南》⑤、《祖先的行业》⑥、《新加坡的兴化人

---

① 主要集中于笔者2003年至2008年间通过查阅文献和实地田野调查所得。
② 2011年8月笔者曾再度前往新加坡补充查阅、收集有关文献研究资料。
③ 严仁山：《南洋车业交通录》，私人出版，1948年版。
④ 许直、许钰：《新加坡工商业全貌》，华侨出版社1948年版。
⑤ 陈展翼、庄瑞麟主编：《新加坡华侨商业指南》，私人出版，1956年版。
⑥ 区如柏：《祖先的行业》，胜友书局1991年版。

社群：一个小方言族群的社会经济适应史的研究》①，以及20世纪70年代南洋大学历史系所做华人行业史调查中的《兴化人与交通行业（1880—1971）》②和《新加坡华人巴士交通行业》③两个总结报告等。

其二是涉及新加坡江兜王氏社群人物传记的文献著述资料，如《南洋名人集传（第二集下册）》④、《南洋名人集传（第五集）》⑤、《东南亚人物志（第二集）》⑥、《闽人创业史》⑦、宋哲美《星马人物志（第三集）》⑧、《创业传奇：18位企业家的故事》⑨、《狮城财经群英2》⑩，等等。

### 2. 社团档案资料

笔者所收集到的档案资料主要集中于新加坡江兜王氏公会和新加坡昭灵庙内的成立章程、会议记录、会员名册、晚宴请柬、收支帐本及其与中国祖籍地福清江兜村之间往来信函等民间文本资料。不过，这些保留下来的档案资料并不完整。总体而言，20世纪80年代以后的资料相对较多，之前的资料则较少。尽管如此，这些档案资料仍然是非常宝贵的第一手材料，

---

① 钟临杰：《新加坡的兴化人社群：一个小方言族群的社会经济适应史的研究》，项琰译，潘明智主编：《华人社会与宗乡会馆》，玲子大众传媒中心1996年版。
② 林菊英等：《兴化人与交通行业（1880—1971）》，新加坡南洋大学历史系（编印），1971年。
③ 陈金姿等：《新加坡华人巴士交通行业》，新加坡南洋大学历史系（编印），1971年。
④ 《南洋名人集传（第二集下册）》南洋民史纂修所，1928年。
⑤ 《南洋名人集传（第五集）》，南洋民史纂修所编辑部，1941年。
⑥ 许教正：《东南亚人物志（第二集）》，私人出版，1967年版。
⑦ 曾心影：《闽人创业史》，马来西亚、新加坡福建社团联合会1970年版。
⑧ 宋哲美：《星马人物志》（第三集），东南亚研究所1985年版。
⑨ 《创业传奇：18位企业家的故事》，胜利出版私人有限公司1988年版。
⑩ 郑明核：《狮城财经群英2》，跨世纪制作城1995年版。

并成为本书分析江兜王氏公会与新加坡昭灵庙建立过程、组织结构、运作与功能等问题的基本资料来源。

### 3. 华人社团特刊

与新加坡江兜王氏社群有关的华人社团特刊主要有以下四个来源：一是新加坡福清会馆出版的纪念特刊，如《新加坡福清会馆 70 周年纪念特刊》（1980 年）、《新加坡福清会馆三庆纪念特刊》（1995 年）、《融入狮城：新加坡福清会馆千禧大庆特刊》（2000 年）；二是新加坡兴安会馆出版的纪念特刊，如《新加坡兴安会馆 50 周年纪念特刊》（1970 年）、《新加坡兴安会馆成立 75 周年钻禧纪念特刊》（1995 年）；三是新加坡福莆仙公会出版的纪念特刊，如《福莆仙乡贤人物志》（1990 年）、《福莆仙人物志》（2003 年、2005 年）；四是新加坡车商公会出版的纪念特刊，如《新加坡车商公会银禧纪念特刊》（1957 年）、《新加坡车商公会庆祝成立四十周年纪念车业通鉴》（1972 年）、《新加坡车商公会金禧纪念特刊》（1982 年）。这些社团纪念特刊内均或多或少地记录有新加坡江兜移民社群的发展史或有关人物资料，并反映出该社群的社会关系网络与商业网络。

### 4. 报刊广告及报纸讣告

笔者在收集资料过程中，发现新加坡不同时代的报刊中有不少关于新加坡江兜移民社群人士刊登的商业广告及吊唁讣告。广告通过宣传经销商品的种类显示出江兜移民社群的经济形态，对于研究该社群的经济形态及其社群领导层等问题的具有一定价值。讣告通过对新加坡江兜移民社群去世者生平、家族谱系以及各吊唁者（或公司、团体）"身份"的展示，进而为研究该社群的人物及社会关系网络提供了更多的补充性资料。

### 5. 个人传记出版物

就笔者所收集到的新加坡江兜移民社群个人传记著作而言，共有两部。其一是关于新加坡江兜移民社群交通行业经营创业者先驱王万高（1869—1942）先生的传记著作，该著由其子王金祥先生所撰；① 其二是新加坡江兜移民社群发展史上最具规模的王万丰隆公司家族核心管理者之一王振敬（1898—1973）先生的传记著作，② 该著由其子王如明先生所撰。由于这两位传记人物均为早期自中国祖籍地南来的江兜移民，且在新加坡江兜移民社群历史上具有显著地位，因此关于他们的回忆录式传记，亦成为本书研究中的重要参考资料来源之一。

### 6. 碑铭与匾额

新加坡义顺区慈灵联合庙内的昭灵庙门前立有碑刻一块，上面撰有《新加坡昭灵庙重建碑记》③ 一文。该碑文详细记述了百余年来新加坡昭灵庙的历史变迁内容，并附有1998年庙宇重建时的详细捐款名单。另外，新加坡昭灵庙内还存有一些旧匾额，透过其年代的记载亦有助于考证该庙的发展史。

除以上诸多文献资料外，笔者在新加坡田野调查过程中收集到大量访谈资料。这些口述访谈主要以新加坡江兜王氏公会、新加坡昭灵庙以及新加坡江兜人住所为中心而展开。笔者曾对数十位新加坡江兜人及其家属进行随机访谈，其中既有直接自中国祖籍地南来的第一代华人移民，也有其第二代、第三代甚至第四代后裔。同时，笔者还对第一代江兜移民——前新加坡

---

① Ong Kim-Siong, *The Story of The Bicycle and Other Land Transport In Singapore* (CD-ROM), Singapore: National Archives of Singapore, 2000.

② 王如明:《振敬先生顺治夫人百年冥诞》，私人编印，1998年。

③ 《新加坡昭灵庙重建碑记》，新加坡昭灵庙董事部1998年立。

江兜王氏公会主席王福顺先生（曾兼任新加坡昭灵庙名誉主席），以及当时在任的该社群主要领导层成员——新加坡江兜王氏公会主席王宗祝先生（兼任新加坡昭灵庙主席）、副主席王发祥先生（兼任新加坡昭灵庙名誉主席）、名誉主席王声厚先生（兼任新加坡昭灵庙名誉主席）、名誉主席王荣汉先生、总务王如明先生、副总务王武镇先生（兼任新加坡昭灵庙总务）、文教王文秀先生（兼任新加坡昭灵庙副总务）、中文书王发祺先生、执委王声华先生、执委王勇冰先生、执委王达永先生（兼任新加坡昭灵庙副主席）、执委王如英先生、执委王金祥先生（兼任新加坡昭灵庙顾问）进行了一次或数次的深度访谈。此外，笔者还在新加坡口述史馆收集到王万源先生（公会成立主要发起人之一，曾任新加坡江兜王氏公会前名誉主席）和王声邦先生（曾任新加坡江兜王氏公会副主席、新加坡车商公会主席）的个人访谈录音。大量的口述访谈资料对于本书研究具有重要意义，它们在很大程度上弥补了文献资料方面的诸多不足之处。

最后，为了更深入地了解新加坡昭灵庙与新加坡江兜人的内在关联，以及新加坡昭灵庙与中国福清江兜村昭灵庙的宗教信仰文化形态异同，笔者还曾多次在新加坡昭灵庙以参与观察的方式记录了诸多与宗教仪式相关的活动内容，特别是对新加坡昭灵庙内的"肃坛持戒""绕镜巡游"仪式活动，以及"柳金圣侯"神明寿诞庆祝仪式与附带联欢晚宴活动的进行了详尽考察，同时亦对诸多上香的信众进行了大量随机访谈。这些宗教仪式程序及其扮演者身份之状况对于考察新加坡昭灵庙的形态与功能具有重要价值。

除上述基础研究资料外，近年来，笔者还积极利用国外访学机会广泛查阅相关理论研究文献作为研究资料参考，同时通过若干联系和有关媒体报道继续收集、补充本书所需研究资料。

综上所述,中国与新加坡两个方面的田野调查为本书的研究工作奠定了较为丰厚的资料基础。文献史料、口述访谈及参与观察所得资料之间的互为印证与补充有助于本书主题讨论的进一步深入。

# 第 二 章

# 祖籍溯源：中国福清江兜村的
## 地域化宗族聚落

自近代中国跨境南迁的拓荒移民大多来自华南沿海区域的乡土社会。由是，这些传统乡土社会便成为东南亚华人中国祖籍地的原乡土壤和本书主题——东南亚华人社群历史建构与演化问题的考察和研究起点。有鉴于此，本章将以有关地方文献和笔者收集的田野资料为基础，对福建省福清市江兜村王氏宗族的形成与发展状况进行具体考察，并解读当地传统宗族认同与民间信仰"合二为一"的地域性文化认同形态。

## 第一节 聚族而居：福清江兜王氏宗族社会的形成

新加坡江兜人的中国祖籍地位于传统侨乡福建省之内，具体地点处于福建省中部沿海地区的福清市新厝镇江兜村。

从自然环境条件看，福清市江兜村地处东南海滨沿岸，大概位于北纬25°37′，东经119°31′，与福建省莆田市涵江县江口镇仅数里之遥。全年受西风带及亚热带环境交互影响，海洋性气候明显，年平均气温为17℃—20℃，年降雨量1500毫米左右，年台风发生概率为 3.6 次。① 江兜村内地形以丘陵谷地平原为主，地势呈西高东低状；南部有流淌数百年的韶溪自西向东穿行而过；东部直接入海，沿海有海蛏、海蛎、海蟹、海虾、甲鱼等鱼类、甲壳类海生动物。种植业作物主要有水稻、花生、大豆、白薯、琵琶、桃子、龙眼等；渔耕作业成为当地历史上长期延续的农业经济生产方式。

从人文史环境看，福清江兜村是一个以王姓为主聚族而居的单姓村。全村大概 700 余户家庭中，90% 以上均为王氏族人。当地"江兜王"系于明代万历年间由南安王氏一脉迁居而来。至今已有 400 多年历史。事实上，数百年间，福清江兜王氏宗族社区的形成正经历了一个由举家迁居到聚族定居的在地化发展过程，并在这个过程中，逐渐建立了宗祠、族谱等宗族认同表现形态。

## 一 举家迁居到聚族定居：福清江兜王氏开基祖的明末迁居

据福清江兜村王氏族谱记载，当地王姓族人先祖并非本地的原始居民，而是于明代晚期由外地迁徙而来。其开基祖严清公原籍泉州南安石鼻尾，生于明代弘治乙未年（1499 年），系为开闽王氏后裔。明代嘉靖年间，由于中国福建省沿海一带倭乱频仍，导致当地居民生命安全受到严重威胁。为了躲避劫难，沿海居民们不得不移居他处谋求生存。在这种情况下，江兜村王氏族人开基祖严清公"因原籍地处海滨，常受海盗倭寇之侵

---

① 福清市《新厝镇华侨史》编委会编：《新厝镇华侨史》，新厝镇侨联，2004 年，第 8 页。

扰。于明朝嘉靖末年，北上觅食，路过江兜仙岭头，眺望兴化湾，俯瞰海涂滩，认定江兜此地可耕可渔，是可谋生觅食之地，遂在江兜仙岭头暂搭草寮，权且栖身，披星载月，春来东返，几经二载，稍有积蓄，又于第3年即明万历元年（1573）遂带妻郭氏并五子文庆、文焕、文光、文德、文亮来到江兜，草创茅屋，艰苦创业，卜居下来。自此而始，王氏一脉立乡江兜，世代以渔农为业，繁延子孙，宗族日盛……"①

## 二 开枝散叶：福清江兜王氏宗族房支体系的形成

### （一）人口增长和谱系房支体系的确立

在福清江兜王氏族谱的有关记载中，笔者发现，江兜王氏族人的开基祖严清公一家人并非福清江兜村最初开拓者，早在明万历元年（1573年）严清公自南安携眷迁居江兜之前。当地已是一个由"姚、陈、林、黄"四个姓氏居民组成的杂姓村，并分居于江兜村内"仙岭""后坑""庵前""墙下"四个角落。由此可见，在江兜王氏开基祖严清公自南安举家北迁福清江兜村之初，只能算是江兜村一个人少势单的"外来"户，仅能立足而已。不过，随着社会历史的变迁，仅仅百余年之后，这种情况便发生了根本性的转变。

众所周知，明末清初时期中国东南沿海各地抗清活动此起彼伏，因而造成当地居民长期处于战乱频仍的生存环境之中，再加以清初曾一度在中国东南沿海一带推行"迁界"的政治军

---

① 王福瑞：《江兜侨乡史略》，杨银仙主编《福州地区华侨出国史论文集》，福州市华侨历史学会，1994年，第140页。

事政策，从而进一步使福建沿海地区村民不得不面临着频繁迁徙的生存状态之中，江兜村亦不例外。

按照江兜村王氏族谱中的有关记载，由于当时面临"兵荒马乱，十年久旱，耕不足食，亦苦难居"的生存窘境，所以村民"便各自择他方住"，唯有"始祖严清公后裔载乱难之际，立场坚定，父子立志与海水共进退，同太阳共醒眠，向荒山要粮，朝沧海觅食，艰苦奋斗，辛勤劳作，日新月异，旧貌换新颜，遂在仙岭头设置茅屋立足定居，后居住不下，南移至海边后林埕、石厝里、宫边南角等三张厝"。在此，虽然我们已经无法知晓当时江兜村居民迁徙流动的具体情况，但是从这些族谱记载中流传下来的故事看，可以得出的一个事实是经过明末清初的近百年社会变动之后，王姓居民在江兜村的整体实力与人口规模均有了巨大增长，进而逐渐确立了在江兜村的主体地位，并建构出江兜王氏宗族的社会形态。

从福清江兜王氏族谱的记载内容来看，大概在清代康熙后期时，江兜村王氏族人已呈现出一派人丁兴旺，繁衍愈盛的景象，各房支脉日渐扩大，"自始祖严清公传下文、邦、道、元五代，各族内伯叔弟侄辈谕分明"。与此同时，以开基祖严清公五子延展开的五房族人分散聚居的角落形态也基本成型：长子文庆后裔为善仁房，主要聚居于福山角落头；次子文焕后裔为有义房，主要聚居于菜园里角落头；三子文德后裔为妙智房，主要聚居于过坑角落头；四子文光后裔为时礼房，迁居于界下村石厝角落头；五子文亮后裔为兴信房，主要聚居于北丬、三座厝等角落头。至此，明末时期由泉州南安迁居而来的王氏一脉在福清江兜村聚族而居的宗族社会形态初步成型。

## （二）宗族组织的建立与运作：立宗祠、修族谱

祠堂、族谱是宗族体系的核心构件。祠堂是集中供奉先人牌位、祭拜祖先以及族人代表议事的重要场所，族谱则是族人记载自身历史和传承谱系坐标概念的民间文本。宗族社会形态的形成以及人口数量的不断增长必然要求建立以宗祠为中心的宗族组织以处理宗族内部的日常事务。随着江兜村王氏宗族的逐渐形成，江兜王氏宗祠也因之"应运而生"。按照江兜王氏族谱中的记载，当地王氏宗祠始建于清代康熙己丑年（1709年），竣工于康熙戊戌年（1718年），以后又有多次整修。① 与当时华南民间其他各地宗族组织功能基本一致，自成立之初开始，江兜王氏宗祠组织便负有集中供奉当地王氏先人牌位与处理族内外纠纷等事宜的职能，其实际领导者系由具有族长身份的乡老和在当地有既有声望、地位又有财力的乡绅共同组成，并设有部分海坪、田地作为公共祠产，以出租收益方式支撑宗祠事务管理的正常运作。

此外，在修建宗祠的过程中，福清江兜王氏族人还开始修撰自己的宗族族谱，以记述本族内的先人事迹、修祠事迹、祠产状况、房支谱系等内容，从而确立了江兜王氏族人记载自己集体历史记忆并借以凝聚宗族内部认同的民间文本。而且，为了便于理清当时已经日渐庞大的族内谱系分支辈分，早在修谱之初，当时的江兜村王氏族内先贤王希顺、王孔周等人便特邀附近一位郑姓进士编制了一副15字的辈分字谱联："希孔孟学常志圣贤显祖荣宗犹若是，述尧舜道惟存孝悌振声绍武在于斯"，② 并规定上联字

---

① （清）《建韶溪江兜王氏宗祠记》，撰于康熙戊戌年（1718），《韶溪江兜王氏族谱》（卷二），1983年。

② 民国五年（1916）春，该联又经清末著名才士御史江春霖简单修改为："希孔孟学常志圣贤显祖荣宗明世德，述尧舜道惟存孝悌振声绍武裕孙谋。"

谱为成年人成家立室时命名使用，下联字谱为幼年读书时取名使用。

上述这些内容表明，经过一百余年的发展，大约到清代康熙年间后期时，福清江兜村聚族而居的王氏宗族形态及其宗族组织已经基本确立，"江兜王氏"的地缘、血缘符号也开始成为代表当地王氏族人身份认同的标志性象征。

## 三 海内外的血缘延展：福清江兜王氏宗族的发展

自清代前期江兜王氏宗族形态基本确立以后，中间历经乾隆、嘉庆、道光、咸丰、同治、光绪等历史时期，在不断垦殖荒地并通过与周边他姓村落争夺以拓展生存资源空间的基础上，福清江兜村王氏族人的人口数量增长速度日益加快，到19世纪后期福清江兜村人口数量已经达到千余人的规模。此间，不但江兜王氏宗族的规模迅速扩大，而且江兜王氏族人对于福清江兜村的地域认同观念也早已根深蒂固。换言之，江兜王氏族人早已成为福清江兜村的"地主"，并继续发展壮大。另外，由于国内外社会时代背景的影响，自19世纪晚期开始福清江兜村还兴起了延续数十年之久的海外移民浪潮，许多江兜王氏族人先后漂洋过海到东南亚谋生，从而使近百余年江兜王氏族人的发展史得以在中国与东南亚两地的不同空间场景中继续发生新的演绎。

21世纪初，据当地村委会统计资料显示，江兜村王氏宗族后裔在海内外的人口规模总数已经达到16000人以上。其中，在中国祖籍地福清江兜村有700余户，人口数2500多人，主要分布于当地以传统角落头为基础而形成的8个自然村之中。海外的东南亚、欧美以及中国港澳等地共有一万多人,其中绝大部分集中于东南亚一带,依据1997年福清江兜村侨情普查数据统计资料显示,当时分布于东南亚的江兜人后裔已达13796人,其中马来西亚5872人,印尼5788人,新加坡2016人,泰国120人。[1]

## 第二节 福清江兜王氏宗族的民间信仰:以昭灵庙为中心

在中国东南沿海诸多聚族而居的传统乡土社会中,具有宗教意义的各种地域性民间信仰常常是反映当地文化形态的重要表征。在历史发展中,以诸村落庙宇为中心构成的神明信仰体系逐渐成为当地村民地域文化认同和宗族血缘认同的重要载体。

### 一 福清江兜王氏宗族的传统民间信仰体系

江兜村村内现存大小庙宇十余个,其中规模较大的主要有昭灵庙、土地庙、北极殿、明善堂、千佛庵、韶溪亭、紫阳书院、安民社、唐兴寺等。基于奉祀神明的不同,这些庙宇对于福清江兜王氏族人而言显然有着不尽相同的具体崇拜意涵,但共同的意义在于这些都是江兜村人专属的地方性保护神。

首先,从建庙的历史渊源来看,江兜村的庙宇可以分为重

---

[1] 数据来源:《1997年江兜侨建基本情况表》。

建和新建两种类型，其中昭灵庙①、紫阳书院②、土地庙③属于前者，其他庙宇则属于后者。前者反映出迁居而来的王氏族人通过接受当地原有信仰文化的方式显示自身地域认同的意义，后者体现出王氏族人通过增加地方信仰载体强化自身地域认同的内涵。无论前者还是后者，江兜王氏族人对其重修或修建的时期大都发生在清代中期，④ 这与此间江兜王氏宗族的壮大以及当地生产发展状况具有一定内在联系。如前所述，王氏族人于明代后期由南安迁入江兜村，而其人丁兴旺、宗族成型时则大概始于清代康熙年间。江兜王氏宗祠的建立正表明了这种状况。另外，经过100多年的辛勤耕作，特别是到清代康乾时期，由于社会秩序逐渐稳定，与全国其他各地农村一样，江兜村农业生产也获得了较大发展。宗族势力的增强和经济状况的好转不但为江兜村一系列地方性庙宇的陆续建立奠定了坚实的物质条件，也为这些庙宇的建立提供了"催化剂"。通过这些地方庙宇体系的确立和不断扩大，王氏族人对于江兜地域认同的强度也得以不断深化。

---

① 目前所存江兜村昭灵庙由江兜王氏族人修建于乾隆丁亥年（1767）。据《乾隆福清县志》（清李修卿、林昂纂，饶安鼎修）卷二十记载，有昭灵庙"在光贤里，天禧元年邑人高赟率众立庙，元时庙废，明洪武三十年重建"。一些江兜村人亦认为此庙即为本村昭灵庙前身，不过该说法尚待考证。

② 紫阳书院前身为朱熹草堂，当在南宋时已有，该书院历史上长期作为读书之处，其转变为庙宇形态则约在清代中期以后。

③ 此庙具体修建时间难以考证，但据王氏族谱记载，在明末王氏开基祖严清公迁居江兜村之前应已有此庙。

④ 如江兜王氏族人于乾隆二十七年（1762年）重修紫阳书院，乾隆丁亥年（1767年）重建昭灵庙，嘉庆十二年（1807年）修建安民社，嘉庆庚午年（1810年）修建千佛庵，道光乙未年（1835年）修建北极殿，韶溪亭与明善堂虽无确切记载，但是大致亦建于清代中期以后。

其次，从庙宇的信众范围来看，江兜村的庙宇可以分为与他村共有和本村独有两种类型，其中土地庙、① 千佛庵、② 紫阳书院③属于前者，其他庙宇则属于后者。前者反映出王氏族人通过与周边村民的共同信仰表明自身的区域认同，后者体现出王氏族人透过对独有庙宇的祭祀行为彰显本村地域认同。

最后，从庙宇神祇的类型来看，其宗教体系属于佛道糅合的地方民间信仰性质。其中千佛庵后殿奉祀释迦牟尼和观音大士，中殿奉祀五皇大帝；明善寺前殿为天王殿，奉祀韦驮、弥勒佛和四大金刚，后殿为三清殿，奉祀释迦牟尼、文殊普贤和圆通教主，两边奉祀十八罗汉；韶溪亭奉祀观音大士、韦驮和通天菩萨；北极殿奉祀玄天上帝；土地庙奉祀土地公；安民社内设奉祀社公社妈；紫阳书院奉祀朱熹；昭灵庙则奉祀宣赞大元帅、三殿真君、法主仙妃、柳金圣侯、达地圣侯、金公、韩公和白马将军 8 位地方保护神。在这里，我们从中可以看到一个典型的华南村落民间信仰体系，透过这个体系反映出福清江兜王氏族人地域认同的重要需求与表达。

---

① 该土地庙建于江兜村西南方向的山坡上。据村民介绍，此庙上香的信众不仅是本村人，还有不少周边村落居民，甚至莆田江口村落也有人过来上香。笔者估计这可能与此庙建立在古驿道边而便于路人祭拜有关。

② 据江兜村居民介绍，千佛庵的信众涵盖了霞浦、海岑、江兜、东沃、大沃、峰头、加头、东井、中前、桥尾等 13 个村落的居民，这些村落都在福清新厝镇境内，且均使用莆田方言。

③ 紫阳书院及其前身朱熹草堂原为学生读书的学堂，历史上曾有附近不少村落的青少年都来这里读书，但到清代中期以后，此处不再作为学堂，而是变为奉祀朱熹神位的庙宇。

## 二 昭灵庙在江兜王氏宗族信仰体系中的中心地位

在福清江兜村的众多地方性庙宇中，昭灵庙向来具有显著的中心地位，历来都是本村族人信仰活动的最主要场所。透过对此庙形态与功能的分析将可以清晰地看出王氏族人地域认同边界的塑造过程。

### （一）福清江兜昭灵庙的历史由来

据中国明代王应山万历四十年（1612年）所撰《闽都记》记载，当时在福清县南60里处的光贤里余坑设有昭灵庙，称："汉时有赵升者，归事张道陵，常乘铁舟抵浮山。舍舟而陆，憩于盘石。留筠篮、履、杖迹于石上。宋天禧元年（1017年），邑人高斌倡众立庙。皇佑中陈良为记，熙宁十年（1077年）封'禧真人'。绍兴八年（1138年）赐额（昭灵），元时废。国朝洪武三十年（1397年）重建。"另外，在《乾隆福清县志》（清：李修卿、林昂纂，饶安鼎修）卷二十中也有昭灵庙"在光贤里，天禧元年邑人高赟率众立庙，元时庙废，明洪武三十年重建"的记载。不过，据笔者考察所掌握的现有材料尚无法严格确认这些记载中的昭灵庙就是江兜村昭灵庙。目前可以确定的情况是，福清江兜村现在所存的昭灵庙，确为当地王氏族人于清代乾隆丁亥年（1767年）重建而成，在以后200多年的历史发展中，该庙又经过多次重修而延续至今。最近的两次重修出现在20世纪晚期，由于"文化大革命"期间村内诸多庙宇被毁坏，因此不得不进行重修，其中昭灵庙在东南亚老移民的帮助下分别于1983年和1998年两度重修。

## （二）昭灵庙的主要宗教活动

### 1. 做日子

昭灵庙内奉祀"宣赞大元帅"、"三殿真君"、"法主仙妃"、"柳金圣侯"、"达地圣侯"、"金公"、"韩公"和"白马将军"8位地方保护神，另外还有从安民社请来的社公社妈两尊神祇。[①] 除农历每月初一、十五固定开门让村民自由上香拜神之外，昭灵庙每年的主要活动是为各位神祇庆祝寿诞，当地俗称"做日子"。由于诸位神明的寿诞日期不同（"后土夫人"，农历二月初二；"白马将军"，三月初三；"宣赞大元帅"，农历三月初九；"达地圣侯"，农历五月十三；"三殿真君"，农历六月初十；"法主仙妃"，农历八月初一；"尊主明王"，农历八月十四；"柳金圣侯"，农历十月十一），一年下来基本上要举行数次固定的"做日子"活动。

这些做日子的活动内容主要是请道士做法事、请戏酬神、敬献贡品、上香许愿或还愿等。其中"柳金圣侯"的"做日子"最为盛大，请戏酬神仪式往往持续一个月以上。此外，每年春节前后，昭灵庙内还会固定举行"送神"（农历腊月二十四）、"迎神"（农历正月初四）、"拜玉帝"（农历正月初九）以及元宵节游神（农历正月十四至十五）活动，而元宵节期间的绕境巡游活动则成为全村人每年活动的最高潮，耗资巨大，热闹非凡。

### 2. 绕境巡游

所谓"境"乃是民间信仰中地界划分的一种符号。江兜村

---

[①] 社公社妈是江兜村安民社的奉祀神，江兜村昭灵庙内的社公社妈系由安民社分灵而来，主要是为了做活动时方便进行。

的地方神界称为江兜境，即江兜村本地保护神的辖界，此境的外显边界可看作江兜村民的居住圈范围。每年江兜村元宵节期间的游神活动正是绕此境进行，所以也就是绕境巡游。该活动具体源于何时已无法考证，但据昭灵庙的重建时间来推测，大概应该开始于清代中期以后。

元宵节的游神活动，每年自农历正月十四晚上约 7 点开始，持续通宵，直到正月十五下午 2 点左右结束。据笔者 2006 年元宵节期间的实地观察，其基本程序为：先在庙门外点燃高达 5、6 米的木塔，随后诸位神灵附体的乩童依次从庙内跳出，并开始进行赤身抵御烟花的仪式表演，同时庙内神明的也陆续乘轿而出，[①] 抬轿者围绕燃烧的木塔极力摇轿，前面有着蓝衣白裤戴黑礼帽者 1 人摇铃引路，后面则有同样着装者一人手持香炉，一人举旗，二人朝地打鞭，大约持续一个半小时后，五位神明乘轿开始离开庙址绕境巡游，村民则跟随神轿队伍前往。绕境巡游的路线基本环绕村落居住区边界一周，象征昭灵庙神明庇佑的地域边界。

### 3. 出境巡游

此处出境巡游系指昭灵庙的游神活动走出"江兜境"而进入周边其他村落的神界范围，这种出境巡游显示出江兜村昭灵庙神祇"代天巡视"的地位，同时也表明其对周边村落居民具有一定的庇佑意义江兜村昭灵庙神祇出境巡游并非自古有之，而是有一个历史塑造的过程。据当地村民介绍，江兜村昭灵庙内神明原本不能出境巡游，因为级别还不够高。能出境巡游的

---

[①] 据村民所言，一般是宣赞大元帅、柳金圣侯、达地圣侯、白马元帅、金公、韩公绕境巡游，三殿真君和法主仙妃则留守庙内。

神庙匾额都是竖着的,但是昭灵庙的匾额是横着的,所以现在出境巡游时需要把庙门匾额竖起来。江兜昭灵庙神明出境巡游反映出江兜王氏族人对周边地域认同需求的强化。因为通过出境巡游活动强化了江兜村昭灵庙在附近区域中的影响力,也显示了江兜村王氏族人的巨大凝聚力和强大经济实力。

(三)福清江兜王氏宗族认同与昭灵庙神明崇拜的紧密结合

在福清江兜王氏族人加强地域认同的历史进程中,民间信仰发挥了重要的载体作用。民间信仰具有显著的地域属性,王氏族人通过与民间信仰的紧密结合逐步塑造着江兜村的地域认同。而当地昭灵庙在这方面的作用显现的尤为突出。

第一,从江兜村昭灵庙的重修过程来看,历史上每一次筹款都得到了江兜王氏宗祠以及几乎全村族人的鼎力支持,从而使昭灵庙与宗族之间关系日益密切。

笔者在昭灵庙内的木雕记载中注意到如下一些捐款记载:一组为乾隆丁亥年(1767年)昭灵庙重建时的捐款记录,另一组为嘉庆元年(1796年)昭灵庙重修时的捐款记录。前者有:"韶溪三槐大宗祠捐银三百两助建","劝首学统偕弟义、泉、本奉白金三十两祈求子孙永远兴隆","董事学崇偕弟学教奉白金八两正祈求子孙永远兴隆","董事弟子学敬喜奉白金七两正祈求子孙永远兴隆","劝首孟番偕弟孟凤、蛟领男学丹奉白金十四两祈求子孙昌盛","劝首弟子孟忠偕弟孟乡、岱董事侄学普加奉白金一十四两正助建","缘首学相奉白金七两祈求子孙永远昌盛","劝首孟贵奉白金七两祈求子孙永远兴隆","劝首学俊喜奉白金一十五两正祈求子孙永远昌盛者","信士陈仲位虔奉白金七两祈求子孙昌盛";后者则详细列有当时制造总帷三厅诸弟子所提缘金的人名和数额。①

透过这些个人捐款重建昭灵庙的历史记录，我们可以清晰地看到福清江兜王氏宗族与昭灵庙之间的紧密关系。今天的昭灵庙正是历代江兜王氏族人集体构建的产物，从而也自然成为王氏族人借以强化地域认同的重要民间信仰载体。

第二，从昭灵庙主要仪式活动的操作程序规则来看，王氏宗族的房支体系脉络处处隐喻其中。

自清代中期以来，随着江兜村王氏宗族的不断扩大，其房系分支越来越多。这些不同的房系王氏族人往往以各自"公厅"内祖先的老房子（祖厝）作为象征意义上的祠堂，祭祀本"公厅"内的历代先人牌位和商议本"公厅"内重要事务。简言之，这些老房子便成为江兜村王氏宗族形态的一种外显载体。截至当时，江兜村共有49座老房子，即有49个房支"公厅"。② 该情形与昭灵庙每年最为隆重的元宵节绕境巡游活动有着直接的重要关联：每年游神的固定路线必须经过代表49个"公厅"的老房子，巡游的神轿在每一座老房子前面都要停一下，其中隐喻着昭灵庙游神境、宗族人界、江兜地界的三者统一。江兜王氏族人在参与元宵节游神活动的过程中，不仅强调着对江兜村的地域认同，还强化着宗族自身的血缘认同。

第三，需要指出的是，江兜村王氏宗族与昭灵庙的结合不仅仅体现元宵节的游神仪式过程中，还体现昭灵庙内诸多仪式

---

① 经笔者统计，共有157个王姓族人捐款，总额合计189340文（合白银189.34两）。

② 这里的49个"公厅"并非绝对等同于王氏宗族的实际房支总数，只是涵盖了大部分房系分支，因为有个别"公厅"祖上的老房子已经不存在了，但是其代表宗族房系分支整体的象征意义仍然存在。

中的乡老参与、祠堂管理者与庙宇管理者的统一以及为诸神祇"做日子"的具体安排程序中。

乡老是宗族集体中最高身份的象征，他的社会仪式行为代表着宗族的意义。在江兜村昭灵庙的主要活动中，每一次主要仪式都必须有乡老出席执行：为每位神明"做日子"时，乡老要在固定的时间前往庙内敬香、祈求全村人平安；正月初四抽签时要由乡老来主持仪式以示公正；正月初九迎神时要有乡老代表全村人向玉帝祈求平安；元宵节期间的绕境游神活动中乡老要点燃木塔并手提香炉紧跟神轿游完全程；2005年出境巡游时也是排在第一位的首领并参加全程巡游。

一言以蔽之，在王氏族人立足福清江兜村的数百年发展史中，王氏族人正是通过当地以昭灵庙为中心的民间信仰系统运作持续强化着自身对于江兜村的地域认同和宗族认同。

综上所述，自明末以来的数百年间，福清江兜王氏宗族社区的形成经历了一个由举家迁居到聚族定居的在地化发展过程。在这个过程中，随着人口繁衍数量的不断增长，江兜王氏宗族聚落也逐步形成。由此，与其他中国各地传统宗族一样，为了不断整合和强化族内认同，江兜王氏一脉既以建宗祠、修族谱等行为来凝聚血缘认同，还通过重构以昭灵庙为中心的地方民间信仰系统进一步强化自身的宗族认同和地域认同，最终塑造出一幅有形边界基础上的村落地域文化图景。概言之，福清江兜王氏族人的宗族认同建构与民间信仰系统重构正是一个"合而为一"的文化实践，而有形地域边界则是二者有效结合的必要条件。中国江兜王氏宗族认同文化符号正形成于其在福清乡土性地域认同的长期历史实践中。

# 第 三 章

# 过番南洋：中国福清江兜移民的早期南来

　　移民时代，来自中国东南沿海乡土社会的大规模自发性海外移民既是东南亚华人社会人口构成的基础来源，也是东南亚华人社群建构的移民主体。本章内容主要考察中国福清江兜移民跨境南来的动因、规模、方式、历程及其在移民时代新加坡多元族群和商业化社会场景中的初始处境，进而分析江兜移民在异土他乡重构生存方式与生活形态的内在必然需求。

## 第一节　从福清到星洲：中国江兜移民的跨境流动

### 一　近代中国移民南来拓荒的时代背景

　　自19世纪末至20世纪上半叶，中国福清江兜移民的南来并非一个孤立的历史现象，而是当时大规模中国东南沿海乡土移民下南洋历程中的一个缩影。从宏观视角上看，这种跨境南来移民浪潮迭起的历史缘由正蕴含在近代中国及移民时代东南亚的时代背景变化过程之中。

　　首先，从中国方面来讲，众所周知，自1840年鸦片战争开始,西方资本主义列强用洋枪洋炮强行打开了中国长期闭关自守的大门,强迫腐朽的清政府签订了一个又一个卖国的不平等条约,攫取了中国大量的政治经济特权,进而导致中国社会性质逐渐从一个拥有独立主权的封建社会演变为半殖民地半封建社会。这个历史进程给当时的中国人民尤其是处于社会最底层的广大平民百姓带来深重灾难:一方面,资本主义商品的大量倾销和资源掠夺使中国各地尤其是华南沿海农村地区的传统自给自足小农经济迅速解体,再加以众多不平等条约中的赔款负担转嫁,因而导致当地农民生活的极端贫困,整个社会阶级矛盾日益尖锐;另一方面,西方列强的持续侵略又使近代中国进入一个战争频仍、长期动荡的乱世时期,从而给广大百姓的生命安全和正常生活带来巨大威胁。以上两方面的恶劣社会政治经济环境给广大劳动人民的社会生活造成了巨大压力。在这种时代背景下,历史上向来具有海外迁移传统的华南地区农民为躲避徭役负担与战乱侵扰被迫纷纷逃往东南亚一带避乱谋生。

许多相关研究成果已表明,19世纪中叶以后半殖民地半封建社会性质下华南移民的生存困境异常严峻,当时他们之所以纷纷远离祖国下南洋谋生首先是因为"极端的贫困"。[①] 20世纪30年代中国学者陈达在闽粤侨乡及南洋两地所做的实地调查情况清晰地表明,经济压迫是促使当时闽粤侨乡劳动者大量移民东南亚的最主要原因。[②] 至于其中的具体原因又主要来自两个方面,一方面是因为当时以腐朽的清政府为首的封建地主统治阶级对农民的剥削日渐加强,名目繁多的苛捐杂税导致农民的经

---

[①] 郭梁:《华侨出国史述略》,郑民、梁初鸣编《华侨华人史研究集(一)》,海洋出版社1989年版,第120页。

[②] 陈达:《南洋华侨与闽粤社会》,商务印书馆1939年版,第48页。

济负担日益沉重；另一方面则是由于当时华南地区人口激增与土地资源相对匮乏之间的客观矛盾作用所使然。以福建省为例，在清代乾隆年间中国人口大增长的历史时期，福建人口数量从1724年的707.1万人增加到1812年的1477.9万人，[①] 净增人口规模达一倍以上。人口数量的急遽增长使得原本田地资源匮乏的福建省地少人多的问题日益尖锐，"无论穷乡僻壤、山尖滨地，均已垦辟无余"。[②] 这两个方面的合力作用再加上各类自然灾害的频繁威胁，从而最终把广大贫苦农民逼向生存的绝境，迫使他们不得不把谋生的视线转向遥远的海外南洋。

与此同时，就当时中国政府的海外移民政策而言，在西方资本主义列强的枪炮政策冲击下，中国历代封建王朝多有奉行的海禁政策在鸦片战争以后也迅速解体。1860年第二次鸦片战争结束后，清政府被迫与英法两国签订了《北京条约》，其中明确规定准许中国人民以华工身份出国，并且"毫无禁阻"。[③] 1893年，清政府正式废除海禁，允许国内人民自由移民，华民出国不再受任何阻拦。[④] 这些政策的颁行为晚清时期中国移民的海外迁移创造了有利的政策环境，从而推动着半殖民地半封建社会中饱受沉重封建剥削、战乱频仍以及自然灾害等多方面生存威胁的华南农民掀起一波又一波的海外移民浪潮，迅速涌向东南亚地区。

其次，从东南亚方面来看，19世纪中叶以后，为了满足国内生产力迅速发展的需要，相继完成工业革命的西方资本主义

---

[①] 朱国宏：《中国的海外移民：一项国际迁移的历史研究》，复旦大学出版社1994年版，第137页。
[②] 吴凤斌主编：《东南亚华侨通史》，福建人民出版社1994年版，第260—261页。
[③] 陈碧笙主编：《南洋华侨史》，江西人民出版社1989年版，第186页。
[④] 庄国土：《华侨华人与中国的关系》，广东高等教育出版社2001年版，第133页。

列强加速了对东南亚殖民地的侵略步伐,他们已经无法满足于早期在沿海地区开辟商埠建立贸易网络的侵略方式,而是进一步使用武力侵入殖民地的内陆地区,并到处掠夺矿产、开辟种植园、设立工厂,修建铁路、公路,建立现代化的原料生产基地和商品倾销市场的殖民经济体系,以符合世界资本主义扩张的需求。这个过程客观上带动了东南亚地区交通、工贸、商业、种植业的全面发展,从而造成当地对劳力、手工业者和商贩的大量需求。[1] 其中,作为当时英国在东南亚地区主要殖民地之一的新加坡,在这方面的表现尤为突出。

新加坡成为英国殖民地起始于19世纪早期,当时为了满足本国工业革命中日益扩大的原料资源与商品市场需求,英国人加快了对东南亚的侵略步伐。1819年初,在获得英国殖民地印度总督黑斯廷斯支持的情况下,英国人莱佛士率领一支小船队沿马六甲海峡沿岸勘查,并于当年1月28日率众登陆新加坡。之后,莱佛士又代表英国东印度公司与马来西亚柔佛苏丹及天猛公签订"初步协定",规定允许英国人在新加坡设立商馆,东印度公司每年付给柔佛苏丹5000元津贴,付给天猛公3000元津贴。[2] 这便是英国人在新加坡开埠的肇始,自此以后直至新加坡独立建国之前,新加坡进入英殖民时代。[3]

---

[1] 庄国土:《华侨华人与中国的关系》,广东高等教育出版社2001年版,第133—138页。

[2] [英] D. G. E. 霍尔:《东南亚史》,中山大学东南亚历史研究所译,商务印书馆1982年版,第588页。

[3] 1824年,英国又与柔佛苏丹及天猛公签订条约,把新加坡主权割让给英国东印度公司,此后新加坡正式成为英国殖民地属地。1826年,英国殖民者进一步将马六甲、槟榔屿、新加坡三块英属殖民地合并为海峡殖民地,受印度总督管辖。1867年,海峡殖民地又被改为直辖殖民地,由英国殖民部直接管理。

1819年新加坡开埠以后，由于英殖民者奉行自由贸易政策，当地社会经济发展迅速。尤其是19世纪中叶以后，随着蒸汽轮船的出现以及1869年苏伊士运河的开通，新加坡很快成为航行于东亚和欧洲之间船只的重要停泊港口，商业贸易更获得飞速发展。19世纪末20世纪初，随着当地橡胶种植业的迅速兴起，又使新加坡迅速发展成为东南亚最大的橡胶业原料集散中心。经济的快速发展造成了新加坡对劳动力市场的巨大需求，从而吸引着来自中国、印度和印度尼西亚等地外来移民的持续涌入。

有必要指出的是，自19世纪初新加坡开埠直至20世纪中叶，在英国人实行殖民统治的一百多年时间里，出于利用华人移民廉价劳动力以促进其殖民地经济繁荣的侵略需要，新加坡英殖民政府长期奉行了较为宽松的移民政策。早自1819年新加坡开埠之初，英国殖民当局便推行招徕外来移民的政策，尤其欢迎华人移入。[1] 至19世纪末20世纪初，随着资本主义世界第二次工业革命的到来，西方帝国主义列强日益加速了对殖民地的经济侵略，积极进行原料掠夺、商品倾销，并推行大规模的资本输出。在此过程中，英国人开始在新、马殖民地内大肆修筑公路与铁路，兴建商港，采掘矿产，广事种植，对劳动力需求亟殷，积极推行门户开放政策，鼓励移民入境，并仍特别欢迎华族移民，[2] 因而很快引发了中国移民大量南来的新一轮移民热潮。

以上中国与新加坡两方面的时代历史背景构成了19世纪末

---

[1] 庄国土：《华侨华人与中国的关系》，广东高等教育出版社2001年版，第142页。

[2] ［新］崔贵强：《新加坡华人——从开埠到建国》，新加坡宗乡会馆联合总会、教育出版私营有限公司1994年版，第14页。

至20世纪中叶华南移民南来新加坡的国际移民环境：中国方面的社会因素形成迁出地的推力作用，新加坡方面的社会因素则形成迁入地的拉力作用，二者的推拉合力效应则推动着这一跨境迁移浪潮的迅速兴起与持续。受此作用，作为该时期华南移民大规模南来新加坡移民浪潮中的一个支流，福清江兜移民的陆续南来亦正发生于这个宏观时代背景之下。

## 二 福清江兜移民南迁的历史缘由

第一是受当地生活压力所迫。就生产环境而言，中国福清江兜村位于福建省中部沿海的一处低丘、平原地带，"东临兴化湾，西倚草堂山"[①]。村内地形以谷地、平原为主，地势呈西高东低状。从生存资源来看，全村现有面积5025亩，其中山地面积1175亩（主要种植琵琶、桃子、龙眼等果树），耕地面积925.25亩（主要种植水稻、花生、大豆等作物），主要存在于村东、村南靠海的低处平原之地。另有滩涂及浅海面积1700亩（主要用于养殖蛏、海蛎、海蟹等海产品）。若按2003年全村的总人口数2545人计算，江兜村人均耕地面积只有0.36亩。这远远低于中国农村整体的平均水平。历史上清代中期以后，这种人多地少的生产矛盾情况已经出现，并成为该村村民向海外迁移持续性的主要推力因素之一。

自清代前期江兜王氏宗族形态基本确立以后，中间历经乾隆、嘉庆、道光、咸丰、同治、光绪等历史时期，在不断垦殖

---

[①] 据福清江兜村民所言，相传南宋理学家朱熹曾在此留宿并讲学，古时此山上建有朱熹草堂，故有此名。

荒地并通过与周边他姓村落争夺以拓展生存资源空间的基础上，福清江兜村王氏族人的人口数量增长速度日益加快，到19世纪后期福清江兜村人口数量已经达到千余人的规模。人口的快速增长很快引起了生产资源的短缺。

在江兜王氏族谱的记载中也可以看到，自清代乾隆年间开始江兜村居民与周边他姓村落之间的彼此械斗日益频繁，发生械斗的原因主要是以争夺海产、山石、采薪、捕鱼等资源所致。这种情况表明，随着当时江兜王氏族人人口数量的迅速繁衍增长，人多地少的生产矛盾已经凸显出来，并呈现出愈演愈烈的发展态势，因而导致江兜村居民的生存空间日益狭小。尽管江兜村王氏族人也曾试图通过拓荒等办法解决日益严峻的生计问题，但是无奈受自然环境影响，江兜村可耕地资源实在极其有限，而且土壤质量很差，所以人多地少的生产矛盾始终未能得以有效缓解，以至在19世纪末20世纪初前后最终还是出现了"耕不足食，渔不支度"的严峻形势。

与此同时，造成近代福清江兜村生产状况日益恶化的另一个重要原因是水源匮乏。由于自然条件的变化，到清代后期时，江兜村内唯一的地表淡水资源——"韶溪"——的径流量也日渐减少乃至间歇性干涸。这种情况进一步加速了当地农业生产条件的恶化。在这种情形下，以农渔业生产为生存本源的江兜村民生活状况每况愈下，"耕不足食，渔不支度"的形势长期严峻，1949年前当地仍流传着"江兜鬼，喝无水，吃薯粥，配土鬼（一种海产小贝类）"的民谣。[①] 经济生活上的巨大压力迫使

---

[①] 王福瑞：《江兜侨乡史略》，杨银仙主编《福清地区华侨出国史论文集》，福州市华侨历史学会，1994年，第140页。

江兜村民不得不纷纷外迁以寻找新的生存空间。鉴于当时处于半殖民地半封建社会下的中国民间社会到处经济凋敝、战乱频仍，因而国内生存方式的选择空间极其有限，于是，为谋新的生存之道，许多江兜村农民被迫踏上了下南洋谋生的移民征程。

笔者在江兜村田野调查期间发现，许多老人在谈到早期江兜人前往东南亚的原因时，普遍反映是因为巨大的生活压力所迫，诸如村里"太贫穷"，"没地没水，没办法生活"，"那时候农村多子多福观念盛行，一个家庭往往有七八个孩子需要养活，生活压力很大"，"要是赶上天灾人祸或有人染上了鸦片，那么这个家庭就有可能全家饿死"，"只有出国才有可能继续活下来"，等等，不一而足。

20 世纪早期（15 岁时）便独自南来新、马谋生的王万源先生曾谈到，在祖籍地福清江兜村时，自己以前家里的生活非常贫苦，一家 7 口人只有一小片土地种植甘薯、小麦和花生充饥，平常还要出海摸鱼或上山砍柴，用他自己的话来说"要不是家里太穷，我也不必背井离乡了"[①]。

1939 年到达新加坡的王声邦先生亦曾回忆道，"我出生在福建省福清市江兜村。那是个贫瘠的乡村，全乡缺水，乡民要喝水，必须跑到相当远的山外去挑水。由于缺水，没法种稻，只能种些番薯与花生。……我们的江兜村是穷乡僻壤，年轻力壮的人在家乡难谋生，纷纷到南洋来。……家乡的人生活是怎么样艰苦呢？平时，我们缺米吃，只能吃稀粥和番薯。由于重男轻女的观念作祟，男孩子吃稀粥，女孩子就只是喝那些粥水

---

① 《一生劳碌今享成果——汽车零件商王万源》，新加坡《联合早报》1984 年 10 月 7 日。

配番薯。……（我们）也有养鸡，养鸡是为了生蛋。平时是舍不得杀鸡的。只是到了年三十晚，才杀鸡来吃，那是一件很隆重热闹的事情了"[1]。

第二是受战乱环境所迫。由于19世纪末20世纪初中国国内正处于时局频繁动荡的历史时期，华南各地许多地方经常遭到战乱的威胁，农民生活处于极不安定的状态之中，从而促使他们纷纷背井离乡渡海下南洋谋生，福清江兜村一带也不例外。据有关档案资料记载，清末民国初年，在江兜村所处的福清县，因为战祸连年，自然灾害频繁，盗匪纷起，社会治安混乱，当地被迫出国避祸谋生者各村都有，外迁总数高达8万人。[2] 而江兜村所在的光贤乡[3]则由于"军阀割据、战乱频繁、苛捐杂税、自然灾害与瘟疫等交相煎迫，村民们为避战乱、躲抓丁与挑夫的苦役，避祸海外、渡海谋生者更盛"[4]。

谈及这个问题，不少当时南来新加坡的老一代江兜移民仍然对当时中国家乡的乱世之难心有余悸："那时中国有很多土匪啊，……军阀也很坏，那时南军、北军啊，他们乱抓人"，在家乡"谋生又不能谋生，中国那么乱，所以有人过番我就给跟他过来了"。[5] "小时候村里闹土匪，治安差。我们住家都是屋子

---

[1] 《与汽车零件为伍——王声邦的创业经验》，新加坡《联合晚报》1984年4月7日。
[2] 中共福清市委党史研究室、福清市市志编纂委员会编：《福清华侨史》，2003年，第17页。
[3] 即江兜村今日所属的福清市新厝镇。
[4] 福清市《新厝镇华侨史》编委会编：《新厝镇华侨史》，新厝镇侨联，2004年，第15页。
[5] 新加坡口述史馆访谈记录，访谈对象：王万源；访谈时间：1982年6月12日。

连屋子,一个大门,土匪进来不容易。有土匪来,晚上起火,打枪,我们乡亲每人家中有一支枪,每家有锣,有土匪来就打锣集合起来。那时家乡没有警察,只能靠村民自卫。……那个时候抗日已经开始了,到处已经抽壮丁了,就是抽兵了,当时有被拉去做兵。……这是一个主要的原因,不然我不会这么早离开我家乡来到新加坡。"①

第三是受自然灾害所扰。据有关档案统计资料表明,19世纪末至20世纪中叶,江兜村所在的福清一带自然灾害发生率异常频繁(见表3-1),这对当地原本已经困苦不堪的农民生活而言,无疑更是雪上加霜,从而迫使他们不得不在"忍无可忍"的情形下一代又一代的背井离乡到海外谋生。笔者在新加坡田野调查访谈过程中发现,不少老一代江兜移民都谈到了1949年前福清江兜村灾荒频繁且瘟疫流行的情况。因为那时候根本没有什么医疗手段,所以每次瘟疫突然出现,江兜村都会有人因病死去,有时候甚至一年就会死去十多个人,特别是抵抗力较弱的幼年孩童死亡概率更大,于是当时江兜村每次遭到瘟疫突袭,村民们都会人心惶惶。为了避免瘟疫带来的死亡威胁,不少江兜村民都想办法把自己十几岁的孩子送往南洋谋生。② 因此,这个因素亦成为当时福清江兜人南来谋生的具体推力因素之一。

---

① 新加坡口述史馆访谈记录,访谈对象:王声邦;访谈时间:1983年2月19日。

② 笔者在新加坡对王声厚先生所做的访谈记录。

表 3-1　　　　　　　　民国年间福清县自然灾害统计情况

| 灾害发生年份 | 自然灾害状况 |
| --- | --- |
| 民国四年（1915 年） | 夏，龙卷风袭击龙田一带，数人被卷上一丈多高的空中，金山麓被吹崩裂一处。是年，天花流行。 |
| 民国五年（1916 年） | 8 月 27 日出现六七十年罕见的强台风，风大雨猛，山洪暴发，海潮顶托，大水淹没龙田镇。是年，鼠疫流行，死亡 789 人。 |
| 民国八年（1919 年） | 4 月海口一带下冰雹，雹粒大如拇指。7 月台风，大雨两昼夜，海口街被大水淹没。是年，霍乱、脑膜炎、恶性疟疾流行。 |
| 民国九年（1920 年） | 3 月 2 日下午，渔溪一带连降 1 小时冰雹。 |
| 民国十六年（1927 年） | 7 月大雨，山洪暴发，渔溪街房屋倒塌无数，灾情为百余年所未见。 |
| 民国二十一年（1932 年） | 是年，天花流行。 |
| 民国二十四年（1935 年） | 是年，风灾，受灾面积 20 平方公里，1400 户 4600 人遭灾。 |
| 民国二十六年（1937 年） | 6 月 28 日下午 1 时 25 分发生地震。是年鼠疫大流行，死亡 513 人。 |
| 民国二十七年（1938 年） | 是年，下大霜。是年天花流行。 |
| 民国三十二年（1943 年） | 春，大旱，延至夏，连续 3 个月滴雨未降，农作物枯萎，灾情为百年所罕见。夏，遭受 3 次台风袭击，山洪暴发，海潮上涨，大水涌入渔溪街道。 |
| 民国三十五年（1946 年） | 是年，霍乱、鼠疫大流行，死亡 1044 人。 |
| 民国三十六年（1947 年） | 6 月 8 日急风骤雨，溪圳河岸被急流冲毁，大面积良田顿成沙砾。<br>8 月台风侵袭，甘薯、晚稻受灾 4230 亩。<br>9 月 26 日夜 1 时 4 分，发生地震，轻微波动。<br>11 月 18 日，海啸成灾，龙田大湖洋被淹，晚稻、甘薯枯萎。 |
| 民国三十七年（1948 年） | 春，旱严重，旱期 156 天。夏，大水，农作物被淹没。<br>7 月 3 日海啸成灾，大片田地被淹；7 月 11 日，大水冲淹田、屋。<br>10 月 3 日海啸，光贤乡遭海潮冲击，潮水浸淹农田千余亩。<br>是年，饥荒严重，仅高山、平化、东瀚 3 乡就饿死 345 人，成千人沦为乞丐。 |

资料来源：福清市地方志编纂委员会编《福清市志》，厦门大学出版社 1994 年版，第 34—40 页。

此外，据笔者在福清江兜村的田野调查访谈资料表明，除以上几个推力因素之外，还有一些个人或家庭的特殊情况也促成了早期福清江兜人下南洋谋生的直接原因，比如或因想寻找更好的出人头地机会而奔向海外谋生，或因与他人斗殴等犯法事件吃了官司而逃亡海外谋生，或因吸食鸦片或赌博家产耗尽无法立足而迁往海外谋生，以及因家庭不睦而赌气前往海外谋生，等等，不一而足。这些个别原因与 20 世纪 30 年代中国社会学学者陈达在闽粤侨乡调查中归纳的个人原因表征有着诸多类似的反映。[①]

### 三　福清江兜人南来新加坡的移民方式

从迁移行为实现的具体方式来看，近代中国移民南来东南亚的情形主要存在自由移民和契约移民两种类型。

自由移民是指那些自费或有亲友代付船费的移民。这类移民主要以亲族关系为基础的帮带作用来实现向海外迁移的行为，换言之，这种迁移行为并不需要人口贩子的中介环节来操作，而是由移民者自己来主导完成迁移过程。此类移民类型的一个显著特点在于它的链条式移民方式，故又称为"链条式移民"。其基本模式为先行移民在自身生活安定之后，往往亲自或委托移民中回乡探亲的朋友将家乡的亲戚或同乡带到移居地来，并帮助他们在移居地安居。如此不断由先来移民带出后来移民的循环往复，就形成了前后持续不断的链条式移民流。[②]在链条式

---

[①]　陈达：《南洋华侨与闽粤社会》，商务印书馆 1939 年版，第 48 页。
[②]　戴一峰：《南中国海与近代东南地区社会经济变迁：以闽南地区为中心》，《史林》2005 年第 2 期。

移民模式中，一个移民者迁移过程的完成一般需要解决4个环节的问题：迁入地目标选择、迁移资金来源、迁移行为运行（启程出境）以及迁移行为实现（就业安居）。这种移民方式实现的核心基础是亲邻关系，起主导作用的是先行抵达移居地并已立足的移民群体，他们一般不仅要为后来移民垫付船资和提供移民经验，还要设法安排后来移民在自己的店铺内做工或与自己在同一个店铺内做工。这种链条式移民模式的反复循环运作直接造成两种客观结果：一是使得同乡同族人在同一迁入地聚居的规模越来越大；二是使得同乡同族人在移居地逐渐发展出控制某一行业的业缘性经济形态。

契约移民（即契约劳工）是指迁移者与外国资本家的代理人或华人工头订立契约，到海外出卖劳力，失去人身自由的苦力，也被侮称为"猪仔"。[①] 契约华工的兴起是殖民政府鼓励或默认"苦力贸易"政策的结果。由于殖民者及其人口贩子在组织移民的过程中经常使用坑蒙拐骗的手段以从中牟利，因而从社会人道的意义上看，其明显"带有掠夺的性质"。[②] 在殖民地时代的新、马一带，此种移民方式主要盛行于19世纪中前期，19世纪末以后逐渐被废止。[③]

福清江兜人向东南亚移民开端起步于相对较晚的19世纪末，从移民方式上看他们属于自由移民类型，即自费或有亲友

---

① 朱杰勤：《东南亚华侨史》，高等教育出版社1990年版，第127页。
② 朱国宏：《中国的海外移民：一项国际迁移的历史研究》，复旦大学出版社1994年版，第142页。
③ 英殖民政府于1877年颁布了针对"契约华工"相关限制法令，1914年宣布正式废止海峡殖民地、马来联邦及英属婆罗洲之契约劳工制度。参见曾少聪《漂泊与根植：当代东南亚华人族群关系研究》，中国社会科学出版社2004年版，第91—92页。

代付船费的移民。进一步讲，他们的迁移行为主要是以亲族关系为基础的帮带作用来实现的，并形成了"亲帮亲、邻帮邻"的"链条式"的移民方式。

笔者在新加坡和福清江兜村的田野调查访谈中发现，早期自中国南来新、马地区的福清江兜人几乎全部是在先期抵达的乡亲帮带下实现迁移行为的。这种移民方式自19世纪末福清江兜人南来移民潮流初起时已经存在。据福清江兜村内普遍流行的说法，村里最早下南洋的王布达狮和王德两人便是前后帮带出去的："王布达狮是江兜村第一个出国的人，因为早年他家里比较贫困，所以就跟外乡人出洋谋生了。后来他第一次回乡时，又把另一个族人王德带了出去。"①

另据新加坡的许多老一代江兜移民反映，在殖民地时代，当时从中国南来新、马谋生的大部分江兜人都曾在前期抵达的同乡族人店铺或公司内当学徒、打杂工，并且大部分人都是在离开家乡之前已经跟远在新加坡开店的老板同乡打好了招呼。依据笔者收集到的许多田野资料显示，在移民时代帮带家乡族人南来新加坡的过程中，江兜人王万高、王禄梓、王祖德三人发挥了重要作用。他们都是早期从福清江兜村来到南洋谋生且较早发迹者，20世纪初时三人均已经营有自己的脚车、汽车零件业商铺或公司。在他们各自的商业单位发展过程中，一方面基于扩大经营规模而需要更多可靠的帮手；另一方面又基于同乡同族之间的血缘关系，所以他们一向积极援引并乐于帮助家乡的亲友南来新加坡谋生、发展。早期许多南来的福清江兜人都曾直接或间受到过这三个人的帮助，或先在他们的商铺或公

---

① 笔者在福清江兜村对王玉清先生所做的访谈记录。

司内打工做学徒，或在他们资助提供的咕哩间——新加坡"江兜馆"① 内暂时借住过。

例如，20 世纪初，当在新加坡最早进入交通行业经营的江兜人王万高在生意上已经逐步扩大时，他便将自己在中国家乡的弟弟王万美召唤而来，帮助自己看管分店，同时他还积极"尽力帮助自己那些在家乡生活贫困的同乡族人南来新加坡谋生，并经常对他们提供经济上的资助"②。另一位早期进入交通行业经营的创业者王禄梓也有同样做法，当他的王万丰隆公司急待拓展时，便把中国家乡的四个弟弟王振培、王振兴、王振敬、王振喜招引而来，分别负责马来亚槟城等地分行业务，而他公司的员工中早期也大都是从中国福清南来谋生的江兜人。③ 在马来亚王祖德创办的福和公司中，这种情况同样存在，不少后来在新加坡从事过汽车零件业经营的江兜人如王万源、王声金、王声世、王荣銮、王荣凤等数十人早期都曾在其公司内工作过。

正是依靠这种基于祖籍地缘、血缘关系而发生的"亲帮亲，邻帮邻"民间自由移民方式之循环运作及其中的生存发展吸引力，方才掀起了中国福清江兜人自 19 世纪末直至 20 世纪中叶的连续性南来移民浪潮，进而促使南来东南亚的江兜移民数量得以以滚雪球的方式逐渐增多。

---

① 据一些新加坡老一代江兜移民所说，早期新加坡的"江兜馆"应该是由王万高和王禄梓等几个江兜人共同筹资设立的，可以免费提供给刚从家乡南来的福清江兜王氏族人住宿。

② Ong Kim-Siong, *The Story of the Bicycle and Other Land Transport in Singapore* (CD-ROM), Singapore: National Archives of Singapore, 2000.

③ [新] 王如明：《振敬先生顺治夫人百年冥诞》，私人编印，1998 年。

## 四 福清江兜人南来新加坡的移民规模

笔者在收集资料过程中发现,要具体统计移民时代福清江兜人南来新加坡的具体数量是一件颇为困难的事情,而之所以会造成这种统计上的不易则主要受到以下因素的制约:

其一,由于在移民时代的新加坡,福清江兜移民群体的整体人口规模很小,因此当时英殖民政府的人口调查统计中不可能存有其具体的人口数据。其二,尽管自19世纪以后一个多世纪的时间里,新加坡一向是华南移民南迁东南亚的主要登陆点,然而许多在此登陆的华人移民却并不一定直接落脚新加坡,而是直接再前往印度尼西亚或马来亚地区谋生。[①] 反过来,由于当时新、马、印尼之间,尤其是同属英国殖民地的新、马两地之间人口流动非常频繁,所以也有许多前往印尼、马的江兜移民又来到新加坡谋生或长期往返于各地之间。[②] 这些实际情况令我们很难对移民时代生活在新加坡的福清江兜人数量做出准确的统计。其三,鉴于第二次世界大战前大部分华人移民尚怀有落叶归根的强烈观念,所以当时还有一些下南洋的福清江兜移民在积累一定的积蓄或到结婚年龄时又

---

① [新]崔贵强:《新加坡华人——从开埠到建国》,新加坡宗乡会馆联合总会、教育出版私营有限公司1994年版,第19页。

② 在东南亚移民时代,由于马来亚、新加坡、印度尼西亚之间互相毗邻,且控制当地的英、荷殖民当局长期推行了招徕华人移民的政策,所以造成当时自中国华南而来的华人移民往往并非立刻在某一个地点"定居"下来,而是在相当长的时间内呈现出空间上的多重流动性,尤其是在同属于英殖民地的新马区域内,这种特征则表现得尤为明显。

返回到中国家乡生活,①这种移民回流现象的存在也给我们统计当时新加坡江兜移民数量带来不便。

基于以上一些因素的限制,我们很难对19世纪末至20世纪中叶南来新加坡的江兜移民规模做出准确的数字统计,而只能依据笔者在福清江兜村和新加坡所做的相关口述访谈资料来做些粗略的估计性分析。

按照《新厝镇华侨史》中的说法,福清江兜人南来新加坡的最早记录出现于清朝同治末年,当时先后有王布达狮和王德两人前往新加坡谋生。②此后,福清江兜人南来新加坡的移民数量逐渐增多。不过,直到19世纪末20世纪初的数十年间,南来新加坡谋生的福清江兜人数量仍然非常有限。据笔者收集到的相关资料显示,至1912年民国成立之前,确切前往新加坡谋生的福清江兜移民仅有王万高(1886年南迁)、王光禄(1898年南迁)、王禄梓(1904年南迁)、王振奇(1908年南迁)、王振山(1909年南迁)5人。③虽然笔者收集的资料并不可能完整,但是总体来看,还是大致反映出当时南来新加坡的江兜移民人口数量总体较少的基本状况。

20世纪以后,尤其是进入民国时期以后,基于前述中国与新加坡双向推拉合力效应的持续强烈作用,福清江兜人迁新加

---

① 这些返流的移民群体中也有不少人在家乡生活一段时间后再次南迁东南亚生活,或送其下一代男孩前往南洋谋生。

② 福清市《新厝镇华侨史》编委会编:《新厝镇华侨史》,新厝镇侨联,2004年,第15页。

③ 这些人成为江兜人在新加坡创业的第一批先驱,亦是新加坡江兜王氏移民群体中的首批主要成员。其中王万高(1869—1942年)、王禄梓(1880—1970年)、王振奇以及王振山是新加坡江兜人社群中早期经济发达者中的代表性人物。在这些移民先驱的帮带下,民国年间,江兜人迅速涌起了南来新加坡的移民浪潮。

坡的移民数量才开始明显增多，并长期以不断增长的发展态势延续到 20 世纪中叶。

关于 20 世纪以后福清江兜人南来新加坡的移民数量情况，笔者对 1997 年福清江兜村侨情普查中的部分数据进行统计（见表 3-2）后发现，民国期间下南洋并最终留居于新加坡的早期福清江兜移民人数为 61 人。[①] 不过，考虑到这些江兜移民中较早到达新加坡的部分人当时已经携眷属南来或在新加坡重新娶妻生子、重建家庭，因而至第二次世界大战以前新加坡江兜人（移民与侨生）的人口总数显然要远远大于 61 人这个数字，按照新加坡老一代江兜移民的估计，第二次世界大战后初期新加坡当时的江兜人总数已在四五百人规模以上。[②] 这些人便成为移民时代新加坡江兜移民社群构成的主体来源。

表 3-2　　民国年间福清江兜村移民新加坡人口数量表[③]

| 移民时间 | 移民人数 | 移民时间 | 移民人数 |
| --- | --- | --- | --- |
| 1915 年 | 1 | 1935 年 | 4 |
| 1920 年 | 7 | 1936 年 | 1 |
| 1923 年 | 1 | 1937 年 | 2 |
| 1925 年 | 3 | 1938 年 | 2 |
| 1930 年 | 10 | 1939 年 | 1 |
| 1931 年 | 7 | 1940 年 | 9 |
| 1932 年 | 5 | 1941 年 | 5 |
| 1934 年 | 1 | 1942 年 | 2 |

---

① 此处数据统计既包括直接移民新加坡谋生且留居下来的江兜人，也包括在新加坡登陆后先前往东南亚其他地区谋生后又转迁至新加坡谋生并留居下来的江兜移民，但不包括后来返回中国生活的江兜移民。
② 笔者在新加坡对王声厚先生所作的访谈记录。
③ 资料来源：《1997 年江兜侨建基本情况统计表》。

## 第二节　新加坡江兜王氏移民的早早期聚居形态

### 一　移民时代新加坡社会空间场景中的族群聚落

众所周知，早在英国人开埠之前，新加坡就不是一个单一种族居民的村落。据有关记录资料显示，1819 年英人莱佛士登陆时，新加坡大约有居民 150 人，其中有马来人和海人（Orang Laut）居多，华人约有 30 人。[①] 进入英移民时代以后，出于新加坡经济开发过程中对各种劳动力资源的大量需求，以及新加坡英殖民当局长期招徕外来移民的政策吸引，来自中国、印度、马来半岛和印尼群岛等地的外来移民开始连续不断地大量涌入，从而推动新加坡近代以来以华人、马来人、印度人三大种族为主体的多元种族的人口结构逐渐成形。1860 年时，新加坡人口总数有 80792 人，其中华人占 61.9%，马来人和印度人分别占 13.5% 和 16.05%，其他种族占 8.5%。[②]

面对这种多元种族的社会结构形态，新加坡英殖民当局采取了"分而治之"的统治政策。其中最突出的表现之一就是强迫新加坡各种族人民分别划区而治，以便于把受治的不同种族居民分开来实行管理。殖民地档案资料显示，早在 1919 年英人莱佛士在新加坡开埠之后不久，他便在市区发展计划中按照种

---

[①] ［新］崔贵强：《新加坡华人——从开埠到建国》，新加坡宗乡会馆联合总会、教育出版私营有限公司 1994 年版，第 5 页。

[②] 《新加坡年鉴 2003》，新加坡新闻、通讯及艺术部、联合早报 2003 年版，第 25 页。

族类型将新加坡各种族居民分别划归到"欧人区""华人区""武吉士区""阿拉伯区""印度人区""马来人区"等不同空间区域内"聚族而居"。① 与此同时，鉴于华人社会内部不同的方言群体常发生纠纷，莱佛士还强调划定居住区时要特别注意华族籍贯及其他方面的差异，最终也将不同籍贯的华族方言群体划归到不同的区域中去。其中潮州籍人士被安排在勿基及沿河右岸聚居，粤籍人士被安排于牛车水一带聚居，闽南人被安排在直落亚逸一带聚居。② 这种种族划区而治的统治政策成为移民时代新加坡多元种族及其内部各社群彼此长期划界聚居现象的肇始之源。在这种背景下，随着各种族外来移民人口数量的日渐增多，至19世纪末20世纪初时，新加坡各种族与华人社会内部各方言群的空间聚落分布形态已基本定型。其中，就当时新加坡华人各方言群的分布状况来看，主要有以下几个代表性方言群聚居区域：

福建人（闽南人）③ 集中在大坡丹绒巴葛、安顺路、丝丝街、源顺街，以及合乐路一带；广府人集中在大坡大马路、牛车水、大坡二马路、豆腐街、松柏街，南天边周围的街巷；潮州人集中在奉教街、新巴刹、潮州马车街、皇家山脚、水仙门一带；琼州人集中在小坡大马路的海南公司、海南一街、海南

---

① ［新］林孝胜：《新加坡华社与华商》，新加坡亚洲研究学会1995年版，第12—13页。

② ［新］崔贵强：《新加坡华人——从开埠到建国》，新加坡宗乡会馆联合总会、教育出版私营有限公司1994年版，第36页。

③ 移民时代东南亚福建人主要是指祖籍中国漳、泉二府的闽南人，第二次世界大战以后方才逐渐扩展到包括福州人、福清人以及兴化人的社群。

二街、海南三街及海南山等地；① 客家人则相对分散，主要集中于今天的福建街、上南京街、直落亚逸街、密驼街、苏丹街部分地区，以及当时的农村乡间地带；② 而于19世纪末方始陆续自中国南来的福清人和兴化人③则趋向于集中在尚无其他华人方言群分布的小坡中部二马路（今维多利亚街）与双溪路一带聚居。具体而言，当时福清人主要分布在二马路及下马路的柔佛路、奥菲亚路、奎因街、安哥烈路、麻坡路、蒂华丽街、万山街一带，④ 兴化人则主要分布在梧槽干拿路、双溪路、卫溪路、卫德路、阿拉街、万山街及奎因街一带。⑤

## 二 从宗族到社群：江兜移民南来新加坡后的聚落形态

作为19世纪末20世纪初开始南来的中国福清移民群体中的一个组成部分，早期南来新加坡的江兜移民亦自然居住在当时福清人的聚居地盘范围之内。不过，由于新加坡江兜人既在中国祖籍地缘上归属于福清人，又在方言文化特征上归属于兴

---

① 杨武风：《点点滴滴话福清人》，《新加坡福清会馆70周年纪念特刊（1910—1980）》，新加坡福清会馆1980年版，第80页。

② ［新］崔贵强：《新加坡华人——从开埠到建国》，新加坡宗乡会馆联合总会、教育出版私营有限公司1994年版，第42页。

③ 新加坡兴化人是指祖籍中国莆田、仙游二县操莆田方言的华南移民后裔，又称"兴安人"。北宋太平兴国四年（979年），当时的中央政府曾析泉州令立兴化军，辖境相当于现在的莆田县、仙游县区域。由于该区域的民间方言、习俗基本相同，所以自宋代以来，民间习惯上称莆田、仙游二县的居民为兴化人，参见陈支平《福建六大民系》，福建人民出版社2001年版，第83—84页。

④ 杨武风：《点点滴滴话福清人》，《新加坡福清会馆70周年纪念特刊（1910—1980）》，新加坡福清会馆1980年版，第80页。

⑤ 严仁山：《新加坡兴安会馆50周年纪念特刊》，兴安会馆1972年版，第34页。

化人，[①] 所以移民时代新加坡江兜人在具体的聚落形态上又倾向于集中在兴化人和福清人交错地带的小坡梧槽干拿路、万山街、双溪路（结霜桥）、卫德路等一些街道上。尤其是双溪路附近最为集中，这种空间聚落状况延续了整个移民时代，一直到1965年新加坡独立以后才逐渐改变。[②] 老一代新加坡江兜移民王声厚先生告诉笔者，据他所知，早期专供江兜移民南来后借宿的"咕哩间"——"江兜馆"——便是位于梧槽万山街一带，当时那里附近有很多福清人或兴化人的"咕哩间"。[③] 从这里我们可以看到，由于社会环境的改变，自中国南来的江兜移民已经逐渐突破了祖籍地中国行政区划下福清县的有形地理边界。

另外，特别有必要指出的是，尽管殖民地时代新加坡江兜移民仍然保持了相对集中的空间聚落形态，但是这种形态却已与其祖籍地福清江兜村聚族而居的聚居情形有了根本上的不同。在祖籍地，江兜王氏族人是聚族而居于中国行政区划中村落单位的有形地域边界之内，家家户户都是同乡同族之人。在新加坡，江兜移民则是与来自中国福清或莆田地区其他异性村落的华人移民"混居"在共同的商业街道上。造成这种不同的原因主要在于19世纪末20世纪初的新加坡已经发展成为一个以转口贸易为经济依托的商业化都市社会。在这种社会背景下，大

---

① 新加坡江兜人中国祖籍地江兜村所属的福清市新厝镇直接与莆田市的江口镇毗邻，该镇目前共有16个行政村，其中14个村是操兴化方言的，由北至南分别是蒜岭、新厝、双屿、界下、硋灶、霞埔、江兜、东澳、大澳、加头、峰头、漆林、桥尾，以及西部山村风迹，这些村落居民在生活文化习俗方面的表征均呈现出莆田区域特色。因此，从这些村落跨境南来的移民在东南亚有时既被视为福清人，又被视为兴化人。

② 笔者在新加坡对王达永先生、王金发先生、王亚细先生所做的访谈记录。

③ 笔者在新加坡对王声厚先生所做的访谈记录。

部分来自华南民间社会的华人移民都只能居住于各个城市街道之中，而很难有足够的地域空间使其再按照中国祖籍地宗族村落情形实现重新聚族而居的居住形态，而是不得不在新加坡的社会历史环境中调适出新的生存形态。进一步讲，江兜移民个体的南来与重新"聚居"的同时，事实上意味着他们由宗族转向社群的初始。

已有研究结果表明，东南亚华人社会在大多数情况下很难出现华南社会的传统宗族形态，[①] 因为中国人漂洋过海，不可能举族迁徙，所以无法将祖籍地的宗族社会形态完整地移植到移居地。[②] 换言之，由中国华南同一宗族村落南迁移民群体整合而成的东南亚华人社群并不等同于其祖籍地的宗族，而是在东南亚本土社会变迁环境中重新建构的历史产物。

从新加坡江兜移民社群建构的历史必要性来看，殖民地时代新加坡的社会政治经济环境是促使其进行社群建构的直接动因。由于当时英殖民地政府在新加坡采取"分而治之"与"间接统治"的政策，因而导致华人社会处于半自治的帮权结构状态之中。在这种形势下，为了更好地保护自己的生活利益，包括福清江兜移民在内的广大华人移民必须通过建立社群组织机构等各种方式进行社群整合，以便在彼此团结互助中求得共同的生存与发展。另外，由于移民时代的新加坡已是一个商业化的都市社会，所以包括福清江兜移民在内的广大华人移民已经

---

① 参见［英］英里斯·弗里德曼《新加坡华人的家庭与婚姻》，郭振羽、罗伊菲译，正中书局1985年版，第259—262页；施振民：《菲律宾华人文化的持续：宗亲与同乡组织在海外的演变》，李亦园、郭振羽主编《东南亚华人研究（上册）》，正中书局1985年版，第119页。

② 曾玲：《华南海外移民与宗族社会再建：以新加坡潘家村为研究个案》，《世界历史》2003年第6期。

被迫改变了祖籍地中国行政区划村落单位内聚族而居的生活居住形态，并彼此分散于各自方言帮群地盘所属的商业街道之中，从而促使他们不得不重新寻找新的方式凝聚与整合社群，以加强乡里乡亲之间的血脉联系并谋求共同生存与发展。

# 第 四 章

## 谋生立足：江兜移民在新加坡的行业化经营

诸多研究成果表明，移民时代东南亚华人经济形态彰显业缘化特征。当中国移民南来初始，为了尽快谋生立足，他们往往利用各种传统宗乡关系网络进入某一行业领域并力求发展。长此以往，不同的华人移民社群逐渐构建出与众不同的行业经营特色，在一定程度上对某种行业发生"垄断"，表现出显著的排他性，形成各自的"帮权经济"[①]。在这种历史背景下，19世纪末时，新加坡福建人（闽南人）、潮州人、广府人、海南人以及客家人五大方言帮群为主体的华人行业垄断性帮权经济格局已经确立。[②] 在这种情势下，相对南来较晚的福清江兜移民若要在新加坡谋生立足，则必须寻求新的生存之道。鉴于此，本章将具体考察江兜移民如何在与其中国原乡完全不同的社会经济场景中挤入交通行业经营并获得不断发展壮大的发展过程，进

---

① 刘宏：《战后新加坡华人社会的嬗变：本土情怀·区域网络·全球视野》，厦门大学出版社2003年版，第61—63页。

② [新]林孝胜：《新加坡华社与华商》，新加坡亚洲研究学会1995年版，第28—62页。

而分析华人行业经济发展和社群建构之间的逻辑关联。

## 第一节　新加坡江兜人的人力车业起步

### 一　新加坡江兜人进入人力车业的肇始

在19世纪末20世纪初新加坡社会中的各类经济行业中，人力车业算是一个比较容易选择从事的新兴行业领域。之所以存在这种状况，主要有两个方面的原因：

一方面是因为当时人力车业发展迅速而对劳动力形成了较大需求。作为1880年刚由上海大批运入新加坡的一种新型交通工具，由于人力车具有马车、牛车等畜力交通工具无法比拟的方便性，所以随着新加坡公路里程的不断增加，新加坡的人力车业发展也非常迅速。统计资料显示，1901年时新加坡有人力车6730辆，1911年增加到8791辆，1919年再增加到9000辆。[①] 人力车数量的大规模增加必然需求更多的人力车夫，因此，对于19世纪末20世纪初南来的中国新客移民来说，这无疑是一个比较有机会进入的行业领域。

另一方面则是因为拉人力车是个既苦又累并且收入低微的行业。据19世纪末时曾到新加坡游历的李锺珏所言，当时新加坡人力车夫的劳动收入是非常微薄的，一般"拉手车者日夜可得洋一元，缴租四角可余六角，苟无烟癖，度日有余。乃十人中无烟瘾者不得一二，炎蒸汗血博得之蝇头尽入烟斗，殊可怜

---

① ［新］吴宏砚：《人力车局百年沧桑》，新加坡《联合早报》1985年1月20日。

也"，① 因此，当时已经在其他行业领域占据"垄断"地位的华人帮群一般鲜有意愿再来选择从事这种苦力的行业。

由是，新加坡人力车业的早期兴起为19世纪末才迟来的中国兴化人、福清人带来了难得的生存良机。对于他们而言，面对当时新加坡大部分行业已被其他华人五大帮群所"垄断"的现实情形，不需要太多技术含量的人力车夫行业已经是一种非常不错的谋生方式。于是，他们便在这种背景下迅速挤入了新加坡的人力车夫行业，并从此与新加坡交通行业结下了"不解之缘"。②

## 二 新加坡江兜人人力车业经营的初发

按照中国江兜村一些老人的说法，江兜人在新加坡做人力车夫最早应该开始于清末时期南来新加坡谋生的王布达狮与王德二人。中国江兜村的王玉清先生曾给笔者讲述了以下一个较为完整的故事：

> "据村里老辈所传，王布达狮是江兜村第一个出国者，由于早年他家里比较贫困，所以后来就跟人出洋谋生。到达新加坡后，王布达狮没有找到工作，只能在那里背着麻袋拿着棍子做乞丐。后来他回过两次家乡，第二次回乡时，另一个族里人王德请求他把自己带出去，王布达狮很快答应了，不过要求王德到那边后必须听话。王德跟随王布达

---

① （清）李锺珏：《新加坡风土记》，新加坡南洋编译所，1947年，第14页。
② ［新］林菊英等：《兴化人与交通行业（1880—1971）》，南洋大学，1971年。

第四章　谋生立足：江兜移民在新加坡的行业化经营　　89

狮到了新加坡后开始也是做乞丐，后来他不愿意干了，就经王布达狮同意后改行给别人收粮食时做'牛抽'（赶牛车），再后来就想到了拉人力车。"①

由于时间的久远和材料的匮乏，我们已经无法对这个故事的具体情况做出更详细的考证。不过这个民间流传下来的历史记忆还是告诉我们这样一个基本信息，即19世纪末自中国福清南来新加坡的江兜移民最早选择的行业应该与交通行业有关。

另据笔者所收集到的口述访谈资料与有关民间文献资料显示，20世纪初时从事于人力车行业的江兜人数量已经逐渐增多。其中对于日后新加坡江兜人经营交通行业影响较大的两个人物是王万高和王禄梓。

王万高（1869—1942年）于1886年从中国福清江兜村南来新加坡的，他不仅是最早在新加坡从事人力车行业经营的江兜人，还是整个新加坡历史上脚车业经营的先驱者。② 依据王万高之子王金祥所整理的有关回忆录资料，王万高刚到新加坡时，先是在一家福清人开的米店里打杂工。由于其勤奋节俭，四年之后，当他积累了一些资金时便离开那家米店，独自开设了一家名为"福源兴"号的粮食店，生意发展迅速。又过了几年，一个偶然的机会，令他感到当时刚刚兴起的人力车业很可能会有较好的发展前途，于是他便在1902年开了一间人力车修理店

---

① 笔者在福清江兜村对王玉清先生所作的访谈记录。
② ［新］林菊英等：《新加坡华族行业史调查研究：兴化人与交通行业》，南洋大学，1971年。

"源和兴"号（1902年）。① 此后随着脚踏车在新加坡交通工具中的迅速发展，王万高又与闽南人张淑源合作，于1909年创立"源和兴"公司，转而修理、租售脚踏车业务（后来又逐渐发展为经销脚踏车、汽车零配件）。②

王禄梓（1880—1970年）于1904年从中国福清江兜村来到新加坡。关于他进入新加坡交通行业经营的资料较为详细，在《新加坡福清会馆70周年纪念特刊（1910—1980）》的《王禄梓先生简介》一文中，有这样一段记载：③

> 王禄梓（1880—1970年），生于中国福建省福清县江兜村，讲兴化话，幼年在家务农。1904年南来新加坡，初时操人力车车夫之自由职业，后转移至马来亚霹雳州各埠镇工作，每月薪水3元。因其刻苦耐劳，勤俭成性，数年之后，稍有积蓄，即自谋从商发展。时遇第一次世界大战，开设小商店于东陵路6号，专门修理脚踏车，兼营自由车出租给初学者练习骑用，每小时5分钱。1918年，业务逐渐扩展，于是迁至小坡商业区梧槽路88号，经营脚踏车兼各种零件以及车轮内外胶胎。由于业务蒸蒸日上，为增加资力，便联合诸至亲堂兄弟，合资共创万丰隆公司（后改名为王万丰隆公司），后因扩充营业，迁入美芝路108号较大店屋，兼为出入口商，将输入的一部分货物，转运到临

---

① Ong Kim-Siong, *The Story of the Bicycle and Other Land Transport in Singapore* (CD-ROM), Singapore：National Archives of Singapore, 2000.
② 《张淑源先生史略》，《新加坡车商公会银禧纪念特刊》，新加坡车商公会1957年版。
③ 《王禄梓先生简介》，《新加坡福清会馆70周年纪念特刊（1910—1980）》，新加坡福清会馆1980年版，第86页。

近各埠以及各岛屿。

王万高与王禄梓二人先从事人力车行业再转而扩展到脚车及汽车零件业经销的个案情况不仅反映了福清江兜移民早期南来新加坡之初的谋生方式,还反映出新加坡江兜移民出人力车业起步,再"顺藤摸瓜"进入新加坡交通行业经营领域的发展线索。另外,由于王万高与王禄梓二人早期经营交通行业的成功也为新加坡江兜人交通行业经营的日后发展打下了坚实的基础。正是在很大程度上凭借他们二人的帮带作用,才促成了越来越多的江兜移民南来新加坡谋生,并几乎"千篇一律"地直接进入新加坡的交通行业领域,从而亦推动着移民时代新加坡江兜移民社群业缘形态的快速形成。

## 第二节 新加坡江兜人在交通行业中的成功经营

### 一 第二次世界大战前新加坡江兜人交通行业经营的蓬勃发展

如果说20世纪初是江兜人进入新加坡交通行业的起步阶段,那么此后直到第二次世界大战前的40余年间,则是新加坡江兜人交通行业经营迅速发展的重要时期。在此期间,随着新加坡现代交通工具的逐步更新,新加坡江兜人所经营的交通行业业务范围也逐步从人力车业扩展到脚车业、汽车零件业以及公共巴士业等多个商业经营领域,江兜移民社群的整体经济实力也在不断上升。此间,江兜移民交通行业经营向脚车业、汽车零件业的扩展与当时新加坡交通工具的发展状况具有重要关联。从很大程度上讲，20世纪上半期新加坡交通工具的不断更新以及使用量的迅速增长促成了第二次世界大战前新加坡江兜人交通行业经营的迅速发展。

脚踏车大概于19世纪末开始进入新加坡，由于它操作方便，用途广泛，既可以"供学生代步上学"，又可以"供工友、书记、小贩以代步上工"。① 因此，在20世纪上半叶，脚踏车在新加坡各类交通工具使用中的比例迅速上升，从而也带动了脚踏车零件销售业的快速兴起。汽车亦于19世纪末开始进入新加坡，随着20世纪以后新加坡人口数量以及城市公路交通建设里程的不断增加，汽车在当地公路交通中的使用比例也迅速增长。1917年新加坡注册汽车数突破1000辆，1927年已有私家车4500辆，德士车578辆，巴士车420辆，摩托脚车301辆，啰哩车1000辆，1934年私家车增为6422辆，② 1941年更达到10848辆③，新加坡迅速进入摩托化时代。受此影响，各类汽车零件销售业的市场需求日益扩大。第二次世界大战前新加坡江兜人交通行业经营的迅速发展情形正是在这些时代背景下出现的。

据新加坡老一代江兜移民反映，到第二次世界大战前夕，在新加坡较有规模的交通零件业经销商中，由江兜人经营的脚车、汽车零件销售商业单位已有十数家。就笔者根据所得资料整理后显示，当时新加坡江兜人经营的较有规模的相关商业主要表现如下（见表4-1）：

---

① [新]邱新民：《新加坡风物外纪》，胜友书局1990年版，第94页。
② [新]曾铁忱：《新加坡史记》，黎明文化事业股份有限公司1975年版，第275页。
③ 许直、许钰：《新加坡工商业全貌》，华侨出版社1948年版，第153页。

第四章　谋生立足：江兜移民在新加坡的行业化经营　93

表4-1　第二次世界大战前新加坡江兜人交通行业经营状况表①

| 公司名称 | 创办人 | 成立时间 | 地点 | 业务范围 |
| --- | --- | --- | --- | --- |
| "源和兴"店 | 王万高 | 1902年 | 小坡二马路维多利亚街69号 | 人力车修理店 |
| 源和兴公司 | 王万高、张淑源（闽南人） | 1909年 | 小坡二马路维多利亚街69号 | 专办各国名厂出品脚车汽车机件胎轮五金油漆发售兼营土产出入口并理民信汇款 |
| 王万丰隆公司 | 王禄梓 | 1916年 | 小坡惹兰勿刹3号 | 专营汽车脚车机件内外胶轮批发零沽 |
| 福和公司 | 王景祺 | 20世纪10年代 | 乌节律门牌6—8号 | 专办欧美脚车摩托车各款机车器及胶轮油类家私等物 |
| 协裕公司 | 王德魁 | 20世纪20年代 | 小坡惹兰勿刹77号、79号 | 专营欧美汽车脚车机件胶轮汽油经售内外胶轮脚车批发零沽 总代理英国手旗脚车 |
| 大顺公司 | 王万源等 | 1932年 | 小坡梧槽干那律10号、11号 | 专营各种汽车脚车机件胶轮车油出入口 |
| 大亚公司 | 王声金等 | 1941年 | 小坡七马路实利己律145号 | 专营欧美各种汽车汽车机件制造各款汽车附属品兼修磨汽缸杆镀并令光笛克洛 |

---

① 资料来源：严仁山：《南洋车业交通录》，私人出版，1948年；[新]王如明：《振敬先生顺治夫人百年冥诞》，私人编印，1998年；[新]陈金姿等：《新加坡华人巴士交通行业》，南洋大学，1971年；杨武风：《点点滴滴话福清人》，《新加坡福清会馆70周年纪念特刊（1910—1980）》，新加坡福清会馆1980年版，第80页。

除主要经营脚车和汽车零件业外，第二次世界大战前江兜移民还在新加坡公共巴士交通运营业经营领域中取得较好发展。在20世纪30年代新加坡十多家规模较大的公共巴士交通公司中，其中江兜人经营的有两家：一家是王振山兄弟的实里达巴士车公司，川行美芝路至三巴旺军港一带；另一家为王金福兄弟的梧槽巴士车公司（后更名为绿色巴士公司），川行三马路至武吉班让、兀兰路。①

总之，自20世纪初至第二次世界大战前夕，经过数十年的发展，新加坡江兜人的交通业缘形态已经逐步形成，经济实力迅速增强。以王禄梓的王万丰隆公司为例，尽管30年代初曾经受到1929—1933年资本主义世界经济危机的不小影响，然而经过调整后，其业务发展依然迅速，"生意日旺，财富俱增"。到第二次世界大战前夕，王禄梓兄弟不仅在马来亚柔佛州开辟了数百英亩的树胶园，还在新加坡惹兰勿刹修建了当时众人皆知的高层建筑"白宫大厦"。②

## 二 第二次世界大战后新加坡江兜人交通行业经营的日益壮大

第二次世界大战期间，日军在新加坡实行军事殖民统治（1942—1945年），造成当时新加坡经济处于瘫痪状态。不过，据一些经历过当时处境的新加坡老一代江兜移民后来介绍，尽管第二次世界大战期间江兜人的交通行业经营受到不小打击，

---

① 杨武风：《点点滴滴话福清人》，《新加坡福清会馆70周年纪念特刊（1910—1980）》，新加坡福清会馆1980年版，第80页。
② 《王禄梓先生简介》，《新加坡福清会馆70周年纪念特刊（1910—1980）》，新加坡福清会馆1980年版，第86页。

然而由于当时大部分江兜人在日军占领新加坡之前,已经囤积了一些汽车零件以备后用,所以第二次世界大战结束后,新加坡江兜人交通行业仍然很快得以恢复并发展。①

在第二次世界大战后至 1965 年新加坡建国前的 20 年间,随着新加坡公路交通基础建设步伐的持续增大,以及新加坡人口数量迅速增长,新加坡现代交通工具利用率也不断快速提升。据有关统计资料显示,1950 年到 1960 年的十年之间,仅新加坡的私家汽车拥有量便由 6568 辆增至为 63044 辆,整整增加了将近 10 倍,1961 年各式车辆(从脚踏车到巴士车)总数更是达到了 404606 辆。② 现代交通工具利用率的迅速提高必然相应带动交通工具零件销售业的巨大发展。在这种时代背景下,新加坡江兜人的交通行业经营发展也进入了"黄金时期",新加坡江兜人的经济实力进一步壮大。

1965 年新加坡建国之前,新加坡江兜人已有大大小小数十家汽车零件销售公司,成为当时新加坡交通工具零件销售行业中"成就卓越"的"小帮派"职业团体。③ 其中规模较大者有王禄梓的王万丰隆公司、王福祥的义成公司、王声金等的大亚公司、王万源的大顺公司、王声邦的中央汽车公司、王声世的大中公司、王振实的南洋汽车公司、王声基的南成公司、王荣銮的华侨公司、王福顺的华达商行等。④ 这些商业单位大都继续

---

① 新加坡口述史馆访谈记录,被访者:王声邦;访谈时间:1983 年 2 月 19 日;新加坡口述史馆访谈记录,被访者:王万源;访谈时间:1982 年 6 月 12 日。

② [新]曾铁忱:《新加坡史记》,黎明文化事业股份有限公司 1975 年版,第 275 页。

③ [新]林菊英等:《新加坡华族行业史调查研究:兴化人与交通行业》,南洋大学,1971 年。

④ 笔者在新加坡对王福顺先生、王发祥先生所做的访谈记录。

从事脚踏车和汽车零件的经销业务。20世纪60年代后，随着本地脚车使用量的日益减少以及汽车使用量的迅速增加，新加坡江兜人则逐步放弃了脚车零件业的经营转而专营汽车零件经销业务，并获得进一步发展。与此同时，第二次世界大战前由江兜人经营的新加坡绿色巴士公司此间也有了巨大发展，成为当时新加坡著名的巴士公司之一。

新加坡江兜人交通行业的快速发展，也推动着新加坡江兜移民社群整体经济实力的迅速壮大。仍以王禄梓的新加坡王万丰隆公司为例，随着第二次世界大战后经济实力的不断膨胀，王禄梓兄弟当时不仅拥有赫赫有名的"白宫大厦"、王禄梓公寓楼，还进一步拥有了新加坡 South Sea Hotel、马来亚芙蓉 United Rubber Estate Ltd.、马来亚柔佛州1503亩树胶园 Lombong Rubber Estated Ltd.、马来亚新山 Fly Wheel Rubber Works Ltd.，以及新加坡远东银行股份等多个产业，[①] 俨然成为当时新加坡江兜人中的最有财力者。

## 第三节 宗乡关系与新加坡江兜人交通行业经营

### 一 乡族关系与江兜移民商业经营的创业模式

现有研究成果已显示，在移民时代的东南亚华人社会中，基于当时方言帮群畛域观念和宗族主义思想的作用，自中国华南民间社会南来的许多华人移民都经历这样一个逐步发展的创业历程：

---

① 《王禄梓先生简介》，《新加坡福清会馆70周年纪念特刊（1910—1980）》，新加坡福清会馆1980年版，第86页。

"先来的移民,打进了某一行业,树立其经济基础后,为了要扩展,总是招引其乡人与族人来帮忙。这些晚来的移民,先是寄人篱下,充当学徒或劳工,但却不断学习,吸收经验,久而久之,便逐渐熟悉了东家的行业。一旦羽翼丰满,便另行创业,自立门户,干的是老本行",更有一些"势单力孤薄的晚来的移民,基于地缘与血缘的亲情,凝聚力特强,在新的天地里,彼此帮助与提携。先来的移民对迟来的同乡,不仅予以生活上的照顾,而且一直援助到他们能自立为止"。[1] 关于这种情形,在新加坡江兜人早期的交通行业经营发展过程中也同样存在。

据新加坡老一代江兜移民的普遍反映,早期从中国南来的绝大部分江兜人都是先在同乡族人前辈经营的脚车或汽车零件经销店内当学徒、打杂工,经过几年的工作经验积累和资金积蓄之后,便出去独自或与其他同乡人合伙开办新的店铺或公司。这个过程的循环往复展演,迅速推动新加坡江兜人交通行业经营如滚雪球般迅速发展壮大,进而最终形成了自己鲜明的业缘特色,并确立了其在新加坡该行业中的重要地位。

在移民时代新加坡江兜人交通行业经营起步及早期发展过程中,作为独立创业的第一批江兜移民先驱王万高、王禄梓、王祖德[2]三人可谓贡献卓著。其中,1886年从中国南来的王万

---

[1] 〔新〕崔贵强:《新加坡华人——从开埠到建国》,新加坡宗乡会馆联合总会、教育出版私营有限公司1994年版,第146页。

[2] 王祖德(1886—1967年),早期福清江兜移民在马来亚交通行业中的创业先驱。1914年从中国福清江兜村南来,开始曾在新加坡居留工作,后前往马来亚发展。1916年,王祖德在马来亚芙蓉创立福和宝号,经营脚踏车及汽车零配件,1922年在吉隆坡开设福和公司,并在加影、瓜拉庇劳、怡保以及新加坡等处设立分行。参见《芙蓉培华学校创办人王祖德先生小史》,《芙蓉培华学校创校八十周年纪念特刊》,培华学校2005年版。

高与 1904 年从中国南来的王禄梓是江兜人在新加坡经营交通行业的先驱者，1914 年从中国南来的王祖德则是江兜人在马来西亚经营交通行业的先驱者。这三位福清江兜移民先驱成功立足新加坡交通行业的经历为其后南来的福清江兜人进入该行业奠定了重要的基础条件，并提供了推进新加坡江兜人在交通行业经营方面的不断扩展壮大的巨大动力。

笔者在新加坡对老一代江兜移民的访谈资料显示，早期南来新加坡的福清江兜移民进入交通行业立足、发展之经历大都与此三人具有密切关联，不少后来发迹于此行业的江兜人均曾先在此三人的脚车、汽车零件经销公司内做过学徒，积累过经验，并在日后的独立创业初期继续受过这三人的帮助。换言之，从某种意义上讲，移民时代尤其是 20 世纪上半期从中国南来的福清江兜人所经营的交通行业商业单位大部分都是从王万高、王禄梓以及王祖德三个人的脚车、汽车零件业公司内"衍生"出来的。

以王祖德 1916 年在当时马来亚芙蓉创立的福和号脚车汽车零件业经销公司为例，该公司在援引和帮助江兜移民从事交通行业经营的过程中作用显著。移民时代有不少南来东南亚的福清江兜人都曾在该公司及其分公司（新加坡福和公司、马来亚吉隆坡福和公司、马来亚怡保福和公司、马来亚槟城福和公司、马来亚金保福和公司、马来亚加影福和公司、马来亚瓜拉庇劳福和公司）内做过学徒或工作过，然后再从中承购分公司独立经营或出去另起炉灶建立新公司。

例如，在移民时代的马来亚地区，后来除吉隆坡福和公司继续由王祖德家族经营之外，其他分公司均先后由在其中任职的江兜同乡族人承购，逐步发展成为多家独立经营的新公司，而新加坡福和分公司则由江兜人王景祺承购后独立经营。

不过，就移民时代新加坡的交通行业经营者而言，其中更多的人是先在王祖德马来亚的福和公司内工作多年后又出来自立门户经营交通行业。例如，早年曾在马来亚芙蓉福和公司工作多年的王万源、王声金、王声世等几位江兜人于1932年合股投资在新加坡创立了大顺公司，曾在马来亚怡保福和分公司任职数年的王荣銮、王荣凤兄弟则于20世纪50年代在新加坡创立了华侨公司，他们都是仍以经销脚车和汽车零件为业。依此类推，后来这些由王祖德的福和公司衍生出来的新公司又以同样的方式"繁殖"出诸多新的由江兜人经营的脚车、汽车零件销售公司，进而在新、马一带江兜人之间产生了一种不断分衍和逐渐扩大的"衍生式"商业网络发展模式，最终"便象一条大川细分出去的支流，流域的面积愈来愈广，形成一个家族式的托拉斯行业"。① 如果按照这种"衍生式"商业拓展模式来追溯渊源关系传承，那么直至21世纪初新加坡江兜人仍在经营的几家规模较大的商业单位，如新加坡大顺公司、新加坡华达商行、新加坡华侨公司以及新加坡伟达公司等，这些早期从事于交通行业经营的公司均与移民时代王祖德在马来亚创办的芙蓉福和公司存在直接或间接的内在关联（见图4-1）。②

值得注意的是，笔者在调查访谈中还逐步发现，在上述由王祖德的芙蓉福和公司"衍生"出来的新加坡江兜人交通行业商业经营网络中，其中涉及的所有创业者均与王祖德有着较近的亲属关联：他们都是中国福清江兜村王氏宗族第五房（北片角头）同一"公厅"内的亲房族人，彼此之间均处于亲属关系

---

① 《江兜王氏家族占据星马汽车零件业》，福清市政协文史资料委员会编《福清文史资料第8辑》，1989年，第18—21页。
② 笔者在新加坡对王荣汉先生（马来西亚华人）所做的访谈记录。

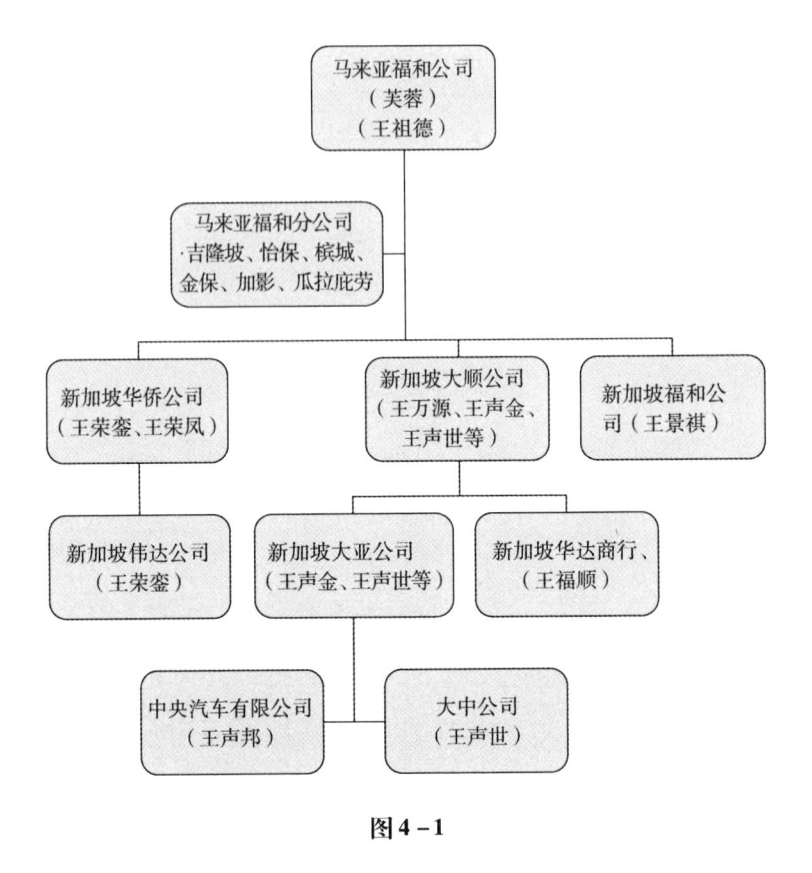

```
                    ┌─────────────────┐
                    │  马来亚福和公司  │
                    │    （芙蓉）     │
                    │   （王祖德）    │
                    └────────┬────────┘
                             │
              ┌──────────────┤
              │ 马来亚福和分公司 │
              │·吉隆坡、怡保、槟城、│
              │ 金保、加影、瓜拉庇劳│
              └──────────────┤
       ┌─────────────────┬───┴──────────────┬─────────────────┐
  ┌────┴─────┐    ┌──────┴──────┐    ┌──────┴──────┐
  │新加坡华侨公司│   │新加坡大顺公司│   │新加坡福和公│
  │（王荣銮、王荣凤）│ │（王万源、王声金、│  │司（王景祺）│
  │          │   │   王声世等）  │   │          │
  └────┬─────┘   └──────┬──────┘   └─────────────┘
       │         ┌──────┼──────┐
  ┌────┴─────┐ ┌─┴────────┐ ┌──┴──────────┐
  │新加坡伟达公司│ │新加坡大亚公司│ │新加坡华达商行、│
  │（王荣銮）  │ │（王声金、王声│ │（王福顺）    │
  │          │ │   世等）    │ │              │
  └──────────┘ └─────┬────┘ └─────────────┘
                ┌────┴─────┐
         ┌──────┴───┐ ┌────┴─────┐
         │中央汽车有限公司│ │大中公司  │
         │（王声邦）  │ │（王声世）│
         └──────────┘ └──────────┘
```

图 4-1

不远的亲族兄弟叔侄关系之中，甚至有些本身就是亲兄弟（如王荣銮与王荣凤；王声金与王声邦）或亲叔侄（如王万源与王福顺）的关系。这种情况表明，在移民时代新加坡江兜人交通行业经营逐步扩展的过程中，基于祖籍地缘的血缘关系纽带发挥了重要作用。

## 二 乡族关系与江兜移民交通行业经营的运作模式

首先，从江兜移民早期交通行业发展中的人力资源运营情况来看，基本完全处于江兜移民社群边界之内。

众所周知，在移民时代东南亚华人经营的商店企业，多数是家族式管理方式，其老板和员工大多是同宗家人、同乡或亲友。同宗同乡之间患难与共的互助精神，信任感，以及亲情关系笼罩着企业内部的人际关系。① 从商业经营的角度来讲，在规模较小的商业单位内，这种以同乡宗亲纽带的人力资源配置有助于更好地发挥团队精神，提高商业运营的经济效率。根据新加坡老一代江兜移民的普遍反映，早期江兜人在新加坡经营的脚车店或汽车零件店中的老板、管理者和员工往往清一色是南来的福清江兜移民。

其一，就老板和管理者之间的关系而言，一般多为亲属关系。当创业者经营交通行业获得成功后，往往会继续开设分店或扩大规模，于是就需要值得信赖的人帮忙打理，而家人或亲属则成为首要人选。例如，20 世纪初，最早进入交通行业经营的王万高在自己生意逐步扩大的过程中，出于打理业务的需求，他很快便将自己在中国家乡的弟弟王万美召唤过来，帮忙看管自己新开的分店。② 另一位早期进入交通行业经营的创业者王禄梓也有同样做法，当他的新加坡于万丰隆公司急待拓展时，便把中国家乡的四个弟弟王振培、王振兴、王振敬、王振喜招引而来，分别负责新加坡与马来亚各地分行的业务。③

其二，就老板与员工的关系而言，一般多为亲属关系或同

---

① 童家洲：《试论"五缘"文化及其与海外华侨华人社会》，《华侨华人历史研究》1997 年第 1 期。

② Ong Kim‑Siong, *The Story of the Bicycle and Other Land Transport in Singapore* (CD‑ROM), Singapore：National Archives of Singapore, 2000.

③ ［新］王如明：《振敬先生顺治夫人百年冥诞》，私人编印，1998 年。

乡关系。从老板的角度讲，一方面他希望可以雇用到既肯卖力又值得信赖的乡亲来作为自己员工以有利于商业运营；另一方面，出于对家乡及宗亲的个人情感，其也乐意将自己同乡族人从中国招引到自己的公司内谋生存、求发展。从员工角度讲，能够在陌生的新环境中找到一份工作，而且是在自己亲属或同乡的店铺或公司内打工便于获得一种亲近感和安全感，因而也乐于为老板认真工作。由此，老板与员工在招工与求职的选择上正好反映出互补的需求，于是同乡同族老板雇用同乡同宗员工的现象迅速普及，进而也导致同乡族人往往集中于同一种行业的业缘性现象。

就笔者大量的访谈内容显示，在移民时代，早期从中国南来的江兜移民抵达新加坡后的工作选择基本都是在亲戚或同乡族人经营的公司内打工，而且许多人在离开家乡之前已经跟远在新加坡开店的老板同乡打好了招呼。进入亲戚或同乡人的店铺后，开始一般是打杂工，做学徒，扫地、抹桌子、洗厕所什么都做，非常卖力，而老板则会为其提供住处，管三餐，并按时发放工资。

其次，从江兜移民早期交通行业经营中的商业网络来看，主要集中于同乡人的人际关系网络之中。

商业网络的建立与运作是商业经营中的一个关键环节。它往往涉及货源、市场、资金、信息等各种商业要素的合力配置方式，并直接影响到商品经销者的经营效益。在移民时代的新加坡，华人商业大多是中小型贸易和零售，其生存和扩展极其依赖网络关系。① 借助祖籍地缘、亲缘人际关系建立商业网络以发展商务和供销往来是当地华人最常用和有效的经营策略。② 这种商业网络的运作有利于通过华人移民的祖籍地缘、血缘文化纽带增强经商者之间的信任关系，进而彼此在商业经营中提供某种方便。就移民时代新加坡江兜人交通行业经营而言，其商业网络的建立与其祖籍地缘、血缘文化纽带具有重要内在关联。据新加坡江兜人从商者普遍反映，在移民时代，早期南来的江兜人在交通行业经营中合作往来的对象主要是在同乡族人之间开展的，其互动内容涵盖了商品市场供求两端的双重环节。

其一，就进货渠道来源而言，江兜人从事交通行业的商业经营者的进货渠道往往从同乡族人那里获得。众所周知，在移民时代，无论是脚踏车还是汽车零件的销售代理权大都控制在西方人开办的洋行手中。华人经营交通行业的商品必须从洋行那里购买获得。然而，对于从中国农村而来没有多少文化知识且又资本规模很小的江兜人商业经营者而言，与洋行打交道显然不是一件容易的事情。一来是由于语言上的不通而不可能直接与洋人沟通且又无力出资通过华人买办来与洋行间接交流；二来是即便能够与洋行实现沟通，却又往往由于购货太少或资金不足等原因而难以从洋行那里获得价格适当的货源。在这种情况下，以同乡同宗人际关系为纽带建立起来的商业网络便发挥了重要作用。

---

① 刘宏：《战后新加坡华人社会的嬗变：本土情怀·区域网络·全球视野》，厦门大学出版社2003年版，第62页。

② 童家洲：《试论"五缘"文化及其与海外华侨华人社会》，《华侨华人历史研究》1997年第1期。

据笔者的调查访谈资料显示,新加坡移民时代,大部分从事交通行业的江兜人商业经营者的货源都是从同乡前辈那里获得的。这些同乡前辈主要是第一批江兜人创业者先驱的代表人物:新加坡的王万高、王禄梓和马来亚的王祖德。一方面是因为这几个人商业经营的规模较大,货源比较充足,而且均逐步获得了一些英国品牌商品的销售代理权(如王万高的新加坡福源兴公司代理经销英国礼里牌脚踏车,王禄梓的新加坡王万丰隆公司和王祖德的马来亚福和公司代理经销英国福特牌汽车零件);① 另一方面则是因为基于同乡宗亲的血缘纽带关系,他们为江兜人从事交通行业的商业经营者提供货源时价格也比较优惠,而且一般都可以赊账,从而避免了不得不去西方洋行高价告贷的窘境。②

其二,就商品销售的市场渠道而言,移民时代新加坡江兜人交通行业经营的商品销售市场也经常在同乡族人之间互相关照。例如,当江兜人交通行业经营者自己店内没有顾客所需的零件类型时,他一般可以采取两种方式尝试解决:一是到同乡族人的店内借货过来销售给顾客,二是直接推荐顾客到自己同乡的店铺里购货。这是非常普遍的一种基于共同祖籍地缘、血缘关系而形成的互助合作型商品销售方式。又如,个别找到商品市场的江兜人,往往首先想到把订货单交送给同乡族人的交通行业经营单位来购货,以便在彼此信任的基础上实现共同发财的目的。对此,曾在新加坡创办中央汽车公司的王声邦先生曾回忆到,20 世纪 50 年代时,他曾主要做向印度尼西亚销售汽

---

① 《江兜王氏家族占据星马汽车零件业》,福清市政协文史资料委员会编《福清文史资料第 8 辑》,1989 年,第 18—21 页。

② 笔者在新加坡对王福顺先生所做的访谈记录。

车零件的生意,赚了一大笔钱。而其之所以能够获得印度尼西亚那里的市场,则缘于他与当时在印度尼西亚发展的同乡族人王声锦的生意合作有关。因为当时王声锦与印度尼西亚军方关系密切,所以手中得到许多汽车零件订货单,于是王声锦便向新加坡的同乡族人王声邦、王金发等人开办的汽车零件公司连续购货,后来大家彼此都获得了不少经济利益。[1] 笔者在访谈中逐步了解到,在移民时代,新加坡江兜人经营的交通行业商业单位之间,商品销售方面的往来与合作是相当频繁的,这种现象甚至一直持续到今天。

这种情况表明,在新加坡江兜人交通行业经营的商业网络建立与运作过程中,基于共同祖籍地缘、血缘的同乡同族观念起到了重要的积极作用。

综上所述,在移民时代的新加坡,面对与中国祖籍地福清江兜村小农经济形态不同的新加坡商业社会经济环境,自中国华南民间社会南来的福清江兜移民在新加坡经历了一个重寻生存之道的过程。在这个过程中,福清江兜移民凭借同乡同族的传统祖籍地缘、血缘纽带而互助互惠、积极进取,并通过不懈的努力进取与自我调适,在新加坡现代交通行业发展变迁脉络中,从人力车业起步,历经人力车业(人力车夫、人力车修理、人力车馆主)、脚车业(脚踏车修理、脚踏车及零件经销)、汽车零件业(汽车零件经销)以及公共巴士交通运营业的不断拓展进程,进而一路"顺藤摸瓜",逐步开拓出一片属于自己的商业经济领域,最终不但实现了由农民向雇工和商人的职业身份转变,而且打造出社群边界内的业缘经济形态。从华人移民社

---

[1] 新加坡口述史馆访谈记录,被访者:王声邦;访谈时间:1983年2月19日。

群建构的意义上讲,这种业缘经济经营在充分发挥宗乡社群内部信任关系的同时,也不断强化着社群移民个体之间的紧密联系。另外,这种不断壮大的行业经济发展更为制度化宗乡社群组织建立与运作奠定了雄厚的经济基础。

第 五 章

# 社群凝聚：新加坡江兜移民宗乡组织的建立与运作

移民时代，由于英殖民地政府采取"分而治之"和"间接统治"政策，东南亚华人社会基本处于半自治状态。当地华人移民必须进行社群整合，并建立社团和组织，方能维持华人社会自身的运作。① 这些社团和组织则相应地成为各个华人社群的组织领导机构，同时承担起照顾社群成员利益与整合社群的专属职能。本章将具体考察分析新加坡江兜移民社群制度化宗乡组织——新加坡江兜王氏公会——的建立历程、制度运作及其在该社群建构中的认同凝聚与整合功能，并对其在当地华人社会中的帮群范畴所属试做解析。

---

① 曾玲：《越洋再建家园：新加坡华人社会文化研究》，江西高校出版社2003年版，第8页。

## 第一节　移民时代新加坡江兜人的"江兜馆"

### 一　移民时代南洋华人的"咕哩间"及其功能

众所周知,近代中国是以农业自然经济为基础的社会,各地的商品经济并不发达。在这种时代背景下,中国民间社会的广大农民普遍处于以村为家,且与土地相依为命的生存方式之中。就社会组织而言,历史上中国乡村社区往往呈现出聚族而居的宗族社会形态,或单姓族人聚居为村,或多姓族人聚居成村。其中,以族长为主导的宗祠组织不仅成为族内成员确立身份认同的共同体单位,而且还在处理祭祖、互助、纠纷等族内事务中具有关键性的作用。这种民间宗族组织往往与国家基层行政组织中的村级单位结为一体,成为兼具血缘与地缘特征的民间社会组织。从生存观念上讲,处于旧中国民间社会中的农民阶层,由于受到以土地为中心、以聚族而居为形态的成长环境所束缚,他们的宗族观念与乡土观念相当浓厚,尤其是反映在其中的外迁移民群体心理情态之中。

对于中国近代时期,下南洋谋生的华南移民而言,当每一个移民第一次被同乡带到南洋之初,其所面对的异乡社会都是一个完全陌生的世界:与自己家乡聚族而居模式不同的城镇居住环境,与自己家乡农业耕作不同的商业经济环境,与自己家乡行政区划不同的华人帮群社会环境,与自己家乡方言文化不同的多元种族语言文化环境……

在这种情形下,若要解决首要的谋生立足之命,确实是移民一个人自身难以独立应对的现实问题。由于受到只能说家乡方言和只会农业劳动等求职条件所限，因而首先通过投靠亲友或同乡来解决最基本的吃、住以及就业问题便自然成为每个南来的中国移民所渴望获得且有必要经历的一个基本生存步骤。另外，与此同时，一些前期抵达南洋且有较好经济基础的老移民则往往乐于腾出客厅或租购房间用以接待来自家乡的新客，或让没有职业的亲人或同乡暂时栖身。久而久之，这些房屋就发展成移民时代东南亚华人众所皆知的"咕哩间"。[①]

## 二 早期新加坡江兜人的"咕哩间"——江兜馆

笔者在新加坡调查访谈中得知，早期由中国南来的福清江兜移民亦成立有自己的"咕哩间"，名为"江兜馆"。尽管由于资料的缺失，我们已经无法考证江兜馆最初成立时的具体情形，不过依据新加坡老一代江兜移民回忆的相关口述资料，我们仍然可以对江兜馆的建立及其功能等情况做出一些基本的考察。

其一，从空间位置上看，与移民时代新加坡各华人移民社群的咕哩间大都位于同乡人聚居处附近的情况一样，早期福清江兜移民的"咕哩间"——江兜馆亦设立于自身主要的聚落区域之内。

新加坡老一代江兜移民王声厚先生告诉笔者，据他从更早南来的江兜移民老一辈那里得知，新加坡江兜馆最初是位于梧槽万山街一带，当时那里还有很多其他福清人的"咕哩间"，江

---

[①] "咕哩间"亦写作"估俚间"或"苦力间"，参见陈碧笙《南洋华侨史》，江西人民出版社1989年版，第365—366页。

兜馆旁边紧挨着"东沃馆""硋灶馆"①,都和江兜人关系不错。②

不过,在移民时代江兜馆的位置也不是一成不变的。20 世纪 30 年代时,随着南来江兜移民数量的不断增加,"江兜馆"的狭小空间已经无法满足较多人同时入住,于是又转至小坡结霜桥一带的卫德路,并租了一整层楼面作为新的江兜馆处所,并继续作为中国江兜移民单身汉找到工作之前的临时住处,直到第二次世界大战时为止。③

其二,就建立时间与创建人而言,虽然我们已经无法找到比较确切的历史资料,但是根据一些老一代江兜移民的反映,新加坡江兜馆大概建立于 19 世纪末 20 世纪初。比照福清江兜移民南来起步于 19 世纪末的实际情况,这种时间估计的情况应该是成立的。至于早期新加坡江兜馆的创立者,老一代江兜移民的说法并不完全一致,但是却都认为王万高与王禄梓两个人应该是主要的筹建者。一方面因为他们南来新加坡的时间较早,另一方面因为 20 世纪初时他们已经在经营人力车业和脚踏车业方面获得了初步发展,所以也才会有财力带头出资建立免费为家乡新客同乡族人提供住所的"咕哩间"。

其三,从实际的社会功能来看,江兜馆已经显示出凝聚与整合社群的基本意义。关于这一点,曾于 1936 年留宿于新加坡江兜馆的福清江兜村民王振民先生回忆中的记述刚好印证了这

---

① 中国福清江兜村南面邻村为东沃村,北面邻村为硋灶村,均以陈姓为主,且均说兴化方言。
② 笔者在新加坡对王声厚先生所做的访谈记录。
③ [新]谢燕燕:《江兜馆与昭灵庙》,《新加坡民俗导览:庙宇文化》(第二本),新加坡焦点出版有限公司 2007 年版,第 107 页。

种意义:"当时那边江兜人租了别人的一个二层楼,下面是门市(有两间),江兜人用下面的一间开饭店……当时那边乡里人头头开会,研究事情都在那里。江兜人在那里还可以免费住一下,别人不可以。我在那里免费住过一段时间,我父亲从印度尼西亚到新加坡来时也曾住在那里,睡在地铺上。"

这段口述的回忆性记述表明,与移民时代新加坡华人社会的其他"咕哩间"一样,当时的新加坡江兜馆不仅可以为新来的中国福清江兜移民提供临时住处,还往往是同乡人聚众议事的重要场所。①

## 三 江兜馆在新加坡江兜人中的社群整合作用

具体而言,新加坡江兜馆的社群凝聚与整合功能主要体现在以下两个方面:

首先,从以上内容我们可以清晰的地发现,就江兜馆的使用对象而言,仅限于由中国福清江兜村南来的新加坡移民群体范畴之内,对于来自中国其他祖籍地的华人移民则具有明显的排他性,进而彰显出较强的社群边界意义。这个基本原则的核心意涵是对"江兜"这一祖籍地缘符号的特别强调,并通过这种文化符号的强调在新加坡江兜移民群体内部发挥出凝聚社群认同的作用。与此同时,对于周边"东沃人""硔灶人"等其他福清人"咕哩间"所代表的移民社群而言,这种祖籍地缘符号认同差异的存在则进一步起到了强化新加坡江兜移民社群内

---

① [新]陈明鸾:《从口述历史资料看新加坡估俚间和工会的关系》,[新]林孝胜编《东南亚华人与中国经济与社会》,新加坡亚洲研究学会、南洋大学毕业生协会、新加坡宗乡会馆联合总会1995年版,第238—240页。

部身份认同的作用。

其次,从江兜馆的活动内容来看,由新加坡江兜移民群体内的诸位"头人"在馆内主持举行同乡族人聚众议事的情况表明,江兜馆还在一定程度上扮演着社群组织机构的角色。这种运作方式与当时中国福清江兜村的王氏宗祠有一定的"异曲同工"之处。众所周知,在中国近代华南民间宗族社会中,宗祠往往是凝聚宗族内部认同的组织中心,其不仅是祭祀先人的场所,还是族内乡老与头人一起聚众商议处理各种族内事务的地方。以宗祠为中心的宗族组织之所以可以发挥凝聚与整合宗族的作用,主要在于其透过祖先崇拜而建立在共同血缘纽带维系的客观基础之上。由于中国近代以来福清江兜村一直都是血缘与地缘"合而为一"的单姓村,因此当时从祖籍地宗族社会中南来的福清江兜移民必然仍具有强烈的宗族认同倾向。[①] 从这个角度来看,新加坡江兜馆内聚众议事的情形反映出江兜移民运用祖籍地的共同乡族观念以凝聚和整合华人社群的意义。

不过,需要指出的是,虽然从一定角度上看,江兜馆与中国福清江兜村王氏宗祠均显示出透过共同宗亲血缘认同纽带以整合社群的意义,但是从根本上讲,二者已经并不相同了。一方面,因为南来新加坡的福清江兜移民都是以个体移民方式实现迁移行为的,而不是举族南迁,所以江兜馆已经无法供奉完整的江兜王氏历代祖先牌位祭祀系统,从而也不再具有中国福清江兜村王氏宗祠作为祭祀先人场所的意义。另一方面,由于受到当时英殖民当局分而治之政策以及新加坡商业城市社会生

---

[①] 不少新加坡老一代江兜移民曾对笔者反映,早期从中国南来的福清江兜人大都具有较强的宗族辈分和房支角头观念。

活环境的限制，江兜馆中"江兜"一词的概念意涵并不具有如同祖籍地福清江兜村一样处于中国行政区划下有形地域边界的实际意义，而只能是新加坡江兜移民对于中国祖籍地缘认同的一种象征符号。由此可见，移民时代新加坡江兜人的社群整合方式并非也无法移植于中国祖籍地的宗族模式，而是从一开始就反映出在新的社会环境中进行本土化自我调适的意义。

总之，新加坡江兜馆的建立不仅为早期由中国南来的福清江兜新客提供了一个免费的居住场所，还为新加坡的福清江兜移民群体设立了一个聚众议事与祭拜乡神的公共空间，通过经常性的集体活动反复强调该群体内部成员的祖籍地缘、血缘符号认同，并产生凝聚社群认同和实现社群整合的功能。由于受到新加坡本土社会政治经济文化时代环境的制约，这种华人移民社群整合的实践模式既与其中国祖籍地的宗祠情形存在一定的"异曲同工"之处，却又衍生出新的形式与新的内涵。从这个意义上讲，新加坡江兜馆的建立亦可以表示为江兜移民在新加坡进行社群凝聚与整合以建构华人社群的开端。另外，从华人宗乡社团形成过程的角度来看，新加坡江兜馆的存在与发展也为新加坡江兜移民社群的正式组织机构——新加坡江兜馆王氏公会——的成立做好了必要的基础准备。

## 第二节　新加坡江兜王氏公会的建立及其组织系统

### 一　新加坡江兜王氏公会的建立

新加坡江兜王氏公会内保存的档案资料显示，该公会的最初筹建工作发起于 1953 年,正式向新加坡政府注册成立于 1963 年,前后总共历时达十年之久。从历史背景来看,这个时期正处于第二次世界大战后新加坡由移民时代向独立建国过渡时期和新加坡华人社会由移民时代向定居时代转型阶段,亦是新加坡华人社团迅速重组、恢复与发展的重要时期。据有关研究统计资料显示,1945 年第二次世界大战结束后至 1965 年新加坡建国之前,新加坡华人社团数量呈现出快速增长的态势,新成立的地缘性社团有 48 个,血缘性社团有 105 个,业缘性社团 71 个,合计 224 个华人社团。① 其中尤以姓氏血缘性社团的净增数目最多。作为新加坡江兜移民社群的宗乡组织机构江兜王氏公会亦属于第二次世界大战后当地华人社会新成立的姓氏血缘性社团之一。

根据新加坡江兜王氏公会成立时的会议记录资料显示,早期该公会的具体筹建过程主要经历了以下一些步骤:

20 世纪 50 年代初新加坡大顺公司的创立者江兜人王万源先生提议发起筹建宗亲会,并得到王振春、王振实、王福祥、王荣贵等同乡人的热烈响应。②

1953 年 8 月 4 日,作为第一次正式讨论公会成立事宜的新加坡江兜人座谈会假借当时的星洲车商公会会所召开,当时到会签名的人有王添祥、王声基、王味仔、王振实、王福祥、王万源、王粉钞、王丹荣、王振义、王荣贵十人。③ 此次会议之

---

① 刘宏:《战后新加坡华人社会的嬗变:本土情怀·区域网络·全球视野》,厦门大学出版社 2003 年版,第 55 页。
② 新加坡江兜王氏公会档案资料。
③ 新加坡车商公会系以兴化人和福清人为主的业缘性华人社团,其中有许多江兜人参与,当时该公会会长为江兜人王福祥。

第五章 社群凝聚：新加坡江兜移民宗乡组织的建立与运作

后，新加坡江兜王氏公会筹建工作迅速展开，草拟章程，登记名册，申请注册依次进行。1963年时终于拟定章程，定名为"新加坡江兜王氏公会"，并以新加坡小坡卫律门牌2号A为会所住址正式注册成立。①

另外，值得一提的是，笔者在查阅新加坡江兜王氏公会成立前后会议记录的过程中，还发现该公会最初筹建时拟定的名称并非新加坡江兜王氏公会，而是"南洋江兜王氏公会"，其所招募的会员对象是"新加坡及外埠宗亲"，而到1963年注册成立时则定名为新加坡江兜王氏公会。

关于新加坡江兜王氏公会最初筹建时的具体动因，在1963年新加坡江兜王氏公会筹建会所宣言中有如下一段相关文字表述：②

"溯自明万历年间，我始祖严清公，由南安石鼻尾迁居江兜村，崇尚简朴，世代农业，开族至今，历三百余年矣！宗祖德荫于先，人文蔚起于后，子孙繁衍，素称望族。旋为适应生活环境，移居拓植他乡间亦有之，唯侨居南洋群岛，人数至众。宗人安分守己，刻苦耐劳，几经奋斗，发迹于工商各界，正不乏人，而后起者更多优秀人才，耐四方散处，平素无业务联系，竟至缘悭一面，即同一地区，亦有相逢不相识之叹！木是同枝，形如陌路，同人等有鉴于此，发起组织王氏公会。"

---

① 《新加坡江兜王氏公会章程》（1963年），新加坡江兜王氏公会档案资料。
② 《新加坡江兜王氏公会筹建会所宣言》（1963年11月12日），新加坡江兜王氏公会档案资料。

这段话揭示出新加坡江兜王氏公会筹建时的动机主要源于以下几个因素：一是自19世纪末以来，随着南来江兜移民人数的陆续增多以及新加坡本土侨生江兜人数量的不断增长，到20世纪50年代时新加坡的江兜人人数日多；二是散居于东南亚各地的江兜人尤其是年轻一代彼此间的见面机会较少，缺乏固定性的联谊；三是当时东南亚江兜人中有不少人已经在工商业方面取得了一定成就，有必要进一步推动彼此间的内部联系。在这种情况下，一些新加坡老一代江兜移民对"本是同枝，形如陌路"的现实情况深表痛心与担忧，因而决定筹建江兜王氏公会，正式成立属于自己的社团组织。从另外方面讲，新加坡江兜王氏公会的筹建也表明，随着新加坡江兜移民社群的逐步发展壮大，早期具有一定社群凝聚意义的江兜馆已经日渐不合时宜，而必然要由更为成熟的制度化社群组织机构来更好地发挥加强社群整合的功能。

## 二 新加坡江兜王氏公会的组织制度

### （一）宗旨

1963新加坡江兜王氏公会章程第一章总则部分明确规定："本会以促进新加坡江兜村乡人感情与团结并共谋发展社会福利及慈善事业为宗旨。"[①]

### （二）会员制度

1963年新加坡江兜王氏公会章程规定："凡居住新加坡之江兜村乡人，年龄满18岁以上，不分性别，有正当职业品行

---

① 《新加坡江兜王氏公会章程》（1963年），新加坡江兜王氏公会档案资料。

纯良而愿意遵守本会章程及执行本会一切议决案者均得加入为本会会员。"① 依据江兜王氏公会的早期会议记录资料显示，20世纪50年代该公会筹建之初登记在册的会员有113人。②

当时新加坡江兜王氏公会的会员资格条件中最核心的原则在于强调必须是江兜移民社群边界之内的成员，亦即祖籍中国江兜村的新加坡华人移民。通过这种制度化的入会条件限制，新加坡江兜王氏公会界定了出新加坡江兜人相对于当地其他祖籍地缘而言的华人社群边界，起到凝聚新加坡江兜移民社群认同的作用。由于中国福清江兜村是一个地缘与血缘"合而为一"的单姓村，因此对于新加坡江兜人而言，这种以祖籍地缘确立社群边界的会员制度同时亦含有姓氏血缘认同意义。

另外，在会员制度中，1963年新加坡江兜王氏公会章程还同时规定了会员的基本权利与义务："本会加入会基金每名5元，入会时缴纳。本会月捐定位每月1元，须于每月先期缴纳，凡会员积欠月捐至三个月时若无来函申述充分理由，得有执行委员会议决取消其会员资格"，"凡本会会员均有选举权及被选举权。"③ 对于会员基本权利与义务的规定，则可以使新加坡江兜王氏公会内的每位成员通过会务参与行为的反复展演达到强调自我社群身份认同的目的，从而有助于促进新加坡江兜移民社群边界之内的认同凝聚。

---

① 《新加坡江兜王氏公会章程》(1963年)，新加坡江兜王氏公会档案资料。
② 新加坡江兜王氏公会档案资料，1959年。注：按照老一代江兜移民的普遍说法，新加坡江兜人参加江兜王氏公会的情形一般是一个家庭出一名男性代表登记为会员，其他家庭成员则往往不申请会员。不过也有一些家庭可能同时有两个或几个人都是会员，这种情况一般是兄弟关系且来自较有财力的家庭。
③ 《新加坡江兜王氏公会章程》(1963年)，新加坡江兜王氏公会档案资料。

### (三) 管理机构与领导层

#### 1. 管理机构的设置

前文已经述及，在19世纪末20世纪初成立的新加坡江兜馆中，平常发起组织议事活动的人一般是江兜人中的诸位"头人"。这些头人主要是早期南来新加坡创业成功、处事公正而且热心于当地同乡族人内部事务的江兜人。早期已经在脚踏车业经营中有所发展的王万高、王禄梓兄弟都曾属于这种拥有处理新加坡江兜移民社群内部事务权力的头人。与江兜馆的这种管理层体制不同，第二次世界大战后成立的新加坡江兜王氏公会在管理层机构设置上则确立了具有现代社团性质的代表大会制度。1963年新加坡江兜王氏章程明确规定，该公会的最高权力机构是常年会员大会，每年召开一次，其主要职责是审核已往一年账目及执行委员会的述职报告，并选举下届职员。

在常年会员大会之下设立执行委员会负责具体会务，其中设置的固定职位有名誉主席（数额不限）、正会长（后改称主席）1名、副会长1名，正司理（后改称总务）1名、副司理1名，财政1名，交际1名，中文书1名，英文书1名，执行委员7名。

从新加坡江兜王氏公会管理制度中设置的各职务职能来看，其中名誉主席多为虚职，正会长主持会内会外一切事务（包括签署各种文件及担任各项大会会议主席），副会长协助正会长工作，正司理负责管理本会会务，副司理协助正司理工作，财政负责本会一切收支款项，交际负责本会一切交际事项及筹备纪念庆祝等事，中英文财政负责本会一切中、英文文件，执行委员协助委员会办理各项具体事宜。执行委员会任期以一年为限，除财政外其他各职均可连选连任。此外，会员大会每年还会在执行委员之外另行选出一名查账员作为监察委员，专门负责随时审查当年任何账目。①

在这种管理机构设置的体系下，新加坡江兜王氏公会领导层已经不再是江兜馆时期的"头人制"，而是转变为现代性社团选举制度下的产物。公会管理层中的每一位任职者都必须经由会员集体投票选举产生，并且实行任期制。

**2. 领导层构成状况**

从江兜王氏公会历届选举出的管理机构领导层成员构成状况来看，其中最突出的一个特征在于这些领导层成员大都是拥有较好经济基础的江兜移民，特别是那些最有成就的商界人士往往长期连任主席、副主席等领导职务，这种情形甚至一直延续到建国后的当代（见表5-1）。

另据当时笔者在新加坡收集到的有关田野调查访谈资料显示，自新加坡江兜王氏公会正式成立至21世纪初，先后有4位主席长期连任，依次是王如发、王如聪、王振实、王福顺，其中王福顺在20世纪80年代初当选为主席，此后一直连任20多年。这几位江兜人之所以能够当选并长期连任主席职位，除了他们热心参与同乡族内事务之外，一个最重要的基础还在于他们都是经济基础雄厚的工商界人士。其中，王如发与王如聪均为王禄梓兄弟家族产业中的第二代代表人物，该家族自20世纪初开始进入新加坡脚车、汽车零件等交通行业经营领域，创办了新加坡王万丰隆公司，并先后涉足于马来亚橡胶业、新加坡房地产业等多个经济领域，40—70年代，该家族一度成为新加坡商界颇有实力的家族企业，更是新加坡江兜人经济领域中的

---

① 《新加坡江兜王氏公会章程》（1963年），新加坡江兜王氏公会档案资料。

领军者；王振实则在第二次世界大战后创办有南洋汽车公司，经营汽车零件销售业，70年代时该公司业务发展较快，亦是当时新加坡江兜人中较为成功的商界人士；王福顺则于1947年自中国福清江兜村南来，最早是在其叔王万源的新加坡大顺公司中工作，后独自前往印度尼西亚闯荡，60年代创办新加坡华达商行，经营汽车零件、药品、食品等进出口贸易，80年代初创办专门租售高驾车的高盟公司，目前已成为拥有上亿元资产的商界精英。

表5-1　　1972年、1982年、1992年新加坡江兜王氏公会领导层成员商业公司经营状况表①

| 职务 | 1972年 | 1982年 | 1992年 |
| --- | --- | --- | --- |
| 名誉主席 | 拿督王廷杰（马来西亚·杰公司），王振敬（王万丰隆公司），王福祥（义成公司），王万源（大顺公司） | 拿督王廷杰（马来西亚·杰公司），王万源（大顺公司） | 王万源（大顺公司），王荣涵（马来西亚），王祖武（马来西亚·合众公司） |
| 正、副主席 | 王如聪（王万丰隆公司）；王声厚（志华公司） | 王福顺（华达商行）；王声邦（中央汽车公司） | 王福顺（华达商行、高盟公司）；王声邦（中央汽车公司）；王荣銮（伟达机械公司） |

① 资料来源：本表根据《新加坡江兜王氏公会1972年度第9届职员表》《新加坡江兜王氏公会（1982—1983）第15届职员表》《新加坡江兜王氏公会（1992—1993）第20届职员表》（新加坡江兜王氏公会内部档案资料）以及笔者调查访谈资料整理而成。其中所注明公司均为新加坡江兜王氏公会领导层成员个人创办或继承的家族产业。

续表

| 职务 | 1972 年 | 1982 年 | 1992 年 |
|---|---|---|---|
| 正、副总务 | 王声基（南成公司）；王亚兴（德士车公司） | 王声基（南成公司）；王发祥（大顺公司） | 王发祥（大顺公司）；王金祥（集成公司） |
| 财政 | 王荣凤（华侨汽车公司） | 王声世（大亚公司） | 王如聪（王万丰隆公司） |
| 交际 | 王春荣 | 王荣銮（伟达机械公司） | 王春荣 |
| 中、英文书 | 王福瑞（义成公司）；王如发（王万丰隆公司） | 王春荣；王如聪（王万丰隆公司） | 王声厚（志华公司）；王荣凤（华侨汽车公司） |
| 执行委员 | 王声世（大亚公司），王振实（南洋公司），王栋良，王福麟（义成公司），王声邦（中央汽车公司），王荣銮（华侨汽车公司），王绍霖 | 王福麟（义成公司），王福瑞（义成公司），王文桂，王绍霖，王绍禄，王声厚（志华公司），王荣凤（华侨汽车公司） | 王声华（亚昂公司），王金龙（万聚隆公司），王勇冰（华达商行、高盟公司），王达永（德士车公司），王如英（王万丰隆公司） |
| 信托人 |  | 王如聪，王福顺，王福麟，王声厚，王荣銮 | 王如聪，王福顺，王福麟，王声厚，王荣銮 |
| 查账 | 王绍禄 | 王如明（王万丰隆公司） | 王如明（王万丰隆公司） |

在此，有必要指出的是，新加坡江兜王氏公会这种长期由财力雄厚的商界精英领导社团管理机构的情形并非偶然性的个别现象，而是普遍存在于移民时代的东南亚华人社会之中。

李亦园、杨进发、颜清湟的研究成果均表明，与中国封建社会士、农、工、商的社会等级序列结构不同，在处于移民时代重商主义经济制度下的新、马华人社会中，商人一向处于社会最高层的地位，他们往往被选为各方言和宗乡组织的领导者，因为他们在社会上享有崇高的威望而且必要时有足够能力捐款。[①] 换言之，在移民时代，拥有雄厚经济财力是成为华人社会组织机构领导层成员的必要条件。而之所以存在这种情况，主要基于以下原因：

在移民时代半自治的东南亚华人帮群社会结构背景下，众多华人社团成为维系华人社会内部运作的基本组织机构，它们在扶助贫困会员、兴办华校教育、举办公益事业等方面承担着重要的社会职能。然而，要维持其日常运作则需要有必需的运作经费来源。面对移民时代大部分华人移民均属一般经济生活水平的劳工阶层实际情况，这种华人社团运作经费来源的一般很难依托少量的会员会费来满足支出需求，而往往必须更多地依赖于各华人社群内部财力雄厚者的带头大量捐款来实现。在这种情形下，富有的华商阶层自然很容易被推选而出并长期留任于不同华人社群的领导层以便维持社群组织机构的正常运作，发挥其应有的社会职能。

就新加坡江兜王氏公会而言，由于其自成立之初发展至今一直没有自己的固定产业，因此其运作经费主要来自本社群内有财力者的主动带头捐款。据时任新加坡江兜王氏公会主席的王福顺先生介绍，由于江兜王氏公会没有自己的固定经济收益来源，所以从成立之初开始，处理内部事务的所有活动经费基

---

[①] 李亦园：《一个移植的市镇：马来亚华人市镇生活的调查研究》，"中央研究院"民族学研究所1970年版，第145—184页；[澳] 杨进发：《十九世纪新加坡华族领导层》，陈万发译，[新] 柯木林、吴振强编《新加坡华族史论集》，南洋大学毕业生协会，1984年，第86—102页；[澳] 颜清湟：《新马华人社会史》，粟明鲜等译，中国华侨出版公司1991年版，第131—139页。

本都是来自于不定期的临时性内部筹款，主要还是要靠较有经济实力的公会领导层成员大力出资捐献。①

另外，新加坡江兜王氏公会的会议记录历史资料亦显示，该公会筹办运作经费的方式主要存在两种具体情形，一种是平常的惯例性的筹捐，另一种是偶然的随机性筹捐。

惯例性的筹捐一般是在每年新加坡江兜王氏公会举办周年庆纪念晚宴时由管理层成员带头捐献。例如，1993年新加坡江兜王氏公会庆祝30周年纪念晚宴上共有18位领导层成员联合捐款新加坡币11490元（见表5-2），这些捐款主要用于公会日常运作的基本开支。

表5-2　　　　新加坡江兜王氏公会庆祝30周年纪念领导层捐款情况② 　　　　单位：新币

| 捐款者姓名及职务 | 捐款数额 | 捐款者姓名及职务 | 捐款数额 |
| --- | --- | --- | --- |
| 王万源　名誉主席 | 1000 | 王荣銮　副主席 | 1000 |
| 王进隆　名誉执委 | 1000 | 王声邦　副主席 | 1000 |
| 王绍经　名誉执委 | 300 | 王声厚　中文书 | 1000 |
| 王福瑞　名誉执委 | 100 | 王荣凤　英文书 | 1000 |
| 王福麟　名誉执委 | 100 | 王声华　执委 | 500 |
| 王绍辉　名誉执委 | 100 | 王金龙　执委 | 400 |
| 王声泽　名誉执委 | 40 | 王声德　执委 | 200 |
| 王福顺　正主席 | 2000 | 王春荣　交际 | 150 |
| 王如聪　财政 | 1500 | 王达永　执委 | 100 |

---

① 笔者在新加坡对王福顺先生所做的访谈记录。
② 资料来源：《新加坡江兜王氏公会庆祝30周年纪念乐捐者芳名录》（1993年），新加坡江兜王氏公会档案资料。

随机性筹捐则是不定期的临时性聚会筹募资金活动，这种情形主要是当江兜王氏公会需要举办重大活动时出现的，其捐款资金直接用来专项支出某一计划，而且往往数额巨大。例如，1985年新加坡江兜王氏公会为改建中国祖籍地福清江兜华侨中学而举办的筹款活动捐款总额高达新加坡币647500元（见表5-3）。

表5-3　　　　福清江兜华侨中学捐款芳名录（1985年）[①]　　　　单位：新币

| 捐款者姓名 | 捐款数额 | 捐款者姓名 | 捐款数额 |
| --- | --- | --- | --- |
| 王万源 | 150000 | 王声辉 | 5000 |
| 王祖德遗产 | 150000 | 王声世 | 3000 |
| 王福顺 | 100000 | 王福麟 | 2000 |
| 王声邦 | 50000 | 王德标 | 2000 |
| 王万丰隆家族 | 50000 | 王达永 | 2000 |
| 王荣銮 | 45000 | 王文桂 | 2000 |
| 王声厚 | 30000 | 王福瑞 | 2000 |
| 王进隆 | 20000 | 王金发 | 1500 |
| 王荣凤 | 15000 | 王贤凤 | 1000 |
| 王华英 | 10000 | 王振舞 | 1000 |
| 王声华 | 5000 | 王声大 | 1000 |

以上这些分析表明，在移民时代，新加坡江兜人中的商业精英阶层在江兜移民社群制度化组织建构过程中发挥了主要领导作用，正是因为有了他们在资金经费方面的持续性支撑，才有力地保证了新加坡江兜王氏公会这个江兜移民社群组织机构的正式建立并维持正常运作。进一步讲，移民时代新加坡江兜人的社群建构进程与其经济发展状况具有重要关联。只有以江

---

① 资料来源：《福清江兜华侨中学捐款芳名录》（1985年），新加坡江兜王氏公会档案资料。

兜移民在交通行业经营方面的逐步发展壮大为前提条件，才有可能在社群内部孕育出更多具有经济实力的领导层成员，进而通过他们的持续捐款建立和维持社群组织机构的运作，最终有力推动该社群内部凝聚与整合的社群建构进程。从这个意义上讲，移民时代新加坡江兜人在当地交通行业经营方面的起步与迅速发展对其社群建构具有重要促进作用。正是基于江兜人在交通行业经营迅速发展壮大过程中所提供的足够财力支撑，才推动了新加坡江兜王氏的社群建构过程逐步走向成熟。换言之，移民时代新加坡江兜人在交通行业经营方面的迅速发展正是推动自身社群建构的一个幕后有力"推手"。据此而做进一步思考，我们甚至不难发现，新加坡江兜王氏公会之所以筹建于江兜移民交通行业经营已经发展壮大的20世纪50年代显然也并非偶然性的巧合因素所使然，其中正蕴涵着江兜移民经济发展状况对其社群建构进程发生制约或推进作用的必然反映。

值得注意的是，在以往针对华人社会业缘形态问题的研究成果中，诸多研究学者往往以其内在成因作为问题意识的出发点，尤其是着重分析并强调了移民时代华人帮派主义与宗亲观念在华人业缘形态发展中所发挥的重要作用，[1] 然而却较少对其与东南亚华人社群建构之间的内部逻辑关联进行深入考察。本书此处对于新加坡江兜人交通行业经营发展状况与其社群建构进程关联的具体考察当为这方面的一个补充性研究尝试。

---

[1] 黄枝连：《马华历史研究调查研究绪论》，万里文化企业公司1971年版，第77—80页；[新]麦留芳：《星马华人私会党的研究》，张清江译，台湾正中书局1985年版，第54—59页；[澳]颜清湟：《新马华人社会史》，粟明鲜等译，中国华侨出版公司1991年版，第108—115页；[新]崔贵强：《新马华人国家认同的转向：1945—1959》，厦门大学出版社1989年版，第146—147页。

最后，从比较的分析视角来看，我们还可以发现，与新加坡江兜人中国祖籍地江兜村历史上的传统宗族组织相比，新加坡的江兜王氏公会这种具有现代性社团意义的制度化社群组织机构中的会员制度，以及其中以财力大小为基础选举领导层成员以保证运作经费来源的情形，均呈现出与中国福清江兜村王氏宗族组织明显不同的形态特征。在近代中国福清江兜村的宗族社会中，宗族组织主要是以亲属血缘纽带为基础的族谱名单作为确认宗人身份的依据，并以不同层次的房系分支祭祀系统的祠堂作为宗族组织的管理中心。在福清江兜村王氏宗族组织的运作过程中，既不存在什么会员代表大会制，也不存在什么单纯以财力大小为基础的领导层选举制，而是一切以自然属性的血缘辈分谱系为核心准则来确定宗族组织领导层的等级次序，[①] 至于宗族组织活动的经费来源则由集体设置的公共祠产收益来获得。由此可见，作为江兜移民社群的组织领导机构，新加坡江兜王氏公会的建立与运作方式显然并非其中国祖籍地宗族组织的某种移植，而是在移民时代新加坡社团注册法行政制度与重商主义经济环境下重新建构起来的产物。从这个意义上讲，从江兜馆到江兜王氏公会的组织形态演进也正意味着福清江兜移民在新加坡实现社群建构过程中本土化程度的逐步加深。

## 第三节　新加坡江兜王氏公会的运作及其整合功能

如前所述，在第二次世界大战以前，新加坡江兜馆曾经一

---

[①] 全村有一个共同的族长（乡老），族内各房有"房长"，房内各"公厅"有"厅长"。

度扮演了江兜移民社群领导组织机构的职能角色，它的建立与运作已经初步显示出社群整合的功能。与此相较，作为第二次世界大战后在江兜馆基础上进一步发展而来的现代社群组织机构，具有制度化、系统化组织系统的华人宗乡社团——新加坡江兜王氏公会必然会发挥出更为强大的社群整合功能。从笔者所收集到的田野调查资料来看，新加坡江兜王氏公会筹建成立初期的运作及其社群整合作用表征主要反映在以下几个方面。

## 一 推进社群内部的团结与互助活动

众所周知，在移民时代的东南亚华人社会中，宗乡会馆大都以"敦睦宗谊，促进团结，共济互助，同谋福利"为宗旨，它们往往担负着照顾新客、提供食宿、介绍工作、协助贫病、排难解忧以及购置义山等多项任务。[1] 换言之，关心与照顾本社群内成员的日常生活向来是移民时代尤其是早期华人宗乡社团的主要职能。就此而言，新加坡江兜王氏公会也不例外，具体表现如下：

其一，帮助新来移民解决住宿与就业问题。前文已经述及，在早期福清江兜移民南来新加坡的过程中，具有华人宗乡社团雏形性质的江兜馆曾经在接待江兜新来移民方面发挥过重要作用。新加坡江兜王氏公会筹建成立之初，仍然延续了这方面的职能。据一些老一代江兜移民回忆，那时从中国新来的江兜人如果找不到工作，一般会由公会领导出面帮助安排在新加坡江

---

[1] 丘立本：《从历史的角度看东南亚华人宗乡组织的前途》，《华侨华人历史研究》1996 年第 2 期。

兜人开办的公司内暂时工作，食宿问题也会尽量解决。不过，由于第二次世界大战以后中国福清江兜人南来的移民浪潮已经逐渐走向低潮，所以在接待与关照新来移民方面，江兜王氏公会筹建成立之后的实际作用已经不再像江兜馆时期那么突出。

其二，协助本社群人士的红白事筹办事宜。"喜事道贺、丧事吊唁"的友爱互助活动是中华文化的传统美德。在移民时代，伴随大量中国移民南来，这种友爱互助的中华传统美德亦随之而来，并在当地在华人社会中传承下来。

1963年新加坡江兜王氏公会章程明确规定："凡本会会员，如遇喜庆皆可免费借用本会会所举行庆祝。"[①] 另据王声厚先生回忆，公会成立早期遇到会员或其家属新婚时，往往会组织发动其他会员或派代表前往祝贺，并奉送礼金；公会会员或其家属过世时，公会则会组织发动其他会员或派代表前往帮忙、吊唁，并在报纸刊登"讣告"[②] 以示哀悼之情；尤其是当那些对公会创立与发展贡献巨大的重要领导人物家中遇到红白事时，公会则一定会尽力发动更多的会员前往吊唁或祝贺，以彰显事主对公会所做出的贡献。[③]

其三，处理社群内部的私人利益争端。据新加坡老一代江兜移民反映，公会成立之初，曾经处理过不少江兜人家庭内部经济纠纷的事务。这些经济纠纷既有不同江兜人之间因共同经营的公司股份利益分歧而产生的争端，也有同一个家庭内部兄

---

① 《新加坡江兜王氏公会章程》（1963年），新加坡江兜王氏公会档案资料。
② 讣告是传统中华文化的祖先崇拜观念在海外华人社会中传承与变异的产物，其内在含义在于当事人希望通过公开刊登"广告"的方式对去世亲朋好友表达缅怀与吊唁之情。
③ 笔者在新加坡对王声厚先生所做的访谈记录。

弟间财产分配不均引起的争端。当面对这些问题的当事人不能直接通过和平方式解决时，一般便由公会里有财力、有威信的领导层成员出面调解。这对于保持当时江兜人社群的内部团结起到了重要作用。

其四，促进社群内部经商者之间的商业互助交流。江兜王氏公会的成立为移民时代新加坡江兜人社群内部成员之间提供了一个制度化的沟通互动平台，对于当时从事交通行业经营的江兜移民来说，这个平台为他们彼此之间实现货源、资金、信息等商业互助行为创造了便利条件，从而有助于推动新加坡江兜人在交通行业经营方面的不断发展壮大。

## 二　周期性举办社群各种联谊活动

据新加坡江兜王氏公会的筹办人之一王声厚先生回忆，早期江兜王氏公会组织的常年性集体联谊活动，主要为新春团拜、中秋节聚会和公会周年纪念庆祝活动等，其中又尤以每年举行一次的周年纪念庆祝活动最为盛大。

公会周年纪念庆祝活动是移民时代东南亚华人社会中各华人社团自发创办且普遍存在的一个常年惯例活动。尤其是遇到数十周年纪念的大庆时，这种纪念活动则必然会举办的更为盛大。每遇及此，财力雄厚的华人社团一般都会举办各种各样的纪念活动，有的甚至甚至会出版专期纪念特刊。该活动的创办初衷是全体会员共同对自身所属社团的成立表示纪念。在实际举办过程中，周年纪念庆祝活动中最主要的程序是鼓励全体会员参加的联欢晚宴，这个程序往往成为整个活动的高潮。

据不少新加坡老一代江兜移民介绍，早在江兜王氏公会成立之初，便开始举办周年纪念庆祝活动。每年举办周年纪念庆祝活动的具体时间并不固定，为了能够方便大家都能参加，一般是安排在每年公会召开常年会员代表大会当天晚上举办。江兜王氏公会的活动内容比较简单，主要就是联欢晚宴。就周年庆纪念晚宴举办地点而言，由于早期大部分江兜人都住在江兜王氏公会会所附近的区域，所以当时是在新加坡结霜桥卫德路门牌2号A新加坡江兜王氏公会会所外面的大街上搭棚举办。

新加坡江兜王氏公会周年纪念庆祝晚宴上的主要活动内容有"主席致辞""共同举杯""现场筹款"，等等。通过全体会员"共聚一堂，把酒言欢"的场景效应，这种联欢晚宴自然可以在会员之间起到了联络乡亲情谊、增强社群归属感的作用。在这个场景中，原本互不相识的社群成员可能因此而变得熟悉起来，原本熟悉的社群成员则可以通过叙旧得以重温集体记忆。在这个场景中，共同的祖籍方言、共同的历史记忆以及共同的祝福展望无处不把当场的新加坡江兜人汇聚于一个想象的共同体之中，进而产生出凝聚社群认同与强化社群整合的功能。

## 三 协调处理社群之内外的各种关系

作为新加坡江兜人的唯一制度化社群组织机构，江兜王氏公会自筹建成立之初便具备了代表江兜移民社群整体处理与其他新加坡华人移民社群之间互动关系的职能。

在新加坡移民时代，由于江兜移民的社会关系网络主要集中在"福莆仙"社群之内，所以新加坡江兜王氏公会成立早期的对外职能也主要是处理本地江兜人与福清人及兴化人之间的关系。一方面，通过江兜王氏公会领导层成员与福清会馆领层成员之间的"执事关联",[①] 江兜王氏公会可以代表江兜人协调与福清人之间的关系：既能以福清人社群成员的身份参与福清会馆的管理运作（如积极捐献筹办的培青学校、善济医社等福清人社群内举办的公益事业），又可以作为江兜人代言者身份维护江兜人在福清人社群之内的利益；另一方面，通过江兜王氏公会领导层成员与其他华人社群领导层成员之间的对话，江兜王氏公会还可以发挥协调外部纠纷的作用。据江兜王氏公会的筹建人之一王声厚先生介绍，早期公会领导不仅负有调解江兜人社群内部成员之间生活纠纷的职能，还可以代表江兜人协调新加坡江兜人与非江兜人之间的生活纠纷。

## 四 维系海内外江兜人之间的紧密联系

在东南亚移民时代，广大华人移民仍然具有中国国籍，并以华侨身份自居，因此，在当时的新、马、印尼之间，江兜移民联系往来非常频繁。由于新加坡处于印尼、马之间以及东南亚与中国祖籍地福清江兜村之间来往的交通中转地，于是早在20世纪50年代筹建成立之初，江兜王氏公会便负有联络东南亚所有江兜人宗乡联谊的职能，甚至一度以南洋江兜王氏公会为初始草拟名称。正缘于此，在筹建之初的数年之中，江兜王氏公会一直挂有"南洋江兜王氏公会"的内部招牌，当时的公会会员与领导层成员也有不少马来亚的江兜人加入，凡有会内重

---

[①] 所谓"执事关联"，系指一对或数个社团聘用同一人为董事、理事或重要职员的现象；一对社团如果执事关联数愈多，则关系愈为密切，参见李亦园《一个移植的市镇：马来亚华人市镇生活的调查研究》，"中央研究院"民族学研究所1970年版，第133页。

大活动也必会通知印尼、马等地江兜人各地代表一起商议。特别是在与祖籍地家乡中国福清江兜村之间的互动联系方面，早期的新加坡江兜王氏公会在很大程度上实际扮演了东南亚江兜人领导总机构的重要角色。

据新加坡老一代移民介绍，20世纪五六十年代东南亚江兜移民对于祖籍地家乡的多次捐款实际上都是由新加坡江兜王氏公会发起筹募并具体办理的。例如，1953年，正处于筹备阶段的南洋江兜王氏公会（新加坡江兜王氏公会前身）收到家乡族人王光禄、王贞固、王振奇等请求筹款捐建学校的讯息后，迅速发起了遍及新、马、印尼各地江兜人的大筹款活动，很快将筹集到一笔8.5万元人民币的巨款寄回祖籍地中国江兜村，并于1954年建成一座面积1720平方米的砖木结构小学教学楼（又称"红砖楼"），从而一改江兜村以往只能在宗祠内草办小学的简陋状况，奠定了当代江兜村教育事业的起步基础。1963年，新加坡江兜王氏公会再次联合马来亚江兜人王祖德、印度尼西亚江兜人黄俊发等数人一起筹资5万元人民币再次在祖籍地捐建一座双层土木结构的小学教学楼，以便于江兜村原来的红砖楼转而专供新成立的江兜华侨中学使用。[①]

早期江兜王氏公会的这种角色扮演对于保持移民时代东南亚江兜人及其与中国祖籍地之间的密切联系，以及强调"江兜王"的祖籍地缘、血缘文化符号认同均具有重要意义，进而也促进了新加坡江兜移民社群的凝聚与整合。

综上所述，作为第二次世界大战后新加坡华人社会转型过

---

① 资料来源：《福山学海：福清江兜华侨中学50周年华诞纪念特刊》，2005年，第16页；福清市《新厝镇华侨史》编委会编：《新厝镇华侨史》，新厝镇侨联，2004年，第78页。

程中出现的一个时代产物，江兜王氏公会以现代社团意义上的制度化组织系统运作发挥出显著的社群整合功能。由此我们可以发现，一方面基于乡土情结、宗亲观念等中华传统民间文化资源在移民时代新加坡华人社团运作中仍然彰显出社会整合的功能；另一方面，由于受到新加坡现代社团制度化组织系统的制约，这些传统中华民间文化资源在发挥社群整合作用的具体方式上又呈现出与中国祖籍地宗族组织不同的形态特征。

新加坡江兜王氏公会的建立使新加坡江兜移民社群终于拥有了自己的制度化社群组织机构，从而可以更好地凝聚与整合社群。从华人社群建构角度看，从江兜馆到江兜王氏公会的演进反映出新加坡江兜移民社群发展的逐步成熟。

## 第四节　江兜移民在当地华人社会中的帮群所属

诸多研究成果表明，"帮"是移民时代东南亚华人社会华人移民社会结构的基本特征，[1] 每个华人移民社群均非孤立的存在，而是从属于不同层级的方言和祖籍地缘帮群，并在与其他华人移民社群之间的互动之中彰显各自社群边界。由此，在考察江兜移民社群建构的过程中，我们还有必要具体考察江兜移民群体在移民时代新加坡华人帮群社会结构中的关系网络及其互动情形。

---

[1] 陈育崧、陈荆和：《新加坡华文碑铭集录》，香港中文大学出版社 1972 年版，第 15—18 页；[澳] 杨进发：《战前星华社会结构与领导层初探》，新加坡南洋学会 1977 年版，第 1—5 页；[新] 林孝胜：《新加坡华社与华商》，新加坡亚洲研究学会 1995 年版，第 28—62 页；Cheng Lim-Keak, "Social Change and The Chinese in Singapore", Singapore University Press, 1985。

## 一　新加坡华人帮群社会的形成与建构

"帮是一个方言社群，它带着浓厚的地缘性和业缘性，偶尔附有血缘性"，① 其核心要素是以方言群特征为核心要素的华人社群形态。新加坡华人帮群社会结构的形成与移民时代的社会政治背景直接有关。前文已经述及，在英移民时代，面对新加坡多元种族的移民社会状况，英国殖民当局长期采取了"分而治之"与"间接统治"的殖民策略，一方面通过"分而治之"的方式把受治的不同种族分开来实行管理，并推行了令各种族分区而居的措施；另一方面又运用"间接统治"的方式让不同种族各自为治，并对各种族内部上层人物加以限制和控制。在这种殖民统治制度下，新加坡华人社会长期处于处于半自治状态。由此，移民时代新加坡的华人移民必须进行社群整合，建立社团和组织，方能维持华人社会的运作。于是，"帮"的形态也便应运而生。

在移民时代，新加坡华人社会主要有五大帮群组成，分别是讲闽南方言的福建帮、讲潮州方言的潮帮、讲粤语方言的广帮以及讲海南方言的琼帮与讲客家方言的客帮。这五大帮群因操相同方言和具有相同的习俗等因素，形成各自的文化认同而与异帮群相区别，从而使当时的华人移民社会呈现出高度的异质性。② 在每一个华人帮群内部则均设有各自的总机构，并进一

---

① ［新］林孝胜：《新加坡华社与华商》，新加坡亚洲研究学会1995年版，第29页。
② 谢剑：《志愿社团的组织原则：新加坡华人社团的个案研究》，李亦园、郭振羽主编《东南亚华人社会研究（下册）》，正中书局1985年版，第123页。

步按照祖籍地缘、姓氏血缘和业缘等组织原则分成不同类型的社群组织团体。

新加坡华人帮群社会结构的形成与演化是一个动态的历史过程。根据林孝胜的研究结果显示，新加坡华人帮群社会结构初步定型于1829年，当时各帮除琼帮外都成立了总机构。① 就华人各帮群之间的关系而言，由于受到各帮群移民史与殖民地政府有关政策的影响，19世纪华人移民五大帮群的实力并不均衡，无论从人口规模还是经济实力看，福建帮都具有显著的强势。在这种情形下，新加坡华人社会逐渐形成了潮、广、琼、客诸帮结成联合阵线与福建帮相对抗的两极化帮权政治格局。② 到19世纪末20世纪初，随着新加坡港口贸易经济的迅速发展以及中国新客移民南来数量的持续增多，当地华人社会内部的帮群结构也发生了新的变化：原有的两极化帮权政治格局逐渐解体，超帮的帮际关系活动逐渐增多。与此同时，除原有的五大帮群之外，一些新的规模相对较小的华人帮群也开始逐渐在新加坡华社中"浮出水面"。如以祖籍中国浙江、江苏、江西三省为主的三江帮，祖籍中国福建省福州府的福州帮，祖籍中国福建省福清县的福清帮以及祖籍中国福建省莆田县、仙游县的兴化帮也陆续成立了自己的社群领导机构——三江会馆（1908年）、福州会馆（1909年）、福清会馆（1910年）、兴安会馆

---

① 如广帮成立了宁阳会馆（1822年）、香山会馆（1820年）；客帮成立了应和会馆（1823年）；潮帮创立了粤海清庙（1820年）；闽帮则成立了恒山亭（1827年）、金兰庙（1830年）以及三十六家族的兄弟互济会庆德会（1831年）。[新]参见林孝胜《开埠初期的新华社会》，[新]柯木林、林孝胜《新华历史与人物研究》，新加坡南洋学会1986年版，第33页。

② [新]林孝胜：《新加坡华社与华商》，新加坡亚洲研究学会1995年版，第25—54页。

(1920年)。① 至此，新加坡华人社会完整的帮群架构基本确立，并彰显于1965年新加坡独立建国之前的整个移民时代。

在移民时代的新加坡华人帮群社会中，一方面，从整体上看，每个华人帮群都具有相对的独立性帮群边界，他们不仅都有各自的领导总机构，② 还往往拥有自己的聚居"地盘"，以及相对集中的行业形态；③ 另一方面，从华人各帮群内部来看，在每个华人帮群内部又涵盖有诸多大小规模不一的次级华人社群，并涵盖有大量的同乡会、宗亲会、行业公会、俱乐部、华文学校、书报社、宗教团体、慈善团体等华人社团。在这种帮群社会背景下，无论是来自华南不同祖籍地缘、血缘的中国移民个体还是群体之生存发展都必然发生于和受制于这种半自治的社会帮群组织体系之中。就此而言，19世纪末以后逐渐自中国陆续南来的福清江兜移民同样也不例外，无论是其个人的生存、发展，还是其整体的社群建构亦均发生于当时移民时代新加坡的这种帮群社会场景之中。

---

① 在移民时代的新加坡华人社会中，福清人与兴化人由于祖籍地缘相邻与业缘均集中于交通行业的关系，二者往往以一个联合性的"福莆仙"社群形态存在。

② 如新加坡的福建会馆、广惠肇碧山亭、潮州八邑会馆、南洋客属总会、琼州会馆、三江会馆等。

③ 如福建帮多经营商业贸易、航运业、金融业、橡胶种植业、胶制品业、罐头业、建筑业等；潮帮则多经营胡椒、甘密、橡胶、黄梨、鲜鱼、布匹、瓷器、杂货等商品销售，并开办有橡胶制品厂、肥皂厂、制油厂制造业；广帮多经营酱油业、金银首饰业、钢铁业、饮食业、烟业、油漆业和印刷业；客帮活跃于典当业、药材业、眼镜业与鞋业；琼帮多经营餐饮业，三江帮多从事木器制造业、建筑业；兴化人与福清人专门从事和控制交通行业。参见［新］崔贵强《新加坡华人——从开埠到建国》，新加坡宗乡会馆联合总会、教育出版私营有限公司1994年版，第147页。

## 二 新加坡"福莆仙"社群之内的江兜移民

从笔者在新加坡田野调查所收集的资料来看，自19世纪末直至1965年新加坡独立建国前的移民时代，当地江兜人的社会关系网络范围主要集中于新加坡"福莆仙"社群的边界之内。

新加坡"福莆仙"社群是由祖籍中国福建省福清县、莆田县以及仙游县的华南移民合作而成的联谊性华人社群，内部包含着福清人与兴化人两个方言群。

在移民时代，与新加坡华人社会其他五大帮群相比，"福莆仙"人从中国南来的起步时间较晚，基本开始于19世纪末20世纪初。从当时新加坡英殖民地政府的人口调查统计档案资料来看，直到1911年该华人移民社群才被列为单独的统计对象。在人口规模上，"福莆仙"人一直明显少于闽南、潮州、广府、客家、海南五大华人帮群，在20世纪以来的调查统计数据中，该社群在新加坡华人总数中的比例从未超过3%，1921年占2.4%，有7508人；1957年占1.5%，有16371人；1990年占1.6%，有32841人。①

新加坡"福莆仙"社群的形成与中国和新加坡两个方面的具体情况有关。

从中国方面情况来看，历史上福清县与莆田县、仙游县一直处于长期互相毗邻的状态。② 在明清时期，尽管福清县隶属于福州府，莆田县与仙游县隶属于兴化府，然而三者之间的联系

---

① 资料来源：《三山季刊》第49期，福州会馆刊行，2006年，第6页。
② 在中国明清时期，福清县隶属于福州府，莆田县与仙游县隶属于兴化府。

却比较密切。其中莆田县与仙游由于长期同属于兴化府，且均操莆田方言，所以二者关系自不待言。福清县与莆田县、仙游之间虽然并不隶属于同一府辖，但是由于福清县与莆田县直接相连，尤其是福清县内靠近莆田县的部分村落①还持有与莆田人相同的方言和习俗，并在区域文化上自我认同为与莆仙人一样的兴化人，因此早在南来新加坡之前，福莆仙移民之间便有着较为熟悉的地缘关系和亲友关系，以至在他们南来东南亚的迁移过程中也出现了不少彼此互相帮带的情况。② 这种祖籍地的渊源关系为其在新加坡日后的联合打下了一定基础。

一方面，从时间上看，福清移民和兴化移民主要是从19世纪末才开始自中国陆续移民南来，因而与其他已经成型的新加坡华人社会五大帮群相比已是南来较晚的华人移民群体。在这种情况下，当他们抵达新加坡之初，为了寻求属于自己的生存空间，则必须在五大帮群业已形成的"势力范围"之外寻找新的居住地盘。由是，福清人与兴化人最终选择进入了当时尚无其他新加坡华人方言群聚居的小坡中部二马路（今维多利亚街）与双溪路一带聚居，从而使来自中国福清、莆田与仙游三地的华人移民在新的移居地再次成为都市中的"邻居"。

另一方面，从职业选择的角度来看，面对当时其他五大帮群业已形成的"垄断性"业缘行业状况，早期南来的福清移民

---

① 这些村落主要集中在江兜村所属的福清市新厝镇，该镇有14个村是操兴化方言，由北至南分别是蒜岭、新厝、双屿、界下、硋灶、霞埔、江兜、东澳、大澳、加头、峰头、漆林、桥尾，以及西部山村凤迹，这些村落在民俗文化方面的特征均呈现出莆田特色，如喜欢吃"莆田卤面"，喜欢看莆仙戏，按莆田人举行拜神仪式等，并与莆田人之间保持密切的通婚关系。

② 陈青主编：《福莆仙乡贤人物志》，福莆仙文化出版社1990年版，第2、96、97页。

和兴化移民也不得不重新寻找新的就业渠道,并几乎同时进入了当时新加坡刚刚兴起不久且无帮群所属的人力车夫行业领域,进而在以后的数十年间一路开拓出脚踏车、三轮车、摩托车、汽车零件经销以及德士车巴士公司运营的庞大交通行业经营规模,全盛时期更是确立了在新加坡"执本地交通业之牛耳"的经济地位。① 甚至直到当代,由福清人与兴化人经营的汽车零件商仍然在新加坡同行业领域中具有相当大的影响力。共同的行业领域为"福莆仙"人之间经济联系的加强亦起到了重要促进作用,至今新加坡福清人与兴化人的汽车经销商之间还或多或少有着业务上的联系。

上述中国与新加坡两个方面的历史背景为移民时代新加坡"福莆仙"社群的形成创造了有利的孕育环境。不过,值得注意的是,事实上新加坡"福莆仙"社群的逐渐形成并不是一帆风顺的,而是经历了一个从摩擦、对抗到逐步联合的转化过程。

根据笔者在新加坡对部分老一代福清人移民与兴化人移民的一些口述访谈内容以及相关文献资料显示,早期南来新加坡之初,福清人与兴化人之间的关系并不是非常融洽,因为生活琐事或行业利益上的一些争端,所以当时双方不仅出现过许多摩擦,还发生过不少武力械斗。其中具有较大影响的械斗有两次,一次是 1923 年新加坡福清籍与兴化籍人力车夫发生的械

---

① [新]林菊英等:《新加坡华族行业史调查研究:兴化人与交通行业》,南洋大学,1971 年;James Francis Warren:*Rickshaw Coolie: A people's History of Singapore1880—1940*, Singapore Oxford University Press,1986;[新]区如柏:《福清人与交通业》《出门行路要找兴化人》,[新]区如柏《祖先的行业》,胜友书局 1991 年版;[新]钟临杰:《新加坡的兴化人社群:一个小方言族群的社会经济适应史的研究》,项琰译,[新]潘明智主编《华人社会与宗乡会馆》,玲子大众传媒中心 1996 年版。

斗，后经当时新加坡福建会馆主席薛中华出面调停平息；① 另一次则是1948年新加坡福清人与兴化人之间又因琐事而发生的争斗，后由当时新加坡福建会馆的代表黄奕欢出面调解。由于在多次的摩擦与冲突中福清人与兴化人都受到不少损失和伤害，进而也使得双方领导层不得不重新调整彼此关系的相处方式。在这种情势下，双方领袖为了避免再度发生不幸流血与命案，特地于1948年成立了共同的联合性华人社团组织机构——福莆仙侨乡联谊会（后更名为新加坡福莆仙公会），专门负责双方排难解纷事宜。② 自此以后，原有祖籍地乡邻友谊的福清人与兴化人之间不但没有再发生冲突事件，并且在该公会组织下日渐成为一个联谊性的新加坡"福莆仙"社群。③

当然，有必要在此指出的是，在移民时代，新加坡"福莆仙"社群的确立并不等于福清人与兴化人两个方言社群的"合而为一"，而是在更大程度上表现为一个以福清人和兴化人两个方言社群为基础的联合体，④ 其产生的实际历史意义在更大程度的是为了促进福清人和兴化人之间的和睦相处与互惠互利，以便在移民时代新加坡华人帮群社会背景下谋得更好的共同生存、发展空间。对于其他新加坡华人社群而言，"福莆仙"社群的象

---

① ［澳］杨进发：《战前星华社会结构与领导层初探》，新加坡南洋学会1977年版，第16页。

② ［新］彭松涛：《新加坡全国社团大观1982—1983》，新加坡文献出版公司1983年版。

③ 注：福莆仙社群并非新加坡华人社会所独有，而是普遍存在于新、马、印尼等东南亚各地华人社会之内。

④ 在新加坡"福莆仙"社群内部，福清人和兴化人分别有各自独立的方言帮群组织领导机构——新加坡福清会馆（1910年成立）与新加坡兴安会馆（1932年成立）。

征符号则更多地反映于其在从事新加坡交通行业经营过程中所形成的"垄断性"业缘。正像笔者在与"福莆仙"社群之外的新加坡华人交谈中所感受到的，只要提到"福莆仙"这个概念，那么其他新加坡华人的第一反应就是"他们主要是从事交通行业的"。

作为新加坡"福莆仙"社群内部的组成部分，移民时代新加坡江兜移民社群的历史建构正是主要发生于新加坡福莆仙社群的内部系统之中。不过，由于自身特殊性因素所使然，具体到新加坡江兜移民在"福莆仙"社群内部的活动对象范畴时，却又彰显出游走在福清人和兴化人之间的历史实态。

首先，就江兜人与福清人的关系而言，在移民时代新加坡华人帮群社会场景中，自中国福清江兜村南来的江兜移民首先是依据祖籍地缘关联把自己定位于福清人社群之内，这种身份认同主要是基于中国行政区划下的祖籍地缘纽带，因为明清时期江兜村一直隶属于福州府福清县管辖。

在移民时代，新加坡江兜移民与福清人社群之间的"归属"关系主要体现在当时新加坡江兜人与新加坡福清人社群组织机构——新加坡福清会馆之间的密切关联上。

从笔者对新加坡老一代江兜移民所做的大量口述访谈内容以及新加坡福清会馆纪念特刊等相关文献资料记载情况来看，自1910年新加坡福清会馆成立之初直至百年后的今天，除江兜人自己的宗亲会——新加坡江兜王氏公会之外，一直以来新加坡江兜人加入的主要华人宗乡会馆便是福清会馆。在移民时代，不少江兜人先后在新加坡福清会馆担任领导层职务（见表5-4），并积极参与其组织的各项活动，对其早期发展做出了重要贡献。

表 5-4　　1950 年以前江兜人在新加坡福清会馆及其附属培青学校任职状况表①

| 姓名 | 担任职位及年度 | 培青学校主席 |
|---|---|---|
| 王万高 | 协理 1910；副总理 1911 年、1912 年、1913 年、1934 年；总理 1914 年、1915 年；财政 1917 年、1918 年；议员 1919 年、1920 年、1921 年、1923 年；董事 1925 年、1926 年、1927 年、1932 年、1938 年 | |
| 王振奇 | 总理 1923 年、1927 年 | 1923 年，1927 年 |
| 王禄梓 | 财政 1923 年、1927 年、1928 年；总理 1925 年、1926 年、1946 年、1947 年；董事 1929 年、1936 年；副总理 1930 年、1931 年、1932 年、1938 年、1939 年、1940 年、1941 年、1942 年 | 1925 年、1926 年 1946 年、1947 年 |
| 王振嘉 | 总理 1928 年、1929 年 | 1928 年、1929 年 |
| 王声训 | 协理 1928 年、1929 年 | |
| 王德魁 | 董事 1929 年、1931 年、1932 年 | |
| 王芸庵 | 副查账 1933 年、1934 年、1935 年、1936 年；查账 1937 年 | |

从表 5-4 中可以清楚地看到，在移民时代，江兜人在新加坡福清会馆的管理机构领导层中占有重要地位。1910—1947 年，江兜人有 4 人累计任职福清会馆总理达 10 年之久，尤其是王万高与王禄梓二人在其中的任职时间跨度均达 20 年以上。这种状况既显示出当时江兜移民在新加坡福清会馆中的显著地位，另外也表明移民时代江兜人对于新加坡福清人社群边界之内的身份认同。

历史上，在江兜移民担任新加坡福清会馆领导人物之际，新加坡江兜人中的一些财力雄厚者尤其积极支持、参加福清人社群的各种公益活动。例如，新加坡福清会馆 70 周年纪念特刊

---

① 资料来源：《新加坡福清会馆历届职员一览表》，《新加坡福清会馆 70 周年纪念特刊（1910—1980）》，新加坡福清会馆 1980 年版，第 283—303 页。

中的历史记录显示,在福清会馆早期活动经费的筹捐过程中,江兜人也一直是慷慨解囊、踊跃捐献,如"1929年新加坡福清会馆培青学校重建落成纪念"中的捐款记录中,江兜人共有4人捐款达100元以上,其中王万高更是以1000元的金额在400多人的捐款者名单中高居排行榜第二位。①

其次,就新加坡江兜人与兴化人的关系而言,在移民时代,江兜人与兴化人社群之间的关系也非常密切。只不过与其跟福清人社群之间存在关联的体现方式不同,江兜人与兴化人之间的关系主要是在商业往来与文化生活方面保持着紧密联系。

新加坡江兜人与兴化人之间的密切联系主要基于二者在中国祖籍地历史上形成的共同地域文化渊源。在祖籍地上,由于历史上江兜村一直处在与莆田县界相毗邻的福清边缘区域之内,且具有与兴化人一样的莆田方言、民间习俗等文化特征,在现实生活中也多有亲朋关系和互相往来。所以,基于这种祖籍地历史文化渊源的密切联系,当福清江兜移民南来新加坡以后,在实际社会生活中仍然习惯性地延续了与兴化人之间的密切联系。

一方面笔者在新加坡的田野调查访谈过程中发现,由于中国福清江兜村距离莆田县江口镇很近,所以江兜村人与莆田江口镇的通婚关系非常密切,并形成了较为广泛的亲友关系网络。这种亲友关系在福清江兜移民南来以后仍然得以延续下来,不少老一代江兜移民至今都还和一些新加坡的莆田人亲友保持着密切联系。

另一方面,由于拥有共同方言、习俗等特征,所以在新加

---

① 《新加坡福清会馆70周年纪念特刊(1910—1980)》,新加坡福清会馆1980年版,第59页。

坡移民时代的学校教育、宗教信仰等现实文化生活中，江兜人往往也与兴化人保持着更为密切的联系。例如，新加坡老一代江兜移民普遍反映，早期江兜人的孩子上学都是被送入使用兴化方言教学的新加坡宏文学校就读，因为他们虽然在祖籍地缘上属于福清人，但是他们使用的方言却是莆田话。又如，在宗教信仰生活方面，笔者在新加坡兴化音天道堂的纪念特刊中注意到，其中有不少江兜人在这个一度使用莆田方言传教的教堂接受洗礼和做礼拜。其中1915年的一条记录便记载了江兜早期移民王万高领其子女金录、金瑞、玉治参加星洲兴化音美会敬拜上帝的情况。①

此外，移民时代新加坡江兜人与兴化人之间的经济生活往来较为密切。例如，早期新马一带兴化人交通行业经营奠基者的姚为祺与稍晚南来新加坡的江兜人王禄梓以及在马来亚创业的江兜人王祖德均为好友，三人在移民时代各自的交通行业经营过程中一直存在着较为密切的商业往来。②

由上可见，在新加坡"福莆仙"社群内的关系网络中，江兜移民体现出游走在福清人与兴化人两大移民社群之间的特征：在华人社会公开的帮群身份认同归属方面立足于地缘所属的福清人，在实际现实生活中则更靠近于方言、习俗等文化特征相同的兴化人。正是因为这种特殊处境造成自中国南来新加坡的江兜移民在早期空间聚落上更倾向于选择兴化人与福清人毗邻的交错地带。而且，据新加坡老一代江兜移民反映，在新加坡移民时代，每当福清人与兴化人之间发生械斗冲突时，江兜人

---

① 《新加坡兴化音天道堂50周年金禧纪念刊》，兴化音天道堂1962年版，第121页。

② 陈青：《福莆仙乡贤人物志》，福莆仙文化出版社1990年版，第96—97页。

往往是两不相帮、保持中立，"当福清人要打我们时，我们说自己是福清人；当兴化人要打我们时，我们说自己也是兴化人。我们只希望两边都不要打，我们一般都是起调解作用，不会参与任何一方的冲突"①。

最后，需要补充说明的一点是，虽然移民时代新加坡江兜人的社会关系网络主要限于"福莆仙"社群体系之内，但是事实上也存在着突破这个限制而与新加坡其他华人帮群发生关系的若干情形。以早期南来新加坡创业发迹的江兜人王万高为例，20世纪早期他在新加坡的社会活动空间颇为广泛。当时他既在"福莆仙"社群之内具有较大影响力，也在"福莆仙"社群之外的新加坡华人社会中具有一定的社会关系网络。在生意往来上，他曾于1909年与闽南人华商张淑源合作创办经销脚踏车零件的新加坡源和兴公司；② 在中国辛亥革命期间，他曾与新加坡华人社会其他各帮群中的有识之士一起参加了中国同盟会，积极为革命军筹办粮饷；③ 在个人生活方面，他在新加坡所娶的第二任妻子是印度尼西亚土生的潮州人，并且与妻子去世后均埋葬于闽南人所建的公共墓地"姓王山"④ 之内。⑤

综上所述，在移民时代的新加坡华人帮群社会结构中，作

---

① 笔者在新加坡对王福顺先生所做的访谈记录。
② 《张淑源先生史略》，《新加坡车商公会银禧纪念特刊》，新加坡车商公会1957年版。
③ 陈宗山、宋鲁生等：《南洋名人集传》（第二集下册），南洋民史纂修所编印，1928年，第144页。
④ 1872年福建同安县白礁乡王友海，与同里王求和、王宗周三人出巨资在新加坡武吉智马律附近购买了一块三百多亩的土地，这就是有名"姓王山"，后在此修建"闽王祠"，1970年更名为新加坡开闽王氏总会。
⑤ Ong Kim-Siong, *The Story of The Bicycle and Other Land Transport In Singapore* (CD-ROM), Singore: National Archives of Singapore, 2000.

为一个南来较晚的"微型"移民群体,江兜移民既通过艰苦努力建立了自己专属的制度化社群组织——新加坡江兜王氏公会,并通过其运作而凝聚和整合社群。与此同时,新加坡江兜移民社群还在自身社群之外充分运用方言、祖籍地缘以及业缘的多重关系网络叠加更为规模更大的多元化社群认同归属,以便能在帮群林立的东南亚华人社会中获得更稳定的生存和发展空间。这种情况进一步表明,东南亚华人移民社群的历史建构并非只是封闭的"我群式"整合,而是通过与其他不同维度、规模、类型的华人移民社群进行互动,将自身"我群"的社群建构实践嵌入于移民时代东南亚华人帮群社会结构之中。

第 六 章

# 神缘联结：福清江兜移民的社群保护神崇拜

在移民时代，与中国祖籍地民间信仰有关的神明崇拜向来是东南亚华人社会生活内容中的一个重要组成部分。这些民间信仰传播与当地华人移民的活动"亦步亦趋、相辅相成"。[①] 因此，"探讨新、马华人社会的形成，如果不提及宗教生活，是不完整的"[②]。对于华人移民而言，传承自中国东南沿海移民祖籍原乡的神明信仰亦具有重要的意义，其不仅仅是当地华人社会中的一个宗教活动场所，还往往与各方言或宗亲团体具有特定的历史关联，从而亦表现出整合华人社会与凝聚华人社群认同的意义。[③] 在此基础上，本章研究内容将显示，这种华人移民保护神崇拜中的社群整合意义并非因祖籍神明分身南移而天然具有，而是在东南亚华人社会变迁中因应移民社群发展而重新建

---

[①] 聂德宁：《新马早期华人社会的民间信仰初探》，《厦门大学学报》2001 年第 2 期。
[②] ［澳］颜清湟：《新马华人社会史》，中国华侨出版公司 1991 年版，第 10 页。
[③] 曾玲：《社群边界内的"神明"：移民时代的新加坡妈祖信仰研究》，《河南师范大学学报》2007 年第 2 期。

构的历史结果，其中的具体作用方式及机理则与华人社群保护神崇拜中隐喻的集体记忆和仪式情景紧密相关。

## 第一节　跨境分灵：江兜移民祖籍神明的南来及其信仰重建

众所周知，在中国民间信仰系统中，以"根庙"神明分灵再建"支庙"的情形是颇为常见的一种现象。在移民社会建立的庙宇中，这种分灵一般主要包括"分香"与"分身"两种形式。其中"分香"一般是指移民者在离开迁出地之前，先到当地庙宇内膜拜，然后再恭请神明的香火袋或神符随身携带至迁入地私人安奉；"分身"则是由移民者在离开原乡之前到当地庙宇内膜拜后，直接恭请一尊神像移往迁入地另建庙宇祀奉。[1] 在移民时代的新加坡，早期福清江兜移民的南来亦伴随着这样一个神明分灵的过程，只不过这个神明分灵的行为不是发生在中国之内，而是发生于中国与新加坡之间，从而呈现出空间上的"跨境"特征。

### 一　从神龛到庙宇：江兜移民重建祖籍神明崇拜的渐进历程

时任新加坡昭灵庙总务王武镇先生告诉笔者，据他听庙内前辈所传，早期从中国南来的福清江兜移民在离开家乡之前，往往会到江兜村昭灵庙中最灵验的"柳金圣侯"神位前祈愿，

---

[1]　范正义、林国平：《闽台宫庙中的分灵、进香、巡游及其文化意义》，《世界宗教研究》2002 年第 3 期。

有时也会奉请一个香火袋随身携带南来，以保自己路上平安，一切顺利，等他到达目的地以后，这些香火袋便由个人继续私下安奉。当南来的江兜移民越来越多时，大家就开始商议奉请祖籍地的"柳金圣侯"神明"分身"南移，以便众人共同祀奉。① 这种情形下，便有"前贤自故里祖庙，历经坎坷，带回'柳金圣侯'宝像②，于梧槽路近地租房供奉"。③ 由此，伴随福清江兜移民南来的祖籍神明终于实现了跨境"分灵"，并在新加坡"定居"下来，成为江兜移民的社群保护神以庇佑其生存与发展。

前文有关章节内容已经述及，早在20世纪初，便有江兜移民在新加坡设法筹建了自身社群专属的咕哩间——"江兜馆"。当时新加坡江兜馆不仅免费为自中国后续南来的江兜移民提供临时住所，还是他们共同奉祀乡神"柳金圣侯"的场所。按照老一代江兜移民中流传的普遍说法，当时江兜馆中的神祇"柳金圣侯"便是最早南来的祖籍神明"分身"。只不过因为当时从中国福清来的江兜移民人数还不多，经济上也都刚起步，所以大家还没有能力为神明"柳金圣侯"建庙，而是将其安置在江兜馆内床铺上的一个小神龛中供奉。④

直到20世纪30年代末，随着到江兜移民人数渐多，江兜馆中"柳金圣侯"香火日盛，原庙址不敷用，而迁往卫律二楼（卫德路门牌2A江兜馆内），时亦称"江兜宫"。既为"抵境江兜移民暂栖之处，更为离乡之人排忧解难，声名远播"。⑤ 此时

---

① 笔者在新加坡昭灵庙对王武镇先生所做的访谈记录。
② 至今在新加坡昭灵庙还保留有一尊"古老"的"柳金圣侯"泥塑真身，据说已有百余年的历史，很可能就是新加坡昭灵庙最早的祖籍神明香火传承者。
③ 《新加坡昭灵庙重建碑记》，新加坡昭灵庙董事部1998年立。
④ 笔者在新加坡昭灵庙对王达永先生所做的访谈记录。
⑤ 《新加坡昭灵庙重建碑记》，新加坡昭灵庙董事部1998年立。

的"江兜宫"基本具备了庙宇形态的雏形,不过当时里面供奉的祖籍神明仍然只有"柳金圣侯"一尊神像。

东南亚华人社会变迁的历史经验显示,当自中国南来的移民愈多且神明所属社群的经济实力越强时,该社群领袖人物便会带头发起所属成员筹款募捐,为这些神明建造正式的庙宇。[①]第二次世界大战后,随着江兜移民社群交通行业经营规模的不断扩大,以及新加坡江兜移民人数的持续增多,特别是缘于"在二次大战中,日军南侵,本岛沦陷,虽遭浩劫,幸'柳金圣侯'显灵佑民,御灾捍患,我子民免遭其难",因而导致"信男信女倍增"[②]。在这种形势下,重建祖籍神明庙宇的呼声日益高涨,并很快提上了筹建日程。

20世纪50年代初,江兜移民先贤人物王荣贵、王贤雅、王贤凤、王振春、王声攀等人合力发起筹款建庙事宜,并迅速得到新、马、印尼各地江兜人的大力支持和踊跃捐款,建庙活动迅速开展。新加坡江兜移民按照中国祖籍地福清江兜村昭灵庙8位神祇之神像重塑"分身"并依次开光晋殿。1952年至1960年,历经9年不懈努力,"柳金圣侯""宣赞元帅""达地圣侯""金韩二将""白马元帅""三殿真君""法主仙妃"诸位神像陆续开光完毕,随后新加坡昭灵庙挂匾成立,同时成立了庙宇临时管理理事会,[③] 庙址亦仍然位于卫德路门牌2A。[④] 至此,新加

---

① 曾玲:《祖神崇拜:东南亚华人与祖籍地文化纽带之建构:以新加坡蓬莱寺的六个姓氏庙为例》,陈志明、丁毓玲、王连茂主编:《跨国网络与华南侨乡:文化、认同和社会变迁》,香港中文大学香港亚太研究所2006年版,第144页。
② 《新加坡昭灵庙重建碑记》,新加坡昭灵庙董事部1998年立。
③ 《新加坡昭灵庙筹建记录》(1950—1960年),新加坡昭灵庙档案资料。
④ 当时新加坡昭灵庙并未申请注册,而是直到新加坡建国后的1975年方才成为政府确认的注册社团。

坡江兜移民社群保护神信仰形态终于建立完备，成为移民时代江兜移民社群及其后代之社群保护神崇拜中心，彰显其社群边界的意义。

## 二 从"个人祀奉"到"集体供奉"：江兜移民重建祖籍神明崇拜的递进逻辑

有必要指出的是，在移民时代的新加坡，江兜移民祖籍神明跨境分灵的过程并非简单的信仰文化形态重建，而是蕴含着两个先后有序的递进步骤：第一个步骤是不同移民个体独自携带祖籍神明"分香"南来后的个人祀奉阶段，第二个步骤是移民群体共议奉请祖籍神明"分身"南来后的集体祀奉阶段。

尽管这两个步骤的实现都与跨境移神行为直接相关，然而从本质上讲二者却反映出截然不同的内在意涵。其中前者主要反映出中华传统民间信仰的宗教化属性，可以满足移民个体保平安、求好运的心理现实需求；后者则既反映出中华传统民间信仰满足移民个体心理现实需求的宗教化属性，又体现出中华传统民间信仰在新的异土社会场景中重新产生新的群体汇聚的整合功能，从而彰显出与其中国原乡情形不尽相同的文化内涵，并由祖籍神明"分身"向华人移民社群"保护神"转变。

换言之，在移民时代华人移民祖籍神明实现跨境分灵的两个步骤跨越之间，亦同时存在一个以南移祖籍神明分身为中心的华人移民个体祀奉到移民集体祀奉的人群聚合过程，即南移祖籍神明在新加坡本土定居即"再社群化"①的情形。从这个意义上讲，祖籍神明南移及其跨境"分灵"、"定居"过程的实现也正意味着祖籍神明在新加坡本土社会中重建社群保护神信仰形态并重新发挥社群整合功能的意义。

综上所述，移民时代众多华人社群保护神的整合意义显然并非中国祖籍神明跨境南移的题中应有之义，而是广大华人移民为了能够更好地生存立足于当时东南亚华人帮群社会的而试图强化社群团结与整合的内在需求所使然。至于之所以选择了祖籍神明，既与其在原乡扮演的宗族地域文化认同意涵有关，又与其自身本位宗教属性便于吸引信众有关。换言之，在移民时代，诸多华人社群化保护神崇拜并非来自祖籍地直接移植，更非东南亚本土天然即有，而是华人移民本身为适应迁居地的社会环境而人为努力运作并集体建构的时代产物。

## 第二节　神缘边界：江兜移民保护神崇拜的社群化

一个确定性群体的宗教信仰，"不仅被该群体所有成员以个人的身份接受，而且还是集体的事情，与群体融为一体。组成群体的个人感到他们彼此是联系在一起的，仅由他们有一种共同的信仰这一点联系起来"②。具体到东南亚华人移民保护神崇拜而言，这种神缘之内的联系还具有更多的社群化表征，反映于庙宇信众、管理者以及庙宇组织运作功能等多个方面。

---

① 曾玲：《社群整合的历史记忆与"祖籍认同"象征：新加坡华人的祖神崇拜》，《文史哲》2006年第1期。
② [法]涂尔干：《宗教生活的初级形式》，林宗锦、彭守义译，中央民族大学出版社1999年版，第43页。

作为移民时代新加坡江兜人的神明崇拜信仰中心，新加坡昭灵庙从信众到管理者无不与江兜移民社群存在显著对应性关联。这种紧密关联突出地反映在新加坡昭灵庙和江兜王氏公会的一体化发展过程之中，二者不但长期同处一处，而且几乎同步建构。无论从人事关联还是从经济关联上看，新加坡昭灵庙都与江兜移民群体存在紧密的嵌入式关联，成为该社群专属的社群保护神信仰中心。

## 一 庙宇与社群的紧密关联：信众、管理者的社群边界

从移民时代新加坡昭灵庙的主体建构力量来看，江兜移民社群始终是其中的唯一主体。无论是从 20 世纪初"江兜馆"的神龛时期到 20 世纪 30 年代末的"江兜宫"时期，还是再从"江兜宫"的"柳金圣侯"单神祀奉时期到 50 年代新加坡昭灵庙的众神齐备时期，自始至终都是江兜移民积极参与其中。"江兜馆"神龛系由早期自中国南来的福清江兜移民设置，"江兜宫"系由江兜移民顺势而立，新加坡昭灵庙更是由新加坡江兜移民发起并在新、马、印尼各地江兜移民的合力下捐建而成。[①] 由此可见，在移民时代祖籍神明信仰形态建构过程中，南来的江兜移民已在保护神崇拜含义融入了深刻的社群化内涵，并彰显在信众、管理者与江兜移民社群之间的诸多对应关联之中。

---

① 笔者在新加坡昭灵庙对王亚细先生所做的访谈记录。

(一)新加坡昭灵庙与江兜王氏公会的"同步""同场"发展

早在20世纪70年代,林孝胜便在考察早期新马华社帮群领导机构的过程中逐渐发现,无论是作为马六甲华人社会领导总机构中心的青云亭(1673年),还是作为新加坡华社五大帮群领导总机构中心的福建帮之恒山亭(1827年)与天福宫(1840年)、广客两帮之海唇福德祠(1824年)、潮帮之粤海清庙(1820年代)、琼帮之天后宫(1857年)以及闽帮内漳泉派的金兰庙(1830年代)、泉州南安县人的凤山寺(1836年)、泉州金门人的浯江孚济庙(1876年)等地缘性组织均多先以庙宇方式出现。[①]进一步的研究更指出:"东南亚华人传统宗教与华人宗乡社团具有密切关联性:传统宗教是宗乡社团的重要组成原则之一;在东南亚特定环境中,传统宗教也是宗乡社团存在和发展的重要形式"[②],"寺庙与会馆同处一所的情况,应该是华侨华人在海外长期奋斗过程中所创造的一种模式,这是华侨华人民间信仰的又一特点。"[③]就此而言,作为新加坡江兜移民的宗乡组织,江兜王氏公会的逐步建立也存在同样的反映。

诸多的相关资料表明,移民时代的新加坡昭灵庙发展史与江兜移民社群宗乡组织发展史存在显著的"同步""同场"关联。如前所述,在20世纪初,自中国江兜村昭灵庙跨境分灵而来的柳金圣侯神明一直供奉在万山街江兜移民"咕哩间"——

---

[①] [新]林孝胜:《新加坡华社与华商》,新加坡亚洲研究学会1995年版,第28—62页。

[②] 张禹东:《东南亚华人传统宗教的构成、特性与发展趋势》,《世界宗教研究》2005年第1期。

[③] 李天锡:《华侨华人民间信仰的特点及其前景》,《世界宗教研究》1999年第1期。

"江兜馆"——床铺上的神龛中。20世纪30年代以后,供奉柳金圣侯神龛的"江兜宫"迁至"江兜馆"新址(卫德路门牌2A)的二层楼上。在这个过程中,江兜移民保护神信仰中心始终与江兜移民宗乡组织机构雏形相随相伴,共同在自身社群边界之内发挥相应功能。曾于1936年留宿于新加坡江兜馆的王振民先生的回忆性描述为我们提供了与此相关的重要资料:

> "当时那边江兜人租了别人的一个二层楼,下面是门市(有两间),江兜人用下面的一间开饭店。二层有一间小屋里供奉家乡昭灵庙里的神明柳金圣侯,当时是乡里人头头商量放到那里的,里面的神跟家乡的完全一样。菩萨过生日唱戏、跳神什么都有,那里的乡人都去拜这个神,神最早是什么时候带过去的不知道,至少我出生前就有了。当时那边乡里人头头开会,研究事情都在那里。江兜人在那里还可以免费住一下,别人不可以。我在那里免费住过一段时间,我父亲从印度尼西亚到新加坡来时也曾住在那里,睡在地铺上。"①

20世纪50年代时,作为社群保护神崇拜信仰中心的新加坡昭灵庙正式筹建成立。与此同时,江兜移民社群组织的领导机构——新加坡江兜王氏公会——也正式筹建成立。不过,二者当时的活动场所仍然同处于原来的共同租借场所(卫德路门牌2号A),继续"共处共事",维系着社群化内涵及表征。

---

① 笔者在福清江兜村对王振民先生所做的访谈记录。

## (二) 新加坡昭灵庙与江兜移民社群的人事关联

第一，庙宇信众与江兜移民社群成员的重合性。

按照新加坡老一代江兜移民的回忆，在移民时代，由于自中国江兜村昭灵庙跨境分灵南来的"柳金圣侯"神明是放在江兜人的"咕哩间"江兜馆内，所以"那时只有我们江兜人或者家属才可以进来叩拜'柳金圣侯'，如果不是江兜人是不能进来拜也不会进来拜的，因为来自中国其他地方的移民都有自己家乡带过来的神来拜"①。另据笔者从20世纪50—60年代新加坡昭灵庙个别神明寿诞庆祝活动的香金捐献者名单中发现，除存在个别江兜人家属的外姓成员之外，其余几乎所有捐款者都是新加坡江兜人信众。②另据新加坡昭灵庙的筹建者之一的前任昭灵庙董事会主席王声厚先生回忆，20世纪50—60年代，每年农历十月十一庙里举办柳金圣侯神明寿诞庆祝联欢晚宴时前来赴宴的都是江兜人，无一外人。

第二，庙宇领袖与江兜王氏公会的执事关联③。

聂德宁在对马六甲、槟城和新加坡多处华人庙宇情形的比较研究中曾指出："帮权的力量来源于方言群体或是地缘性的组织，而神权的运用对帮权的控制是非常重要的一种方法，崇拜某一地方守护神明是与之相关的移民群体的精神表征。在19世纪的新、马华人社会，华人首领和社会精英的主要活动和表现，

---

① 笔者在新加坡昭灵庙对王金发先生所做的访谈记录。
② 《新加坡昭灵庙神明寿诞庆祝活动香金名单》（1950—1960年），新加坡昭灵庙档案资料。
③ 所谓"执事关联"，系指一对或数个社团聘用同一人为董事、理事或重要职员的现象；一对社团如果执事关联数愈多，则关系愈为密切。参见李亦园《一个移植的市镇：马来亚华人市镇生活的调查研究》，"中央研究院"民族学研究所1970年版，第133页。

是以闽粤各地方言群体属下的神庙、义山、会馆、宗祠，以及行会组织为核心。积极参加庙宇活动是进入华人社会领导层必备的条件之一。"① 就此而言，新加坡昭灵庙与新加坡江兜王氏公会的领导层关联情形也正如此说。

20 世纪早期，新加坡江兜人社团还处于雏形中的江兜宫和江兜馆时期，少数的几位社群领导者"头人"大都同时承担着庙宇主事人的角色和职责。50 年代末新加坡昭灵庙与江兜王氏公会分别筹建成立以后，二者之间领导层成员互相兼任职务的执事关联现象一直非常显著。② 新加坡昭灵庙成立之初的负责人王声基（正炉主）、王亚兴（副炉主）、王福麟（财政）、王如发（执委）、王栋良（执委）、王如聪（执委）、王声厚（执委）也同时分别兼任当时江兜王氏公会中的重要领导职务，其中王如发与王声基还分别担任着江兜王氏公会第一任正主席和正司理的重要职务。③ 另以 1972 年新加坡昭灵庙和江兜王氏公会的领导层人物执事关联情况为例，据笔者统计分析结果显示，在当年新加坡昭灵庙领导层的 15 位成员与新加坡江兜王氏公会领导层的 16 位成员中，双方共有 11 位成员是重复的。④

（三）新加坡昭灵庙与江兜人社群的经济关联

就新加坡昭灵庙与江兜王氏公会的经费而言，移民时代二

---

① 聂德宁：《新马早期华人社会的民间信仰初探》，《厦门大学学报》2001 年第 2 期。

② 新加坡昭灵庙与江兜王氏公会二者领导层之间的明显执事关联现象也反映出新加坡昭灵庙建立与运作经费的资金来源渠道。进一步讲，新加坡昭灵庙这个凝聚江兜人社群整合的"祖神"崇拜信仰文化中心之建构同样离不开其自身交通行业经营中所提供的经济力量支撑。

③ 新加坡昭灵庙档案资料，新加坡江兜王氏公会档案资料，1950—1960 年。

④ 资料来源：《新加坡昭灵庙董事会 1972 年成员名册》《新加坡江兜王氏公会 1972 年度第九届职员表》，新加坡江兜王氏公会档案资料。

者长期经费保持统一收支的状态。据新加坡昭灵庙的早期筹建人之一的王声厚先生介绍，神明供奉在江兜馆的时候，举行神明寿诞庆祝与江兜馆应交租金的所需费用一直是由"柳金圣侯"神明的香火钱统一支出，不足部分再由当时江兜移民社群的"头人"集资补足。20世纪50年代，新加坡江兜王氏公会正式成立后，其注册地址仍与新加坡昭灵庙住所"合而为一"，房租仍由庙内香火钱和公会方面筹资偿付。直到后来1963年江兜王氏公会正式注册社团之后，庙里和公会的经费收支才逐渐分开。这表明当时二者经济资源仍然是共享的。笔者在20世纪50—60年代新加坡昭灵庙老账本记录的若干神明寿诞庆祝活动的香金捐献者名单中发现，除存在个别江兜人家属的外姓成员之外，其余几乎所有捐款者都是新加坡江兜人信众。① 这种状况一直延续到70年代初。当然，从根本上讲，移民时代新加坡昭灵庙的所有香金和经费来源，毫无疑问是来自于当地江兜移民社群的集体捐献。而新加坡江兜人在交通行业经济发展中的巨大成功既保证了新加坡昭灵庙可以获得充足的发展资金，又反过来强化了江兜移民社群对于昭灵庙神明崇拜的认同感。

## 二 庙宇的组织运作：华人社群保护神信仰的社会功能

陈育崧在分析东南亚华人民间信仰对于人民生活的作用时指出："对神祇的崇拜，除了原有的机能外，它的副产物或副作用，往往超过主作用。一间庙宇，一经社会化起来，作用便大

---

① 《新加坡昭灵庙神明寿诞庆祝活动香金名单》（1950—1960年），新加坡昭灵庙档案资料。

大地扩大，最显著的：举办善举、开设学校，发展高度的社会机能。"① 这些社会机能或社会功能又往往表现为（个体或群体）心理调适、社会服务、社会整合等几个面向。就此而言，新加坡江兜移民的社群保护神信仰同样也有自身的相应体现。

（一）神圣化的宗教本位心理调适功能

心理调适功能是宗教最基本和首要的社会功能，也是东南亚华人移民跨境移神并进而在迁入地重建中国祖籍地神明崇拜的初始之义。关于此说，尽管少有研究者专门立说展开理论探讨，但几乎所有的海外华人研究者事实上不约而同地均在有关描述中大同小异地确认着这样一种类似的逻辑故事和认知：

对于历史上纷纷下南洋的广大华南移民而言，"无论何种目的，均必须以安全抵达目的地为前提。其时出国之人，须乘槎浮海，跨越大洋。在那自然科学知识有限、航海技术不发达的时代，航行于茫茫大海之上，随时都有葬身鱼腹的危险，因而只好寄希望于神明庇佑。于是，作为航海保护神的妈祖便为广大海外商人和出国华侨所供奉。除此之外，他们还供奉各自的乡土神明……当他们遇到惊涛骇浪之时，必然要虔诚地祈求妈祖及其他神明庇佑。一旦化险为夷，安全抵达目的地，他们必定会更加笃信妈祖诸神明的灵应，对他们的信仰必定也会更加虔诚。"② 简言之，"在早期新、马的华人社会里，形而上学的宗教观念被简化和世俗化，形成一种非常现实的宗教观。"③ 这

---

① ［新］陈育崧：《石叻古迹·序》，［新］林孝胜等《石叻古迹》，南洋学会出版社1975年版，第1页。
② 李天锡：《华侨华人民间信仰的特点及其前景》，《世界宗教研究》1999年第1期。
③ 聂德宁：《新马早期华人社会的民间信仰初探》，《厦门大学学报》2001年第2期。

种宗教观的出发点是祈求神明庇佑，以求得消灾祈福保平安的调适性心理慰藉。

在早期江兜移民的内心宗教信仰深处，以福清江兜昭灵庙为中心的祖籍地神明崇拜观念是根深蒂固的。对于他们而言，昭灵庙神明庇佑早已成为他们的最敬畏、最诚信的信仰观念。这不是一朝一夕形成的，而是潜移默化地累积于福清江兜王氏宗族地域文化认同建构的数百年历史长河中。在离开中国祖籍地之前，由于从小到大，家家户户均以泛舟江海的捕鱼为生，所以他们都深知大海风浪的无比风险。当他们最终决定要孤身或结伴乘坐小船、帆船的长期海上漂行而前往异国他乡时，当他们早已从前人那里风闻出海南洋务必携带神符庇佑的经验时，他们理所当然毫无疑问地选择了到当地最重要的昭灵庙中向最灵验的神明许愿并携带一袋香土踏上遥远的跨境移民征程。而当他们与这袋小小的香土共同经历海上风波平安到达遥远的南洋彼岸时，事实上也带去了他们的神明信仰。

在与笔者的聊天中，新加坡老一代的江兜移民大都普遍听说过或有过亲自携带昭灵庙香土袋南来以求身心平安慰藉的经历。即便到了南洋，这种寻求家乡保护神庇佑的心理需求也仍然没有消失，而是继续相信和坚持以对祖籍神明的崇拜可以继续庇佑他们的平安、顺利、幸福甚至发达。作为新加坡昭灵庙与此相关的最基本运作职能就是负责组织神明寿诞庆祝、集体奉祀神明、宗教仪式展演[①]、神明故事寻迹等事宜，坚持以最基本的宗教庙宇职能来巩固和传扬庙内神明的神力，以更好地慰

---

[①] 主要有道场仪式，演戏酬神，设置神案上贡品和上香，以及乩童跳神活动等。

### （二）以特定社群为对象的社会服务功能

藉所有信众心灵。

诸多研究成果已显示，移民时代东南亚华人民间信仰往往具有丰富多样的社会服务功能，这些社会服务功能主要表现为华人庙宇组织的社会救助（筹款赈灾、救济贫困、义殓义葬、义诊赠药、协调纠纷等）、兴办教育、创办医社、购置义山（即坟山）等慈善公益活动。尽管在新加坡众多华人庙宇中江兜人的昭灵庙并不醒目，但是它却是麻雀虽小，五脏俱全，各种社会服务功能也是有着或多或少的体现。

在中国江兜人南迁而来的移民早期，与其他各地初来的大多数华人移民一样，因为对于异国他乡的不熟悉而难以立足，这个时候，供奉有家乡昭灵庙神明的江兜宫和江兜馆便发挥了重要的"咕哩间"作用，不仅为早期南来的江兜移民提供了一个免费临时住所，还可能为其提供寻找工作的机会。因为按照老一代移民的说法，那时候可以免费住在江兜宫和江兜馆，找到工作了再走即可。并且那里还是早起江兜移民社群头人领袖聚众议事的地方，用以讨论和处理本社群遇到的各种内外纠纷、提供救助、红白喜事、联谊联欢[①]、子女教育、家乡联络等问题。

不过，在此，有必要特别指出的是，无论是何种社会服务功能，其适用对象都是固定的江兜移民社群，因为事实上，移

---

① 20世纪50年代新加坡昭灵庙开始筹建之后，每年"柳金圣侯"神祇寿诞的庆祝活动中增加了一项重要活动"联欢晚宴"。据当时新加坡昭灵庙的筹建者之一王声厚先生回忆所言，20世纪50—60年代时，这种酒席晚宴活动安排在农历十月十一日"柳金圣侯"寿诞的晚上举办，白天请道士做道场仪式和请莆田木身戏剧团演戏酬神，那时只是请新加坡的江兜人，赴宴者都要交"礼金"，规模一般有一二十桌。

民时代新加坡和昭灵庙的处所、人事、经济,包括社会服务功能原本就是统一的。正如当年有过早期南来经历的江兜老移民所言:"当时那边乡里人头头开会,研究事情都在那里。江兜人在那里还可以免费住一下,别人不可以。"这种社群化专有服务功能属性恰恰反映出新加坡昭灵庙神明信仰功能的社群边界意义,并反过来维系或强化着江兜人的社群认同和保护神崇拜。

总之,从新加坡昭灵庙的组织运作功能来看,无论是其中神圣化宗教本位心理调试功能,还是救济贫困、协调纠纷、兴办教育等社会公益服务功能,都彰显出时刻以江兜移民为特定服务群体的对象,因而成为兼有新加坡江兜人信仰中心和活动中心的社会角色,进而透过功能服务对象的社群边界意义,反过来强化着江兜移民的社群认同凝聚。

## 第三节　神缘隐喻:历史记忆、仪式场景与江兜移民社群整合

学界诸多成果及本书个案上述考察情形均表明,东南亚华人民间信仰往往表现有明显的社群化特性,发挥着凝聚华人移民社群认同的整合功能,形成独具特色的华人社群保护神崇拜。那么,纷繁芜杂的众多华人民间保护神崇拜究竟怎样发挥这种社群认同凝聚的整合功能的?其作用方式和发生机理如何?这些问题的探讨便成为我们深入考察华人移民保护神崇拜意义的必然取向。本文进一步的研究内容将显示,事实上,这种基于神缘联结而发生的社群凝聚和整合意义主要源于华人移民保护神崇拜中的集体历史记忆强调和仪式情景认同强化,其具体作用方式和机理在于通过历史记忆和历史记忆的传承延续与反复

强调，以及宗教信仰仪式展演场景下群体互动和新生集体记忆塑造中的情景认同感而产生社群认同凝聚与整合的作用。

## 一 神明崇拜嵌入的历史记忆与华人社群认同凝聚

20世纪20年代，法国社会学家莫里斯·哈布瓦赫（Maurice Halbwachs）首次提出并阐释了"集体记忆（collective memory）"的概念，指出"集体记忆"是"一个特定社会群体成员共享往事的过程和结果"[1]。如今，对集体记忆与群体认同的关系研究却一致的被众多学者普遍重视，并有学者分析认为集体记忆对于群体认同形成具有重要作用。在华人社群保护神崇拜中，这种集体记忆及其反复传承和被强调正成为其凝聚华人社群认同的基本"能量源"。不过，与一般集体意义的情形不尽相同，本文个案所反映的这种集体记忆内涵却涵盖了华人移民祖籍历史记忆与本土历史记忆两个面向。

（一）祖籍记忆的传承与华人移民社群认同凝聚

已有研究结果表明，在移民时代，源自中国祖籍原乡的华人保护神崇拜中承载的有关祖籍地历史记忆对于新加坡华人社会内部社群认同凝聚和整合具有重要意义。[2]

笔者在中国福清江兜村的多次田野调查期间也注意到，当地昭灵庙内流传着不少有关神明传说与人物故事的历史记忆，其中往往隐含着自明末以来江兜王氏族人在福清江兜村所经历

---

[1]　［法］莫里斯·哈布瓦赫：《论集体记忆》，毕然、郭金华译，上海人民出版社2002年版，第39—40页。
[2]　曾玲：《社群整合的历史记忆与"祖籍认同"象征：新加坡华人的祖神崇拜》，《文史哲》2006年第1期。

的一些重要事件信息。这些集体历史记忆的民间"文本"通过村民们之间的反复口述与传承而成为凝聚福清江兜王氏族人地域文化认同与宗族认同的重要文化资源。那么，当福清昭灵庙中的神明跨境"分灵"至新加坡以后，有关这些南移祖籍神明原乡的历史记忆是否也会一起跨境而来呢？

关于这个问题，笔者在对新加坡昭灵庙江兜人信众的调查访谈中逐渐发现，祖籍神明的南来不仅同时带来了诸多祖籍地集体历史记忆，而且这些集体历史记忆还得以顺利地传承。这些源自中国祖籍地的集体历史记忆的民间"文本"又通过江兜社群成员之间的反复口述与传承而成为凝聚新加坡江兜人集体认同的重要文化资源。尤其是对从中国过来的第一代江兜移民而言，对于这些承载有诸多祖籍地历史记忆的神明传说或庙宇故事印象颇为清楚。在此，仅列举几则如下：

> "昭灵庙里柳金圣侯神明是被点成神的，据说从前有个外地人要到福州去，路过江兜村时病倒了，就在土地公庙附近的房子里住了下来，后来恰好赶上当时村内昭灵庙刚建好开光，于是那个路过的外地人便被庙内神明点化成了柳金圣侯的化身，因为这个人是外地人，所以至今福清江兜昭灵庙柳金圣侯乩童跳神时仍然是说外地方言，不是江兜村本地话。"[①]

> "江兜昭灵庙里神明通天圣侯出境巡游的来历跟王伦有关，王伦是住在仙岭土地公那边，那边年轻人很坏，抓女人，后来有人报官（好像是莆田的），王伦站出来说是自己

---

① 笔者在新加坡对王金祥先生所做的访谈记录。

第六章　神缘联结：福清江兜移民的社群保护神崇拜　　165

干的，要不许多年轻人会被抓。关到监狱后，每次官员审问他时，他都会昏迷不醒，后来他说是神托梦给他，如果他回去村里通天圣侯就要出巡，后来衙门放了他，他回来后就把通天圣侯封了宣赞大元帅，从那以后江兜昭灵庙通天圣侯才可以挂帅出村巡游了。"①

"柳金圣侯一直都是昭灵庙里最灵验的神。据传民国年间，有一次江兜村内突然闹起了瘟疫，一连几年内村里每年都会有一些人不明地死去。于是村里人都很害怕。后来便到庙内求神。后来便请庙里的柳金圣侯等神明出来到海边去邪，一连数日之后，才把邪气鬼怪彻底赶跑，从此村内的瘟疫就再也没有了。"②

"江兜昭灵庙建在王氏宗祠前面是有说法的。据说最早建庙时曾请风水先生指点，结果那个风水先生给出了两个选择：如果祠堂建在昭灵庙前面，江兜村就会多出贵人；如果昭灵庙建在祠堂前面江兜村就会人丁兴旺。后来昭灵庙建在了宗祠前面，所以中国江兜村一直是生育快，人口多。"③

从中我们可以看到，自中国南移而来的祖籍神明在实现跨境分灵的过程中，也同时带来了诸多祖籍原乡的神明传说与人物故事。这些传说与故事不仅与祖籍地的神明或庙宇直接相关，还往往包含有不少祖籍地村落及宗族发展史的集体历史记忆。"这些历史记忆的内容随着社会发展和变迁，不断地在所属社群

---

① 笔者在新加坡对王金发先生所做的访谈记录。
② 笔者在新加坡对王声厚先生所做的访谈记录。
③ 笔者在新加坡对王声厚先生所做的访谈记录。

中流传与被转述,起着加深或唤起社群成员之间'祖籍认同'的功能"①,同时还被镶嵌到新加坡昭灵庙的宗教信仰认同意涵之中。正是这种集体的历史记忆使得江兜移民在延续祖籍地神明信仰的同时,亦产生仪式场景下情感交流的共同群体归属感与认同感。从这个意义上讲,对于新加坡江兜移民而言,昭灵庙不仅是他们的社群保护神信仰中心,还成为他们共同的"祖籍认同"文化符号象征。

(二) 本土记忆的传承与华人社群认同维系

笔者在昭灵庙的多次调查访谈中还逐渐发现,新加坡江兜人对于自身社群保护神崇拜所承载的集体记忆与"祖籍认同"意涵的理解程度并非完全相同:对于在中国出生的第一代移民来说,大都怀有比较清晰的祖籍地集体历史记忆,他们之所以坚持不懈的进入昭灵庙拜奉神明,主要是因为他们在很大程度上认为"这是我们'家乡'的保护神",换言之,昭灵庙中的社群保护神崇拜中仍然承载着他们认同祖籍地的乡土情怀和历史记忆。

对于在新加坡出生的江兜移民后代而言,由于他们个人成长的历史记忆均形成于新加坡本土背景,所以其脑海中有关祖籍地的历史记忆更多是经由老一代移民不断地传递和灌输所得,因而掌握的并不熟悉。然而,这种祖籍地历史记忆的缺失并未过多影响到其对本社群的认同程度,相反却由于本土集体历史记忆的填补而继续发生明显的自我社群认同凝聚作用。

综合来看,无论是老移民还是新生代的移民后代,新加坡

---

① 曾玲:《社群整合的历史记忆与"祖籍认同"象征:新加坡华人的祖神崇拜》,《文史哲》2006年第1期。

江兜人均对昭灵庙在本地的发展史颇为熟悉。这些积淀了新加坡江兜移民社群保护神崇拜相关的本土集体历史记忆是丰富而琐细的。有关移民时代昭灵庙的建立和发展，直至建国以来昭灵庙的多次搬迁重建，乃至众多发生于新加坡本土的社群保护神集体历史记忆和传说，宗教仪式变迁等，不一而足，每个到昭灵庙拜神的新加坡江兜人均能娓娓道来或言知一二。例如，谈到新加坡昭灵庙的历史变迁，许多江兜人大都知道"新加坡昭灵庙中最早从中国带来的神明是柳金圣侯，刚开始是放在江兜馆的一个小神龛中供奉，那时没有庙，第二次世界大战以后才有庙"，"建国后昭灵庙搬迁了好几次了，开始是从结霜桥搬到王禄梓的公寓楼，后来又搬回结霜桥，再后来搬到王金祥的集成公司，最后才搬到义顺区现在的慈灵联合庙"，"义顺昭灵庙修建时，我们发动了新加坡、马来西亚、印度尼西亚等各地的江兜人捐款，一家一家收钱"，"庙里的龙头乩是20世纪70年代从马来西亚峇株巴辖那里的真武殿中传过来的"等信息。[1] 不过，总体而言，在新加坡本土集体历史记忆中最为反复流传的还是如下一些神明传说[2]和庙内先贤记忆，具体如下：

**1. 神明传说**

"第二次世界大战期间，日军占领了新加坡，那时候多亏庙内柳金圣侯显灵保护了我们江兜人的免受大灾难，当时江兜人大部分人都安全生存了下来。据说当时还曾经有个炸弹掉落在昭灵庙址和兵工厂之间，不过由于柳金圣侯

---

[1] 笔者在新加坡昭灵庙对王文秀、王金祥、王武镇、王德祥、王银祥等多人所做的随机访谈记录。

[2] 笔者在新加坡昭灵庙对王武镇、王亚细等人所做的访谈记录。

神明庇佑，昭灵庙却完好无损。"

"80 年代中期时，政府让拆庙，当时的主席王荣銮先生和总务王金祥先生找到政府注册局，找了半天资料也找不到昭灵庙曾在结霜桥落户的证据，然而，偏偏最后等了半天碰到一位长官，这位长官直接同意给予我们政策补偿，使我们以 50 万元的特价买到了现在 13000 多公尺的地皮，后来才建立了这个新庙。我们认为这是昭灵庙神明显灵的作用。"

"庙里前主席王荣銮在任时，曾经用庙里的基金购买一块地产，在他买地之前曾经向三殿真君神明上香请愿，结果那次买地产的投资获得了成功，地产升值后庙里基金一下子赚了不少钱。"

"1980 年庙在结霜桥时，我和王荣銮先生去印度尼西亚筹款，期间新加坡突然传来消息，说昭灵庙中起火，当时好像是王荣凤先生拿着柳金圣侯的神牌往外跑，但是半路突然放了下来，结果奇怪的是最后大火就是正好烧到了神牌前面，在没有往前烧一点，减免了很大损失。"

这里的几则神明传说大致分为两类，一类是庇佑新加坡江兜人，另一类是表明新加坡昭灵庙神明灵验的。前者直接构成凝聚新加坡江兜人群体认同的集体历史记忆"文本"，后者则通过宗教信仰功能凝聚新加坡昭灵庙以江兜人为绝对主体的信众群体认同。二者的最终实际意义都有助于强化新加坡江兜人的社群认同与整合。从产生的社会场景来看，以上几则传说都是新加坡本土社会变迁中的群体性精神塑造，因而表现为本土化认同下的集体记忆塑造。

## 第六章 神缘联结：福清江兜移民的社群保护神崇拜

事实上，除了这些众所周知的神明显灵记忆之外，在新加坡昭灵庙中还有许多个人生活经历中的神明灵力记忆反映。例如，王德祥先生现为新加坡昭灵庙内的理事，也是柳金圣侯神明的乩童，现年50多岁，出生于新加坡，从小受英文教育，现在在经商。在开始进庙跳神之前，他身体一直有病，非常虚弱，后来神灵上身后，开始成为乩童在庙里跳神，后来身体状况逐渐稳定，再也没有去医院看过病。目前，他在自己中国苏州的工厂里和新加坡这边的公司里都供奉着柳金圣侯的神位，放在单位的入口处，早晨和晚上他都会拜。[①] 又如，新加坡昭灵庙副总务王文秀先生也曾对笔者谈道："我当时买店面时，有求柳金圣侯选择店址，最后买到廉价的店面。另外，我的命也是柳金圣侯所救的。当时我得了肝癌，已经病入膏肓了，医生们都说很难挽救。后来我到庙里力求柳金圣侯，最后我肝脏移植手术很成功，这么多年身体都没有事情了。当时这种移植手术在新加坡只有几例成功而已。"[②] 此外，王金祥、王财祥、王武镇等不少庙内信众也都有过受到新加坡昭灵庙神明保佑而解除病患的经历，并把庙内神明看作自己的救命"恩公"。这些个人遭遇神明显灵庇佑的记忆塑造原本是民间信仰宗教功能的基本反映，并不具有社群整合的功能。然而，当他们的个人情况反复地在以新加坡江兜人为绝对主体的信众中得以口述流传时，则可能汇聚成一种当地江兜人社群共有的集体记忆认同，即新加坡昭灵庙内的神明具备着新加坡江兜人社群保护神的一定意涵，进而以宗教信仰的方式发生凝聚社群认同的作用。

---

[①] 笔者在新加坡昭灵庙对丁晓冬先生所做的访谈记录。
[②] 笔者在新加坡昭灵庙对王文秀先生所做的访谈记录。

## 2. 先贤记忆

在本土化集体记忆的塑造过程中，新加坡昭灵庙信众还逐渐把历史上对庙宇贡献较大的先人升华为一种集体记忆的象征符号，并透过对于这些先贤的尊崇、奉拜强化信众对于本庙神明的信仰认同。如前所述，新加坡昭灵庙系由新加坡江兜移民及其后裔一手建构而成的，因此这些贡献卓著的早期先贤人物全部是清一色的江兜人。

据新加坡义顺区昭灵庙1998年设立的碑记所载，在新加坡昭灵庙的发展史上，可以载入庙史的先贤主要有6个人，第一位先贤是最早"自（中国）故里祖庙，历经坎坷，带回雕塑柳金圣侯宝像，于梧槽路近地租房供奉，宏开道法，度世拯民"的无名先驱者，后五位先贤则是20世纪50年代新加坡昭灵庙正式成立时的合力发起人王荣贵（攀仔）、王贤雅（妹仔）、王贤凤（毡仔）、王振春（貌仔）、王声攀（吓路毡仔），合称"五仔"。[①]

这些先贤人物已经得到了隆重的待遇。笔者注意到，在新加坡昭灵庙每次神诞庆祝的宗教仪式活动中，都会把一个"历代古坛"的牌位放置于庙内设香案祀奉，并有一个仪式由庙内所有理事会成员一起向此牌位持香奉拜，以表达对先贤的感谢和敬意之情。有必要指出的是，这个仪式与中国福清江兜村昭灵祖庙既有相似又有不同之处。笔者在江兜村昭灵庙进行田野调查时注意到，那里也有一个"历代古坛"的牌位供人奉拜。虽然新加坡昭灵庙与中国江兜村昭灵庙的"历代古坛"牌位都是代表祭拜庙里的先贤，但是在具体先贤的人物所指上二者确

---

① 《新加坡昭灵庙重建碑记》，新加坡昭灵庙董事部立，1998年。

有根本区别，前者"历代古坛"所代表的先贤是指在新加坡本土社会变迁脉络中为新加坡昭灵庙的发展史做出卓越贡献的江兜移民前辈，后者则是指在中国福清江兜村历史变迁中为当地昭灵庙的发展做出突出贡献的江兜人先辈。此二者是在不同时空下出现的历史人物象征符号。

在新加坡，当昭灵庙内的先贤人物成为一种象征意义上的集体记忆时，它便具备了整合庙内信众认同的功能。显然，对于占据新加坡昭灵庙信众绝对主体的江兜人而言，这种拜奉庙内江兜人王姓先贤的仪式过程自然同时可能令其产生一种同社群的自我认同感，进而在一定程度上起到凝聚新加坡江兜人社群认同的功能。

综上所述，在新加坡昭灵庙中有关神明传说与先贤人物的集体记忆"文本"中，既有祖籍地昭灵庙集体历史记忆文本的跨境传承部分，也有新加坡江兜移民社群及其后裔民间信仰者在祖籍神明本土化进程中重塑的集体记忆"文本"内容。对于新加坡江兜人社群建构而言，其中前者在移民时代发挥了更大的凝聚认同与社群整合功能，后者则在建国后发挥有较大的凝聚认同与社群整合功能。由此可见，在移民时代以来的新加坡本土社会变迁中，新加坡昭灵庙内的神缘体系对新加坡的社群整合仍然具有一种社群保护神的象征意义，显示出信众上的明显社群边界，进而以宗教信仰中的集体记忆载体产生凝聚社群认同。只是与中国福清江兜流传而来的祖籍地相关信息历史记忆内涵不同，这些有关江兜人的新加坡昭灵庙发展史与传说都是在新加坡本土社会变迁中凝结出的新生集体历史记忆"文本"，在它们不断被塑造积淀与反复被口述流传于新加坡江兜人群体的过程中，它们同样可以且实际上已经发挥着凝聚江兜人社群认同及促进其社群整合的功能。

## 二 神明崇拜的宗教仪式展演与华人社群情景认同

在讨论到集体记忆的传播和维持方式时，美国学者保罗·康纳顿（Paul Connerton）曾分析认为，社会记忆或集体记忆存在得以传承的外在化具体形式手段，并且很有可能存在于纪念仪式之中，有关过去的意象和记忆正是通过仪式性的操演传递和保持的[①]。就此而言，具有民间宗教属性的海外华人社群保护神信仰同样也不例外，因为"宗教信仰永远为一个确定的群体所共有，这个群体习惯于参加并实行与它有关的礼仪"[②]，所以透过这些熟稔的仪式展演有助于唤起同一信仰群体的集体历史记忆和共同体归属感。

诚如 20 世纪早期曾经南来新加坡谋生的江兜老移民王振民先生在回忆中所描述的："当时那边小屋（江兜馆）里有个神龛供奉着家乡昭灵庙里的神明柳金圣侯，……里面的神跟家乡的完全一样。菩萨过生日唱戏、跳神什么都有，那里的乡人都去拜这个神。"正是因为当时跨境分灵的祖籍神明及其宗教仪式与中国祖籍原乡昭灵庙情形"完全一样"，所以才会使得早期南来新加坡的福清江兜移民纷纷乐于汇聚和参与这个便于"重温旧忆"的宗教仪式操演场景中，尽情"体化实践"（incorporating

---

① ［美］保罗·康纳顿：《社会如何记忆》，纳日碧力戈译，上海人民出版社 2000 年版，第 40 页。
② ［法］爱弥尔·涂尔干：《宗教生活的初级形式》，林宗锦、彭守义译，中央民族大学出版社 1999 年版，第 43 页。

practice）①。

　　20世纪50年代，在昭灵庙筹建过程中，新加坡江兜人按照祖籍地昭灵庙内的原有设置，将宣赞元帅、柳金圣侯、达地圣侯、三殿真君、法主仙妃、金韩二将、白马元帅诸位神明神像一一重新开光"分灵"，从而建构出一个更为完整意义上的华人社群保护神信仰形态。在宗教仪式方面，除按照与祖籍地原乡昭灵庙内一样的日期为各位神明寿诞依次做"大日子"庆祝活动外，在乩童跳神、贡品制作、演戏酬神等形式上也尽力与中国祖籍原乡昭灵庙保持一致。这种蕴含有祖籍历史记忆的宗教仪式反复展演成为唤起和强调江兜王氏移民社群自我认同的有力媒介。在此，"仪式赋予感情神圣统一的表现形式，从而修正、补充和加强了社会稳固所依赖的情感体系"②。移民时代昭灵庙之所以能够常有"乡人虔诚祷拜，逢节日集合庆祝，每年神明寿诞善男信女奉香祷告者中，热闹异常"③场景，其根源也正源于此。

　　传承于中国福清昭灵祖庙中的最重要大型宗教仪式展演当属每年元宵节期间的"绕境游神"④，每到这一天，便是新加坡江兜移民社群集体欢庆和全体参与的重大节日。前文第一章有

---

①　[美]保罗·康纳顿：《社会如何记忆》，纳日碧力戈译，上海人民出版社2000年版，第91页。

②　[英]拉德克利夫·布朗：《原始社会的结构与功能》，潘蛟等译，中央民族大学出版社1999年版，第184页。

③　《新加坡昭灵庙重建碑记》，新加坡昭灵庙董事部立，1998年。

④　基本程序是，在每年元宵节期间（正月十四晚上至正月十五下午），庙内神明都会被抬出来绕村巡游一圈，行走路线必须经过象征江兜王氏宗族房支"公厅"的44座老房子，以表明赐福全村人。该仪式中"乡老"与各"公厅""乡老"都参与其中，全村人更是举族欢庆，其在很大程度上具有凝聚江兜王氏宗族认同的重要作用。

关内容已经述及，在福清江兜昭灵庙内，"绕境游神"的"境"① 是指代华人民间信仰中依神界划定的想象中的"空间区域"，实际上则依托于具体的有形地域边界来显示意义。该仪式展演的客观必要条件是要存在一个地方神明可以巡视的有形地域边界。换言之，祖籍地江兜村王氏族人之所以可以举行昭灵庙内神明的"绕境游神"仪式活动，主要是缘于他们有一个共同聚居的有形地域空间，即江兜村地理边界。不过，这种基于有形地域边界的"境"之现实意义在移民时代以来的新加坡却并不存在。

众所周知，在19世纪末20世纪初的新加坡早已是一个经济贸易繁荣的商业化都市社会，当时南来新加坡的福清江兜移民无法重建与中国祖籍地原乡一样聚族而居的村落社会，而只能是适应性地分散在相邻的不同街道上，与其他地方的人混居在一起，但仍然很近地类似于"聚群而居"。所以，当时自中国祖籍地刚刚南来的江兜移民便尽力试图按照福清江兜村那样在新加坡结霜桥昭灵庙一带江兜移民聚集的街道上举行"绕境游神"，以展示社群保护神庇佑江兜移民的社群边界和地域边界意义，反过来该宗教仪式展演实践本身又起到凝聚和强调新加坡江兜人社群认同的作用。

总之，正是这些年复一年的众多复杂宗教仪式反复展演不仅将众多居住分散的江兜移民汇聚在一起，并在昭灵庙内各种传统宗教仪式展演所隐喻的情景认同场景中反复强调江兜人的自我群体认同，同时仪式展演本身就是参与者集体记忆再造更

---

① 所谓"境"乃是民间信仰中地界划分的一种符号。江兜村的地方神界称为"江兜境"，即江兜村本地保护神的辖界，此境的外显边界可看作江兜村村民的居住空间。

新的重要内容，从而亦累积出产生社群向心力与凝聚力的新生集体历史记忆。换言之，在这里，群体的集体记忆正是通过定期或不定期的仪式得以维持、创新和强化①，进而又反过来通过集体记忆的强调、重温而继续维系和强化海外华人移民的社群认同与整合。

由是，在新加坡华人社群保护神崇拜借助自身承载的祖籍地历史记忆来发挥社群认同凝聚作用的过程中，我们不得不强调宗教仪式场景存在的重要意义。事实表明，当中国神明跨境"分灵"南来之时，祖籍原乡庙宇内特有的宗教仪式也随之南传而来。对于自中国跨境南来的华人移民而言，这些与祖籍地庙内神明有关的熟稔宗教仪式显然具有更为特殊的内在含义：它们不仅是一种普通的民间宗教仪式，而且还是能够唤起他们对原乡及本土化神明传说与民间故事等集体历史记忆的重要"催化剂"。由此，在这种祖籍原乡宗教信仰仪式反复的展演场景中，参与其中的华人移民显然更易于在彼此熟悉的共同祖籍地集体历史记忆交流中找到共同的群体认同感，从而产生社群认同凝聚与整合的功能。

---

① 王明珂：《华夏边缘：历史记忆与族群认同》，社会科学文献出版社 2006 年版，第 31 页。

# 第七章

# 与时俱进：新加坡江兜人社群的当代发展与演化

1965年新加坡建国后，东南亚华人社会进入本土时代发展的新阶段，华人移民的国家政治认同迅速转向。随着当代国际关系格局和东南亚各国社会政策的调整，包括新加坡在内的当地华人社会发展面临新的形势，发生了新的变化。受社会大环境影响，华人移民社群的发展情形亦不例外。有鉴于此，本章将进一步从华人移民社群经济业态、制度化社群组织以及社群保护神崇拜的角度出发，对当代社会变迁场景下新加坡江兜人的社群结构与文化形态及其演化态势进行具体考察，并分析其历史的必然性和偶然性。

## 第一节　新加坡华人社会发展背景的时代变迁[①]

第二次世界大战以后，许多亚非拉殖民地人民迅速掀起了

---

① 目前学界针对二战结束以来新加坡华人社会发展背景及状况的全面性考察主要以曾玲的相关研究成果为代表。曾玲在研究中将二战后新加坡华人社会发展历程概

第七章　与时俱进：新加坡江兜人社群的当代发展与演化　　177

反殖民主义的民族独立运动浪潮，作为当时英国殖民地的新加坡地区也不例外。在第二次世界大战后 20 年的独立建国进程中，新加坡人民先后经历了 1959—1563 年的新加坡自治邦时期和[①]1963—1965 年加入马来西亚时期[②]两个阶段，直至 1965 年 8 月 9 日，新加坡政府正式对外宣布脱离马来西亚联邦而另行成立独立自主的新加坡共和国。从此，新加坡历史由移民时代步入独立建国后的现代化发展新时期。与此相应，随着新加坡建国后国内外时代背景的历史变迁，新加坡华人社会文化亦表现出新的发展态势。

---

（接上书）括为发展与转型期（二战结束到 1965 年新加坡建国）和调整与再生期（1965 年新加坡建国至今）两个历史阶段，并结合新加坡国内外的时空情境变化情境深刻剖析了二战后当地华人移民认同形态的转变、1965 年新加坡建国至 20 世纪 80 年代中叶期间当地华人社会发展所面临的挑战与危机，以及 20 世纪 70 年代末 80 年代初以来当地华人社会发展的契机与态势，从而为二战后尤其是 1965 年新加坡建国以来至今新加坡华人社会发展背景之分析奠定了的基本框架。本节内容正以此框架为基础而展开论述，特此说明。曾玲相关研究成果可参见：《越洋再建家园：新加坡华人社会文化研究》，江西高校出版社 2003 年版，第 13—29 页；《调整与转型：当代新加坡华人宗乡社团变迁》，《暨南学报》2005 年第 1 期；《凝聚、开放与融汇：新世纪以来的新加坡华人宗乡社团》，《源》2018 年第 2 期；《新加坡宗乡文化研究》，中国社会科学出版社 2019 年版，第 86—138 页；《社会变迁、国家因素与当代新加坡华人社会宗乡文化之复兴》，《河南师范大学学报》2013 年第 1 期；《宗乡社团的推动与新世纪以来的新加坡华人文化》，《华侨华人历史研究》2018 年第 3 期。

①　1958 年英女王正式批准"新加坡自治邦法案"（The State of Singapore Bill），1959 年新加坡议会选举后，以李光耀为首的人民行动党获胜后负责组阁，同年宣布新加坡自治，规定新加坡享有内政自主权，但国防和外交仍受英国控制，参见宋哲美《东南亚建国史》，东南亚研究所 1976 年版，第 9—12 页。

②　新加坡人民行动党执政后为了继续争取新加坡独立，后来新加坡自治政府选择了与马来亚合并成立新共和国的途径迫使英国交出残存的政权。1963 年 9 月 16 日，在保留劳工、教育和保健方面自治的条件下，新加坡加入马来西亚联邦，结束了一百多年的英国殖民统治。参见李一平、周宁《新加坡研究》，国际文化出版公司 1996 年版，第 15—16 页。

## 一 本土意识的不断强化和国家认同转变

在移民时代的新加坡，由于当地大部分华人移民仍然具有中国国籍，[①] 因此，当时他们在国家身份认同上均以中国侨民的身份自居，并普遍怀有落叶归根的观念。换言之，移民时代的新加坡华人社会显示出浓厚的移民社会色彩。与此相较，1965年新加坡建国后，当地华人社会的最大变化，乃是本土意识的日益强化和华人身份认同的根本性转变。[②]

新加坡华人移民本土意识的显著增强和国家认同转变的发端始于20世纪中叶。具体而言，这种转变又缘于两个方面的时代因素所使然。

从中国方面看，1949年中华人民共和国的成立，标志着中国逐步进入社会主义社会的历史发展新篇章，当时包括新加坡在内的广大东南亚华人无不为此而欢呼雀跃。然而，与此相应，受第二次世界大战后资本主义阵营与社会主义阵营全面对抗的世界冷战格局影响，作为英国殖民地的新加坡与社会主义中国之间的政治关系逐渐转向疏离，新加坡华人与中国祖籍地之间的密切联系亦因之被切断。出于当时国际关系的特殊背景，中国政府在1955年的亚非万隆会议上对外公开宣布不再承认双重国籍以及鼓励海外华人融入当地社会的政策，并着手与有关国

---

[①] 20世纪50年代之前的战后初期，新加坡大部分华人仍然以华侨身份自居，不愿意放弃中国国籍。1946年调查资料显示，在当时新加坡70万华人之中，大约还有60%是持有中国国籍的。参见［新］崔贵强《新加坡华人——从开埠到建国》，新加坡宗乡会馆联合总会、教育出版私营有限公司1994年版，第241页。

[②] 曾玲：《越洋再建家园：新加坡华人社会文化研究》，江西高校出版社2003年版，第16页。

家签订解决华侨双重国籍的双边协议。该政策的颁行，对于促使包括新加坡在内的广大东南亚华人移民国家政治认同的转变，以及最终在移居地做出"落地生根"的历史选择具有重要作用。

从新加坡方面看，20世纪50年代兴起的华人争取公民权运动对增强华人社会的本土意识也影响巨大。第二次世界大战结束后，鉴于战后民族民主运动浪潮迭起的压力，英国政府被迫逐步赋予新加坡殖民地居民参政的权力，然而在立宪会议的选民资格上仍然执行严格排斥非英籍居民的限制。这种情况激起了华人社会的强烈不满，进而引发了1951—1957年新加坡中华总商会领导的声势浩大的华人争取公民权运动，并在1957年促使英殖民政府公布新公民法，让出生于中国的22万新加坡华人居民获得公民权。[①] 当地华人此次政治运动中的积极参与和实践大大增强了对新加坡本土的归属感和认同感，加速了其国家身份认同转变的进度与深度。笔者在新加坡田野调查中发现，60岁以上的新加坡江兜人大都对当年的公民权运动还存有明确印象。尤其是对于第一代江兜移民而言，这种印象尤为深刻。作为当时公民权运动的直接参与者，他们不但见证了运动的全过程，而且在心理认同上经历了一个由"落叶归根"到"落地生根"的逐步转化的过程。

上述两个方面的社会时代背景变化促使当时的华人移民逐渐在新加坡"落地生根"，以新加坡为家，从"侨居"转向"定居"。1965年，新加坡共和国的诞生标志着新加坡进入独立发展的历史新时期，并最终促成新加坡华人社会由"移民社会"

---

[①]［新］崔贵强：《新马华人国家认同的转向：1945—1959》，厦门大学出版社1989年版，第294—303页。

过渡到"定居社会",在国家认同上由中国"华侨"转变为新加坡"华人"。①

1965年新加坡建国以后,出于国家生存和发展的客观需要,以人民行动党为首的新加坡政府在大力发展工业化经济的同时,也通过民族、文化、教育、福利等一系列社会措施,坚持推行置种族认同于国家认同之下的多元一体化的民族政策,② 极力塑造政治上的新加坡国家认同,始终朝着"一个国家、一个民族、一个新加坡"的最终目标不断前进。在这种国内政策背景下,新加坡华人的国家认同感迅速增强。20世纪60年代末的一项调查资料表明,90%以上的人称自己为新加坡人,74%的人不愿把自己称为华人、马来人、印度人或其他人,80%以上的人都参加了以"新加坡"为标志的国家活动,其中有66%的人表示是积极参加的,74%的人表示自己愿与新加坡生死与共。③

另外,自第二次世界大战以后,随着中国近代大规模南来移民浪潮日渐式微,在新加坡本土出生的华人人口数量很快超越了第一代中国移民的规模比例,一跃成为新加坡华人社会的

---

① 曾玲:《越洋再建家园:新加坡华人社会文化研究》,江西高校出版社2003年版,第16—18页。

② 所谓多元化,是指不同民族的多元化;一体化是指多元民族的国民一体化。在处理民族问题时,二者必须有机结合起来,不可偏废。参见韦红《新加坡解决民族问题的有效途径——多元一体化》,《中南民族学院学报》(哲学社会科学版)1999年第1期。

③ 金湘:《腾飞的东盟六国》,时事出版社1995年版,第115页。

主体。① 由于这些本土出生的华人从小到大成长于新加坡社会环境之中，他们对新加坡的本土意识和国家认同感尤为强烈，因此，该群体规模比例的迅速上升在很大程度上亦反映出当代新加坡华人社会本土意识和国家认同感的日益强化。

笔者在对当代新加坡江兜人调查访谈中深深地感觉到，无论是第一代江兜老移民还是二、三、四代的海外江兜移民后裔，在国家身份认同上均已明确自居为新加坡人，并对新加坡当代社会经济的迅速发展怀有强烈的自豪感。只是在本土意识方面，与二、三、四代江兜移民后裔相比，老一代江兜移民反映出相对较弱的心态，他们往往对作为自己出生地的中国福清江兜村怀有较强的乡土情结和祖籍认同感。在与笔者的谈话中，每当提及中国福清江兜村时，他们仍然经常会不经意地使用"我们中国家乡"的词汇。反之，对于二代、三代、四代尤其是80年代以后在新加坡本地出生的新加坡江兜人后代而言，由于他们从小到大成长于新加坡的社会环境之中，因此他们在本土意识上已经根深蒂固，而对从未去过的中国"祖籍认同"的"乡土"观念则明显淡化。笔者在与两个20世纪80年代以后在新加坡出生的青少年江兜人的谈话中明确感觉到，他们对于中国祖籍地福清江兜村的概念已经非常陌生，尽管他们也曾跟随爷爷前往中国探亲寻根，然而，在他们脑海的记忆里却很难找到对于中国江兜村的"祖籍认同"意向，而是停留在"爷爷出生

---

① 据有关数据资料显示，1947年新加坡本土出生华人人数占了华人总人口数的59.9%，1957年这个比例则增长为77.7%，参见林远辉、张应龙《新加坡马来西亚华侨史》，广东高等教育出版社1991年版，第450页；1980年新加坡华人总数1856237人，有1740862人（占人总人口数的94%）已经入籍新加坡，而且其中有1490065人（占华人总人口数的80%）是在新加坡本地出生的，参见 Khoo Chian Kim, *Census of Population 1980*, Singapore, pp. 11–12。

在那里"的认知程度。

华人身份认同的转变以及本土意识的日益强化对1965年新加坡建国以来，新加坡华人社会的发展具有重要影响，二者的共同作用促使新加坡华人社会本身及其与中国祖籍地之间的关系不得不开始在新加坡国家政策框架下发生新的调整与变迁。就新加坡江兜移民社群而言，作为新加坡华人社会的组成部分，其在1965年新加坡建国后的发展演化亦同样发生并受限于此种社会时代背景之下。

## 二 当代华人社会发展中的挑战与机遇

### （一）20世纪60—80年代新加坡华人社会的发展困境

不少研究已表明，从20世纪60年代开始直到80年代初，是新加坡华人社会一个非常困难的时期。此间，新加坡华人社会面临种族与文化认同的危机，以及宗乡社团被边缘化等诸多严峻挑战。[1]

第一，从该时期新加坡对外政策调整方面来看，与中国之间政治关系的疏离导致移民时代新加坡华人社会与中国祖籍地之间的频繁互动关系被迫中断，从而对新加坡华人传统文化的传承与发展造成较大冲击。

第二次世界大战结束以后，受国际冷战格局影响，走上资本主义道路的东南亚国家纷纷站在西方反共意识形态的立场，

---

[1] 傅乃昭：《新加坡宗乡会馆的发展及其面临的问题》，《华侨华人历史研究》1993年第3期；丘立本：《从历史的角度看东南亚华人宗乡组织的前途》，《华侨华人历史研究》1996年第2期；曾玲：《调整与转型：当代新加坡华人宗乡社团变迁》，《暨南学报》2005年第1期；曾玲：《越洋再建家园：新加坡华人社会文化研究》，江西高校出版社2003年版，第18—22页。

## 第七章 与时俱进：新加坡江兜人社群的当代发展与演化

均视中国为"洪水猛兽"，并将华人假想为新中国在东南亚的"第五纵队"，纷纷采取各种当地化政策，对华人在政治、经济、教育、文化等社会各方面活动予以严格限制，"企图斩断华人同中国的关系"，甚至不惜发动公开的排华浪潮。[①] 在这种时代背景下，20世纪50年代以后的很长一段时间里，不少东南亚国家大都对中国采取了政治疏离的政策。尤其是对作为当时世界上唯一以华人人口为主体，且又地处马来人回教世界包围之中的新加坡而言，为了"向邻国和国内华人表明，新加坡属于东南亚，新加坡与中国没有特别的利益关系"，[②] 以极力避免背负"第三中国"的嫌疑而处于危及本国生存的政治浪尖之上，1965年新加坡共和国成立之后，以人民行动党为首的新加坡政府延续了第二次世界大战后英殖民时代的对华疏离政策，从而导致1965年建国直至80年代期间新加坡华人社会与中国祖籍地之间长达20余年的关系"断裂"，移民时代当地华人社会与中国祖籍地之间密切互动联系中的"双边共同体"发展模式[③]迅速解体，新加坡华人社会不得不进入失去中国祖籍的中华传统民间文化资源补给的"自立"发展新阶段。

从笔者收集到的有关文献与田野调查资料来看，自20世纪60年代至80年代初期，不但中国福清江兜人南来新加坡的移民浪潮已经完全停滞，而且移民时代新加坡江兜人与祖籍地福清江兜村之间的频繁互动也大大减少，年轻一代新加坡江兜人的

---

① 黄松赞：《新加坡的民族政策》，暨南大学东南亚研究所、广州华侨研究会编《战后东南亚国家的华侨华人政策》，暨南大学出版社1989年版，第151—152页。
② 庄国土：《华侨华人与中国的关系》，广东高等教育出版社2001年版，第316页。
③ 王铭铭：《"双边共同体"中的游离与回归》，王铭铭《西学"中国化"的历史困境》，广西师范大学出版社2005年版，第199—213页。

"祖籍认同"感日益淡化。此间,无论是江兜王氏公会的运作还是新加坡昭灵庙的宗教仪式形态都表现出与中国祖籍地之间日益疏远的本土化发展倾向,也对当代新加坡江兜人社群整合方式与认同形态产生明显影响。

第二,从该时期新加坡国内政策调整方面来看,政府极力建构国家认同中推行的一系列社会、政治、经济、文化政策使新加坡华人社会发展面临种族、文化认同,以及宗乡社团被边缘化的时代危机。[①]

1965年新加坡建国之后,受冷战格局以及周边国际关系影响,以人民行动党为首的新加坡政府在大力发展工业化经济的同时,极力塑造政治上的新加坡国家认同,坚持推行置种族认同于国家认同之下的多元一体化的民族政策,不断缩小各种族在政治、经济、教育等领域的差异,致力于淡化族群观念。[②] 其中,鉴于华族长期以来一直都是新加坡人口结构中占据3/4比例以上的主体民族,其他民族均为少数民族的实际状况,为了防止国内出现华人"大民族主义"倾向而不利于统一的"新加坡人"认同,新加坡政府一度采取了压制华族传统文化与种族认同的政策,从而使新加坡华人社会面临种族文化认同的现实危机。

从内容上看,新加坡政府强调国民意识与国家认同感的多元一体化民族政策范畴是非常广泛的,其中涉及政治、宗教、教育、生活等多个社会领域。不过,就其对华人社会发展带来

---

① 曾玲:《调整与转型:当代新加坡华人宗乡社团变迁》,《暨南学报》2005年第1期。

② 庄国土等:《第二次世界大战后东南亚华族社会地位的变化》,厦门大学出版社2003年版,第171页。

的消极影响来看，则尤以语言和教育方面的政策调整最为显著。

众所周知，在新加坡移民时代，华文学校一直是传承中华文化的重要基地，其中的华文教育内容具有延续华人文化根脉和强化华人认同的作用。然而，1965年新加坡建国之后，新加坡政府在强调国家认同意识的过程中，却逐渐建构起以英语为主的教育体系。1966年，政府宣布开始在四种语言源流的所有政府与政府补助学校设置第二种语言为必修科目，英语和各族母语的双语教育制度正式确立。[①] 然而，由于英语在就业、经商等方面具有明显突出的现实作用，所以这种实行双语教育政策的客观结果是促使愈来愈多的家长纯粹基于经济的理由，把孩子送进以英语为主要教学媒介语的学校就读，而如何加强第二语言（大多学生以母语作为第二语言）的教学，则成为一个"值得慎重考虑的一个迫切问题。"[②] 在这种背景下，华文学校的学生数量日益减少。到1983年时政府又宣布，所有学校1987年以前一律改为以英文为第一语言，各族母语为第二语言。[③] 此前，1980年时，政府还迫使已经创办了25年的新加坡唯一一所华文大学——南洋大学并入英文教育体制的新加坡大学。这一系列延续性的语言教育政策调整最终导致移民时代的华文学校印记逐渐消失。

华文学校的消失和华语教育方式的弱化使中华文化的传承

---

[①] [新]崔贵强：《新加坡华人——从开埠到建国》，新加坡宗乡会馆联合总会、教育出版私营有限公司1994年版，第273页。

[②] 吴元华：《新加坡的社会语言》，教育出版社1978年版，第65页。

[③] 庄国土等：《第二次世界大战后东南亚华族社会地位的变化》，厦门大学出版社2003年版，第179页。

受到严重破坏,年轻的新加坡华人越来越成为华语的"没落者"和华文的"困惑者",他们在生活方式与思想文化方面的西化倾向日渐显著,而对中华文化的兴趣与认同感则日渐弱化。1999年的一项问卷调查结果表明,在被调查的811名年轻华人学生中,有近1/3的人选择来世愿做白种人或日本人,而不是华人。①

另外,受英文教育的华人群体规模不断增大,也造成华人社会内部英文教育源流群体和华文教育源流群体之间的"对立"。二者在职业选择、文化倾向,以及身份认同等方面均显现出较大的差异。其中前者多处于社会较高层,其中佼佼者往往成为国家领袖、高级公务员、律师、医生、教师等,文化上倾向于西方文化。后者则多在商场施展拳脚,在会馆、宗亲会、商会等华人社团中活动,文化上倾向于中华文化认同,比较重视个人在华社中的地位;两大教育源流群体的对立进一步抑制和打击了新加坡华人社会对种族和文化的认同。②

笔者在新加坡期间的田野调查资料显示,早期华文学校教育对于当代华人的种族、文化认同是非常重要的。大致而言,1965年以前在新加坡出生的江兜移民后代大都有过在华文学校中小学接受华文教育的经历,他们一般具有较好的华语听说读写能力,且对江兜王氏公会和新加坡昭灵庙等新加坡江兜人社群内部活动的参与积极性较高,对中华文化也较有兴趣,宗教方面多倾向于华人民间宗教信仰,职业上不少人仍然从事于商业领域。与此相对,1965年新加坡建国以后在新加坡出生

---

① 新加坡《联合早报》1999年2月4日。
② 曾玲:《越洋再建家园:新加坡华人社会文化研究》,江西高校出版社2003年版,第21—22页。

的江兜移民后代则多以接受英文教育为主,英文程度较高,华语听说读写能力较弱,且对江兜王氏公会和新加坡昭灵庙等新加坡江兜人社群内部活动参与积极性较低,对中华文化兴趣相对较弱,宗教方面不少人倾向于西方基督教信仰,职业上则涉及现代经理人、教师、医生、公务员等多元化职业领域。这种情形对当代新加坡江兜人的社群发展必将产生新的影响。

在1965年新加坡建国后的对内政策调整中,新加坡华人社会发展所面临的另一个困境是华人社团边缘化危机的出现。[①] 在前一章有关内容中我们曾经谈到,在移民时代英国人"分而治之"与"间接统治"殖民策略的背景下,处于半自治状态的新加坡华人帮群社会必须建立同乡会馆、宗亲会、行业公会、俱乐部等各类社团组织,以维持华人社会的正常运作并承担本应由政府承担的诸如开展救济、兴办教育、修建医院与坟山等社会公益职能,同时还负有组织举办各种华人民俗活动和传承中华文化的重要职能。概而言之,移民时代的华人社团在当时的新加坡华人帮群社会中具有重要的现实功能。不过,1965年以后,这种情况却发生了巨大转变。

新加坡建国以后,以人民行动党为首的新加坡政府职能迅速扩展到社会政治经济文化方面的各个领域。一方面,1965年新加坡建国后,政府迅速建立起现代化的垂直化社会管理组织(如人民协会、公民咨询委员会、民众联络所、居民委员会等)与国家社会服务体系(如学校、医院、公共墓地、老人院、收

---

① 曾玲:《新加坡华人宗乡文化研究》,中国社会科学出版社2019年版,第88页。

容所等），从而逐渐取代了移民时代诸多华人社团的社会职能。另一方面，为了打破移民时代具有种族与华人帮群特征的空间聚居形态以强化国家认同与多元种族和谐，新加坡建国后政府还坚持推行市区重建计划和不同种族、社群国民混居的组屋分配政策，从而造成使同一个华人社群成员往往分散于不同居住区的现象。随着在生活中"远亲不如近邻"观念的逐渐加强，广大华人已经不像过去那么依赖于祖籍地缘与血缘关系。[①] 这种情况导致包括江兜王氏公会在内的许多华人宗乡社团在新加坡建国后的发展中面临被日益边缘化的严峻挑战，或经费短缺，或后继无人，或活动荒疏，甚至还出现了少数华人宗乡社团被迫自动解散的现象。[②] 另据有关资料统计结果显示，20世纪60—70年代，新加坡华人社团的增长数量开始大幅减少，新的宗乡会馆更是没有出现。

以上内容表明，由于政府对内政策的调整，1965年新加坡建国后新加坡华人社会发展面临着种族、文化认同与宗乡社团被边缘化的严峻现实挑战，如何摆脱困境找到新的出路成为包括新加坡江兜人在内的当代华人的共同使命。

（二）20世纪80年代以来新加坡华人社会的发展契机

20世纪70年代末80年代初以来，随着冷战时代的结束，经济全球化的加速，以及新加坡国内外政策的进一步调整，当代新加坡华人社会又面临着的历史机遇。

第一，从该时期新加坡对外政策调整方面来看，与中国之

---

[①]《新加坡华人会馆沿革史》，新加坡宗乡会馆联合总会、国家档案馆、口述历史馆、新加坡新闻与出版有限公司1986年版，第138页。

[②] 傅乃昭：《新加坡宗乡会馆的发展及其面临的问题》，《华侨华人历史研究》1993年第3期。

间政治关系的逐渐恢复为当代新加坡华人社会重建与中国祖籍地的社会文化联系，以及寻求新的发展空间创造了新的时代机遇。

早自20世纪70年代后期开始，新加坡政府与中国政府之间的关系已经有所恢复。1975年和1976年，新加坡外长拉贾拉南与总理李光耀先后进行正式访华，并与中国政府进行了友好会谈。不过，总体来看，80年代以前，新加坡政府始终将外交重点集中于东南亚区域之内，而对与中国的建交问题持谨慎态度。80年代以后，随着整个国际形势逐渐缓和、冷战时代的结束以及当代经济全球化的日益加速，尤其是由于中国改革开放后经济发展的迅速崛起，许多东南亚国家政府为了争取中国的广大市场以促进本国经济的发展，纷纷调整对中国原有的政治疏离政策，转而积极与中国重建外交和经贸关系。在这种新的国际关系背景下，建国初期新加坡政府一度担忧的"第三中国"嫌疑包袱终于彻底被卸下。1990年，步其他东南亚国家后尘，新加坡政府与中国政府建立正式外交关系，从而续写出中、新两国关系史中的新篇章。

80年代以来中、新之间国际关系的逐渐正常化为当代两国之间的经济文化交流创造了良好环境，受此影响，新加坡华人社会与中国祖籍地之间"中断"近20年的互动联系也迅速恢复，从而为当代新加坡华人社会尤其是华人宗乡社团的发展提供了新的发展空间。90年代以来，新加坡华人社会各宗乡会馆纷纷组织代表团到中国祖籍地寻根祭祖、探亲访友热潮的兴起正是这种时代背景下的一个突出反映。新加坡江兜人也不例外，笔者掌握的大量中、新两地田野调查及文本资料表明，与中国祖籍地福清江兜村之间的频繁互动联系正成为当代新加坡江兜王氏公会的重要组织活动之一。

第二，从该时期新加坡国内政策调整方面来看，政府对于华人传统文化价值观认识态度的改变，以及因此而推行的一系列社会政治经济文化政策又使得新加坡华人社会发展面临种族文化复兴的时代契机。[①]

如前所述，新加坡建国后迅速颁行了的一系列以国家认同取代种族认同的社会、政治、经济、文化政策。这些政策的推行虽然在强调新加坡人的国民意识与国家认同方面取得了明显成效。然而，与此同时，随之亦带来了不少负面的社会问题，其中尤以社会价值观受到的冲击最为凸显。1965年新加坡建国以来，在政府强调以英文为主导的各项政策导引下，新加坡国内出现了教育、工作环境日益英文化的普遍迹象，各族青少年一代对于母语的认知水平迅速下降。这种形势造成新加坡青年人越来越倾向于思想文化的西方化，个人主义、自由主义和颓废主义思潮日渐兴起。在这种背景下，面对西化消极思想文化的冲击，以李光耀为首的新加坡政府不得不重新对原有的文化教育政策进行反思，并试图从包括华族在内的本土各种族传统文化中寻找可以对抗西化思想的东方价值观，以避免使新加坡沦为"伪西方"社会的危险。[②] 于是，自70年代末80年代初开始，新加坡政府逐步开始对其抑制种族文化的政策进行调整，转而鼓励包括华人在内的本地各族人民保留和发展自己的文化

---

[①] 曾玲：《新加坡华人宗乡文化研究》，中国社会科学出版社2019年版，第89页。

[②] 曾玲：《调整与转型：当代新加坡华人宗乡社团变迁》，《暨南学报》2005年第1期。

传统。①

1979 年,新加坡正式开始推行讲华语运动,以后每年陆续设立主题推动。1982 年,政府规定自 1984 年开始,在中学三、四年级的德育课程中增设儒家伦理课程。1991 年,政府正式发表《共同价值观白皮书》,提出了五大共同价值观:"国家至上,社会为先;家庭为根,社会为本;关怀扶持,同舟共济;求同存异,协商共识;种族和谐,宗教宽容",并将中华传统文化的诸多思想融入其中。② 新加坡领导者已经逐渐认识到,拥有 5000 多年悠久历史的中华文化中蕴含着"一股至深且巨大的精神力量,能使一个民族产生自信心,去面对和克服重大的改变和挑战"。③

另外,随着 80 年代以来中、新之间政治联系的逐渐恢复,特别是 1990 年两国政府正式建立外交关系以后,基于试图通过积极与中国进行经贸往来以促进本地经济发展的需要,新加坡政府对于华族传统文化以及华人宗乡社团的现实价值也进一步重视,并开始在态度与政策上给予更多的支持或鼓励,从而为当代新加坡华人社会组织的发展与华人传统文化的复兴提供了新的空间。④

1984 年 12 月,由新加坡 9 家华人社团联合主办的"全国宗乡会馆研讨会"得以召开,与会的 100 多个华人社团,600 余名代表一起就新加坡华人宗乡会馆的发展问题进行了开放式的大

---

① [新]杨荣文:《献词》,《华人华语华文》,新加坡推广华语理事会,新闻、通讯及艺术部,2000 年,第 4—5 页。
② 李一平、周宁:《新加坡研究》,国际文化出版公司 1996 年版,第 182—188 页。
③ 《李光耀四十年政论选》,新加坡报业控股华文报集团 1994 年版,第 423 页。
④ 曾玲:《社会变迁、国家因素与当代新加坡华人社会宗乡文化之复兴》,《河南师范大学学报》2013 年第 1 期。

讨论，反响热烈。1986年1月，由新加坡福建会馆、潮州八邑会馆、广东会馆、福州会馆、南洋客属总会、琼州会馆及三江会馆联合发起筹建的新加坡宗乡会馆联合总会正式成立。该机构成为当代新加坡华人宗乡社团的最高联合机构，所属会员迅速发展到191个同乡会和宗亲会。[①] 其宗旨主要是以协调新加坡各宗乡会馆之间的合作关系，举办各种发扬中华文化的活动。1991年开始主办的"春到河畔迎新年"庆祝活动已经成为新加坡华人社会广为人知的"文化表演"。1992年4月，在政府号召和宗乡总会、中华总商会的支持下，新加坡华社自助理事会正式成立。该机构的职能主要是帮助新加坡华人社会中的贫困家庭和在校生。[②] 自此，宗乡总会、华社自助理事会，以及主要承担华商活动的传统华社机构——新加坡中华总商会——三者共同成为当代新加坡华人社会中的三个联合性总机构。

就各华人宗乡社团发展状况而言，当代新加坡政府对华人传统文化的日渐重视也为其摆脱被边缘化困境以重寻社会生存空间提供了历史契机，新加坡华人宗乡会馆的运作功能亦进入调整变迁的新时期。[③] 从其调整的本土社会运作情况来看，80年代以来新加坡各华人宗乡社团主动配合政府有关政策，一方面积极开展华人节日、戏剧、狮舞、饮食等各种华人民间文化活动以推动华人传统文化复兴与强调华人种族、文化认同，另一方面也积极参与本地各种族之间的友好互动以及社会教育、

---

① 陈蒨：《会馆与文化教育：华人身份认同和国族主义》，周晓红、谢曙光主编《中国研究》2006年春季卷总第3期，社会科学文献出版社2007年版，第45页。

② 李威宜：《新加坡华人游移变异的我群观：语群、国家社群与族群》，唐山出版社1999年版，第170—190页。

③ 曾玲：《越洋再建家园：新加坡华人社会文化研究》，江西高校出版社2003年版，第25页。

医疗等社会公益福利事业以寻求新的社会定位；从其调整的跨国运作情况来看，随着当代新加坡政府对外政策的逐步调整，80年代以来新加坡各华人宗乡社团以传统宗乡文化为纽带，积极拓展跨境发展的空间；一方面纷纷组织代表团到中国祖籍地寻根祭祖、探亲访友，另一方面还通过主办或参与全球性的世界华人恳亲、联谊大会，积极加强与其他各国华人社会之间的互动交流。[1] 这些活动的开展为包括新加坡江兜人在内的华人社群发展亦提供了更多新的表演舞台。

总之，自1965年新加坡独立建国以来，新加坡政府的内外政策先后进行了一系列调整。对于新加坡华人社会变迁而言，这些内外政策调整既有挑战也有机遇。就此而言，作为新加坡华人社会中的一个组成部分，1965年新加坡建国后，江兜移民社群的发展演化亦正发生于这种既有挑战又有机遇的社会变迁背景之下。

## 第二节　江兜移民传统业缘经济的衰落与转型

1965年新加坡独立建国以后，由于新加坡经济结构的调整与变迁，移民时代华人帮群社会中的传统行业经济发展受到巨大冲击，江兜人在新加坡移民时代形成的以交通行业经营为中心的业缘形态亦因此而发生新的转化。

---

[1] 曾玲：《认同形态与跨国网络：海外华人宗乡社团的全球化初探》，《世界民族》2002年第6期。

## 一　国家产业结构调整对华人传统行业经济的巨大冲击

前文有关章节已经论及，在英殖民时代以转口贸易为主的新加坡商业经济环境中，基于共同方言、祖籍地缘、血缘纽带在华人链条式移民方式以及商业经营方式中所发挥的重要作用。当时新加坡华人社会逐渐形成了同一方言帮群或同一祖籍地缘、血缘移民社群垄断某一特定行业的现象，即呈现出明显的业缘形态。[1] 正是在这种社会历史背景下，早期自中国南来的江兜移民社群才逐渐形成了自己不断发展壮大的交通行业经营业态。然而，1965年新加坡建国以后，移民时代这种华人社会经济发展中的传统业缘形态却遭到巨大冲击。

20世纪50年代以后，相继摆脱殖民地统治的东南亚各国在发展经济的过程中，纷纷走上了直接对外贸易的道路。这种情况的出现使移民时代在东南亚一直独秀的转口贸易经济发展面临激烈竞争和严峻挑战。为了避免这种困境所引发的国内经济衰退与失业危机，新加坡有必要改变移民时代以单一转口贸易为主的畸形经济结构以获得更广阔的经济发展空间。为此，自1959年实现自治开始，以人民行动党为首的新加坡政府逐渐走上了一条以推进工业化为主导的多元化均衡发展道路。1959—1967年，新加坡开始推行经济多元化，重点是从发展进口替代工业化转向出口导向的工业化；1968—1979年，新加坡开始从劳动密集型产业转向资本、技术密集型工业发展阶段；80年代，

---

[1] 黄枝连：《马华历史研究调查研究绪论》，万里文化企业公司1971年版，第77—80页。

新加坡强调优先发展第三产业；90年代初以来，为顺应经济全球化日益加速的时代潮流，进一步提出向海外投资的战略构想，并将投资方向集中于亚洲市场之内的中国、印度以及东南亚各国。[①]

自20世纪50年代末以来，经过数十年的不断经济政策调整，在经济迅速腾飞的同时，新加坡国内的产业结构与就业结构也发生了巨大变化。在产业结构方面，当代新加坡已经改变了移民时代以转口贸易为主导的单一化经济结构，并建立起制造业、建筑业、商业、金融业、交通业、电讯业为主的多元化经济结构。在就业结构方面，与移民时代人们大多数从事与贸易有关的商业领域情况相比，新加坡建国以来国内第二产业中的就业人口比例不断上升，行业选择方向日益多元化。2002年新加坡不同行业就业人口比例调查结果显示，制造业占18.2%，批发与零售业占15.1%，交通与通信业占10.8%，商业与房地产业占11.8%，社区、社会与个人服务业占25.7%。[②]

如前所述，移民时代新加坡华人社会中业缘形态确立于当时以转口贸易为主的商业经济基础之上，正是在当时新加坡商业经济环境中逐渐形成了与华人祖籍方言、地缘、血缘认同密切相关的华人帮群性业缘形态。由此，1965年新加坡建国以来，随着本地多元化经济结构体系和多元化就业结构体系的逐步建立，移民时代立足于商业经济基础的华人传统行业发展亦必然受到巨大冲击。另外，随着新加坡进入独立建国后华南大规模南来移民浪潮的逐渐终止以及国家认同意识下华人帮群畛域观

---

[①] 李一平、周宁：《新加坡研究》，国际文化出版公司1996年版，第126页。
[②] 《新加坡年鉴2003》，新加坡新闻、通讯及艺术部、联合早报，2003年，第192页。

念的迅速淡化，移民时代华人移民主要凭借方言、祖籍地缘、血缘等纽带寻找就业渠道的途径已经失去现实意义。以上两方面的原因最终促使移民时代华人帮群社会中的传统行业发展逐渐由盛转衰，并日趋式微。

受上述时代背景影响，新加坡建国以来的数十年间，当地江兜人在移民时代形成的交通行业经济发展亦面临新的挑战且亟待转型。

## 二 新加坡江兜人传统业缘经济的解体及多元化转型

1965 年新加坡建国以后，经过数十年的发展，当地江兜人的业缘形态已经发生了明显变化，具体而言，这种变化主要表现在以下两个方面：

第一，与移民时代主要集中于交通行业的情况不同，当代以来新加坡江兜人所经营的行业结构已经体现出日益多元化的发展态势。

从纵向的角度来看，新加坡江兜人的多元化行业经营情形早在移民时代就已经开始出现。例如，江兜人在新加坡进入交通行业经营的先驱者王万高在 20 世纪初时不仅经营人力车、脚踏车零件的商铺，还同时经营着一间小食品杂货店，以后则进一步购置了多间屋业和一些园丘；[①] 另一位稍晚开始经营脚车、汽车零件业的江兜人王禄梓则在 20 世纪 30 年代购置了马来亚柔佛州一处树胶园，40 年代在新加坡修建"白宫大厦"，开办

---

[①] 杨武风：《点点滴滴话福清人》，《新加坡福清会馆 70 周年纪念特刊（1910—1980）》，新加坡福清会馆 1980 年版，第 80 页。

南洋大酒店，50年代发展屋业，修建禄梓公寓楼。① 不过，总体而言，新加坡江兜人经营行业的大规模多元化转型则是发生在新加坡建国以后的事情。

第二次世界大战后至建国初，面对当时周边东南亚各国纷纷开始发展自由贸易，以及新加坡国内经济结构调整中传统转口贸易、交通运输行业比例日益下降的新形势，越来越多的江兜人商业经营者进一步认识到"不能把所有鸡蛋放在同一个篮子里"的道理，原有的交通行业单一经营领域未必是一个长久之计，于是不少江兜人逐渐走上通过尝试多元化经营以保证自身产业增值的目的。其中比较有代表性的有以下几个个案：

王万源，第一代江兜移民。早年曾在马来亚福和公司任职，学习脚车业、汽车零件业经营，1932年与同乡合伙创办新加坡大顺公司开始从事脚踏车及汽车零件业经营；20世纪80年代以来，大顺公司陆续成立了新加坡山川贸易有限公司、新加坡大顺投资私人有限公司、CASA实业有限公司（泰国）、新加坡金宝食品工业有限公司、新加坡新越泰贸易私人有限公司、新加坡飞开电讯私人有限公司、Shintomi日本餐馆有限公司等20多家子公司，经营范围已经涉及食品及日用品贸易、产业投资、电讯器材、管理服务、房地产、餐饮业等多个经济领域，公司业务遍布于新、马、印尼、泰，以及中国福建、香港等多个国家或地区，员工有数百人的规模，各公司总营业额每年都在亿元新加坡币以上。②

---

① 《王禄梓先生简介》，《新加坡福清会馆70周年纪念特刊（1910—1980）》，新加坡福清会馆1980年版，第86页。

② 笔者在新加坡对王发祥先生所做的访谈记录。

王声邦，第一代江兜移民。早年曾先后在新加坡大顺公司与新加坡大亚公司任职，学习汽车零件业运营，1946年创办新加坡中央汽车公司开始从事汽车零件业经营；1960年与他人合伙创办新加坡金融公司，初次踏入金融界；1969年创办新加坡南方机械私人有限公司经销船务零件业务；1976成立新加坡王声邦私人投资有限公司，投资多元化经济领域；1980年参加孙炳炎的新加坡森林集团；1989年出任新加坡吉宝金融执行董事，继续驰骋于金融界；自20世纪70年代以后，王声邦先后担任新加坡租购及金融业公会会长、新加坡车商公会主席分别长达26年、16年之久。[1]

王福顺，第一代江兜移民。早年曾在新加坡大顺公司任职，学习汽车零件业运营，1954年偕同乡友赴印度尼西亚合营"新协隆公司"，经营汽车零件业及脚车业；1965年创办新加坡华达商行经营汽车、摩托零件、轮胎进出口批发业务；1979年创办新加坡高盟公司，并在新加坡裕廊工业区建设工厂，生产建筑机械、高空作业升降机；20世纪90年代以来，又先后成立了电脑公司和建筑公司，并在新加坡、马来西亚、中国北京等地拥有多处物业，并涉足房地产业。[2]

王荣銮，出生于马来西亚的第二代江兜移民。早年曾在马来亚福和公司任职，学习汽车零件业运营，20世纪50年代初创办新加坡华侨汽车公司开始从事汽车零件业经营；60年代开始兼营经销船用马达；1978年创办新加坡伟达机械有限公司专门经销水泵、船用马达和制作发动机配件业务，并逐渐退出汽车

---

[1] 新加坡口述史馆访谈记录，被访者：王声邦；访谈时间：1983年2月19日。
[2] 笔者在新加坡对王福顺先生所做的访谈记录。

零件业；1983年设立新加坡伟达机械有限公司吉隆坡分公司，并在新加坡裕廊工业区自创水泵机械厂；近年来新加坡伟达机械有限公司又先后在中国上海、北京设立办事处，并在福建省福州市投资创办水泵机械厂，业务蒸蒸日上。[1]

上述个例反映出新加坡建国以来江兜人的业缘形态日益转向多元化的发展态势，并且取得了很大成功，不仅在业务范围与业务市场上迅速扩大，而且在经济实力上也有了进一步的提升。当然，从反向的角度来看，多元化经济形态的转型成功亦反衬出新加坡江兜人传统交通行业经营的日渐衰弱。

前文有关章节已经述及，自19世纪末20世纪初开始起步，经过数十年的不断发展壮大，到20世纪50—60年代时，江兜人在新加坡交通行业经营方面已经获得巨大成功，并达到鼎盛时期。然而，1965年新加坡建国之后，在面临市场竞争日益激烈、商业利润日益下降的严峻挑战，新加坡江兜人的交通行业发展也开始由盛转衰。

新加坡建国数十年以来，江兜人交通行业发展中所遇到的严峻挑战主要来自以下几个方面的因素：其一，为了改善本地交通环境质量，新加坡建国后政府颁布了一系列相应的改革政策，其中鼓励人们以旧车换新车的政策造成大量十年车龄旧车纷纷被淘汰，而大幅度调整汽车入口税及注册费的政策则影响到新车购买数量减少，这些情况引发了汽车零件业市场供大于求的危机；其二，随着当代经济全球化的加速，世界范围内的商品流通程序也日益简化。受此影响，与移民时代商品生产厂家在新加坡设立指定代理商的销售方式相比，当代东南亚各地

---

[1] 笔者在新加坡对王宗祝先生的访谈记录。

汽车零件经营者越来越多地采取直接从厂家进货。同时也有越来越多的汽车零件生产厂家为了方便与市场接触而纷纷设立专门的销售分公司来直销产品，从而对移民时代包括江兜人在内的新加坡"福莆仙"社群"垄断性"交通行业经营造成巨大的市场冲击；其三，随着20世纪90年代以来韩国、泰国、印度、巴西、阿根廷以及中国等国家汽车制造业的兴起，从而使得东南亚汽车零件业市场竞争日益激烈，利润明显下降。[①] 在这种经济情势下，新加坡江兜人的交通行业经营亦受到巨大冲击。

曾经连任长达12年之久的前新加坡车商公会主席江兜人王发祥先生告诉笔者，新加坡建国以来汽车零件业市场竞争日益激烈，到20世纪80年代时新加坡本地已有400多家汽车零件商，所以除了极个别实力雄厚的公司（如新加坡大顺公司[②]）之外，包括江兜人在内的许多"福莆仙"社群商业人士已经逐渐放弃了传统的交通行业经营，转而投资于其他领域。笔者在新加坡田野调查期间也发现，尽管目前新加坡江兜人中仍有数十家汽车零件经销商，然而他们的经营规模已经日趋减小，发展前景也日趋暗淡。从笔者走访的数家江兜人汽车零件商来看，他们的库存商品多为数年前的旧货，顾客多为以前的老客，在当代汽车零件业市场中的占有量日益减少。与此同时，因为当

---

① ［新］郑文麟：《新加坡汽车零件业的状况与展望》，《新加坡车商公会金禧纪念特刊（1932—1982）》，新加坡车商公会1982年版，第117—120页。

② 目前还从事汽车零件业的新加坡江兜人经销商中以王万源家族的新加坡大顺公司最具规模，20世纪90年代中期时该公司已是新加坡最大的汽车零件经销商，年营业额达6000余万元，经销有一百多种品牌的汽车零件，其中75%的营业额是供转口外销，诸如印度尼西亚、马来西亚及菲律宾，以及中国大陆、中国香港及中国台湾，甚至远销印度及巴基斯坦等地。参见［新］郑明杉《狮城财经群英》，跨世纪制作城1995年版，第141页。

代汽车零件业生意竞争日益激烈，经营者平常工作颇为辛苦，所以许多江兜人年轻后辈也都不愿意从父亲手中"接班"继续从事传统的交通行业经营，而是更乐于追求律师、医生、教师等社会地位较高而又稳定的现代职业工作岗位，进而最终导致移民时代江兜人曾经辉煌一时的交通行业逐渐走向衰弱。除前述一些已经成功转向多元化经济领域的情况以外，60—70年代曾在新加坡汽车零件业声名显赫的王万丰隆公司、新加坡协裕公司、新加坡义成公司以及新加坡中央汽车公司等江兜人汽车零件经销商均已先后衰败或休业了。

第二，与移民时代主要集中于交通行业的情况不同，新加坡建国以来新加坡江兜人的就业结构也呈现出日益多元化的发展态势。

在移民时代新加坡华人帮群社会结构的历史场景中，早期自中国南来的江兜移民一般只能通过祖籍地缘、血缘关系在同乡族人经营的脚车店或汽车零件店内求职谋生；反过来，早期创业较为成功的江兜移民也乐于在自己的店铺或公司内使用更加值得信赖的同乡族人作为员工。概而言之，在新加坡移民时代江兜人经营的脚车店或汽车零件店内从老板到员工一般都是清一色的同乡族人，因而表现出显著的业缘形态。

1965年新加坡建国后，由于中国近代以来福清江兜人南来移民浪潮的终止，移民时代江兜人交通行业经营者雇用同乡族人员工的现象已失去现实意义。并且，随着现代企业经营规模的日益扩大化和管理方式的日益现代化，当代新加坡江兜人的多元化行业经营不但对员工需求数量大大增加，而且对员工专业技术能力要求也大大提高，这种情况促使江兜人经营的一些大型公司在员工雇用对象方面彻底摆脱了传统祖籍地缘、血缘的社群边界限制，转而扩展到整个华人社会乃至多元种族的人力资源范畴。

另外，随着20世纪50年代末以来新加坡产业结构调整中行业构成的日益多元化，人们选择就业的方向也日益多元化，江兜人也不例外。笔者在新加坡调查访谈过程中逐渐了解到，目前新加坡江兜人尤其是年轻人已经很少人继续从事于交通行业商业领域，而是越来越广泛地从事于机械业、建筑业、电讯业、房地产业、商贸业、教育业、医疗业、政府机构等现代社会中的多元化就业领域，职业身份表现为经理人、职员、工程师、教师、医生、公务员等多个社会角色。

由上可见，自1965年新加坡建国以来，受国内外社会经济背景变化影响，当代新加坡江兜人的业缘形态和就业结构已经呈现出明显的多元化发展态势。与此同时，其在移民时代不断发展壮大的交通行业经济特色则已日趋弱化。

## 第三节　新加坡江兜人社群组织机构的调适与更新

1965年新加坡建国以后，随着华人国家身份认同的转变以及国内外时代背景的变化，新加坡华人社会发展也面临着新的挑战与机遇。其中一个突出的表现就是，作为移民时代华人社会运作系统中的三大支柱之一，新加坡诸多华人宗乡社团却面临着一个迅速被社会边缘化的危险。就此而言，新加坡江兜人的社群组织机构——江兜王氏公会——同样也不例外。为了谋生存、求发展，新加坡建国数十年以来，江兜王氏公会也在潜移默化中进行了诸多相应的自我调整，从而导致其在组织系统、运作内容与功能等方面发生着新的变迁。

## 一 当代新加坡江兜王氏公会组织的制度化变迁

从新加坡建国以来江兜王氏公会的内部组织系统来看,其在1963年章程中确定的各项基本制度大都延续了下来,不过由于社会背景变迁的影响,其在一些具体方面也出现了一些相应的变化。

### (一) 宗旨

与移民时代江兜王氏公会成立初期更强调团结江兜移民社群内部感情的宗旨实际意义不同,1965年新加坡建国以后,随着华人移民国家身份认同的改变以及本土意识和国民意识的日益强化,该公会的宗旨越来越体现出本土社会关怀的现实意义。换言之,虽然在江兜王氏公会1963年章程中已经正式确定了"本会以促进新加坡江兜村乡人感情与团结并共谋发展社会福利及慈善事业为宗旨",[①] 但是其中服务于新加坡本土社会事务的宗旨实践则主要是新加坡建国以后的情形。有关这方面的内容,我们将在下文针对独立建国后新加坡江兜王氏公会运作与功能的考察中展开具体分析。

### (二) 会员构成状况

1965年新加坡建国以来,由于社会变迁的影响,与移民时代情形相比,新加坡江兜王氏公会的会员构成状况也发生了不少变化,具体而言,主要表现在以下几个方面:

其一,从会员出生地来看,与移民时代筹建成立初期的情况相比,新加坡建国后本地出生的江兜移民后代日益成为江兜王氏公会发展中的新生力量。

---

① 《新加坡江兜王氏公会章程》(1963年),新加坡江兜王氏公会档案资料。

在移民时代早期江兜王氏公会成员大都是出生于中国祖籍地的第一代江兜移民，而新加坡本地生的江兜人所占比例较小。1965年新加坡建国以后，特别是20世纪90年代以来，随着老一代江兜移民的逐渐故去，新加坡本地生江兜人后辈人数在公会中的比例则明显上升，并日渐超越了第一代移民的所占比例，而且其中大部分都是第二次世界大战后新加坡本地生的第二代或第三代华人。① 这种情况既反映了20世纪中叶中国近代福清江兜移民大规模南来移民浪潮终止后新加坡本地江兜人数量不断增长的客观事实，也反映出在新加坡国家认同、国民意识不断强化的过程中，基于祖籍地缘、血缘纽带的江兜人社群认同并未随之完全消失，而是显示出代际传承的迹象。新加坡本地生江兜人年轻后辈的加入为独立建国后江兜王氏公会的继续生存与发展注入了新鲜血液，并保证了其有生力量的规模。就笔者所掌握的部分资料来看，1993年时该公会有会员人178人，1995年有会员177人，2000年有会员164人，2005年有会员183人，其中在新加坡本地出生的江兜人后辈人数已经逐渐超越了出生于中国的第一代移民数量。

另外，值得注意的是，当代江兜王氏公会会员中还出现了一些来自中国福清江兜村的新移民②。1990年中国政府与新加坡政府正式建交以后，随着两国之间经济文化交流的日益频繁，在新加坡老一代江兜移民的帮助下，祖籍地福清江兜村人又兴起了南来新加坡"谋发展"的新一轮移民浪潮。据中国江兜村村委会统计数据显示，截至2004年6月，在新加坡合法定居的

---

① 笔者在新加坡对王福顺先生所做的访谈记录。
② "新移民"是改革开放后兴起的一个新概念，其一般含义系指"改革开放以后移居国外的中国公民。"

江兜人新移民数量已达130人,其中有少数人已经成为新加坡公民。[1] 这些新移民的到来为新加坡江兜王氏公会的发展提供了一种特殊的新生力量,尽管他们进入江兜王氏公会的人数还不多,而且他们的经济实力也还不够"强大",但是由于他们对自己的出生地中国福清江兜村有着深厚的乡土情结与"祖籍认同"感,因此,从长远看,他们很有可能会对江兜王氏公会乃至新加坡江兜人社群的日后发展带来重要影响。

其二,从会员的文化结构来看,与移民时代筹建成立初期的情况相比,1965年新加坡建国后,江兜王氏公会成员的教育文化水平已经明显提高。

众所周知,在移民时代,由于当时从中国南来海外谋生的华南移民大都是旧中国农村社会的劳动人民出身,因而文化知识水平普遍较低。[2] 就此而言,早期自中国福清江兜村南来的江兜移民自然也不例外。据笔者所收集的口述访谈资料,除了1947年南来新加坡的王福顺先生在当时的福清江兜村是读到高中毕业的唯一高材生之外,其他大部分南来的江兜移民都是没有受过教育的文盲或只接受过小学(早期为私塾)教育的半文盲。在这种情况下,虽然移民时代也有一些侨生在新加坡举办的华校或英校中接受了较好的基础教育,不过从整体上看,当时以第一代江兜移民为主体的江兜王氏公会在会员文化结构方面仍然处于较低的教育知识水平。

---

[1] 这些中国江兜村新移民均为1990年中、新加坡两国正式建交后南来新加坡的,其迁移行为多是在新加坡老一代江兜移民帮助下实现的,基本以亲属团聚或劳务输出方式进行迁移,其中绝大部分成员在新加坡从事半技术性劳务工作。

[2] 朱国宏:《中国的海外移民:一项国际迁移的历史研究》,复旦大学出版社1994年版,第288页。

1965年新加坡建国以后，随着国内教育环境的迅速改善以及国民教育的日益普及，在新加坡本地出生的江兜人年轻后代教育文化水平有了明显提高。江兜王氏公会中亦因之不乏出现了一些具有高学历高层次知识水平的"佼佼者"。例如，原江兜王氏公会主席王福顺先生的长子王勇冰、次子王勇诚均毕业于新加坡南洋大学获商学院学士学位，三子王勇洲毕业于美国密西根大学获机械工程硕士学位，四子王勇廉毕业于美国密西根大学获建筑学硕士学位；前任江兜王氏公会主席王荣銮先生的长子王宗庆考取高级剑桥文凭，次子王宗祝毕业于新加坡义安工艺学院，三子王宗辉毕业于加拿大孟达大学，等等。[①] 在父辈引导带动下，自20世纪80年代以来，他们先后成为新加坡江兜王氏公会中的一员。

　　另外，在此有必要指出的是，与移民时代江兜王氏公会老一代移民清一色操中国祖籍地兴化方言的情形不同，1965年新加坡建国后江兜王氏公会成员的语言知识构成背景则显现出逐渐英文化的倾向。由于独立建国后政府大力发展英语教育，不断加强英语在政府、商业、资讯、社会等各方面的运用，从而导致越来越多的本地生华人更倾向于接受英文教育。笔者在新加坡调查访谈中发现，1965年以前在当地出生的江兜人大都有过在华校中小学受华文教育的经历，一般具有较好的华文应用基础，1965年以后在新加坡出生的江兜人则以接受英语教育为主，英文程度较高，华文应用能力（主要是读写能力）逐步下降，许多80年代以后的出生者甚至在家中也已经更多的使用英

---

[①] 福清市《新厝镇华侨史》编委会编：《新厝镇华侨史》，新厝镇侨联，2004年，第29—30、47页。

语。由此,在新加坡建国后本地生江兜人后辈会员数量逐渐增多的情势下,江兜王氏公会成员的语言知识构成背景也表现出逐渐英文化的发展态势。

其三,从会员的职业构成来看,与移民时代相比,新加坡建国后江兜王氏公会成员的行业结构呈现出更加多样化的特征。在移民时代,由于早期自中国南来的江兜移民在职业选择上基本都集中于交通行业的社群业缘形态范畴之内,所以当时江兜王氏公会成员的职业结构也表现出明显单一化的特征。1965年建国以后,随着新加坡经济结构的不断调整以及当地江兜人社群业缘形态的日渐解体,江兜人的就业取向也不再局限于早期的交通行业领域,而是表现出日趋多元化的发展态势。这种情况在江兜王氏公会成员职业构成中也有所反映。时任新加坡江兜王氏公会主席王福顺先生告诉笔者,目前公会成员已经跟早期成立时大都集中于交通行业的情形大不一样了,现在公会成员的职业种类越来越多,既有不少经营汽车零件、机械制造、电讯器材、房地产、建筑设计、食品百货等各类公司的老板,也有许多从事于各类企业或公司的员工、政府公务员、学校教师、医务人员,等等。①

其四,与移民时代情形不同,当代新加坡江兜王氏公会中还出现了一批具有"外籍"身份的"附联会员"。例如,1995年时有印度尼西亚江兜人"附联会员"23人,马来西亚江兜人"附联会员"26人,香港地区"附联会员"江兜人3人;② 2000年时,有印度尼西亚"附联会员"江兜人21人,马来西亚江兜

---

① 笔者在新加坡对王武镇先生所做的访谈记录。
② 《新加坡江兜王氏公会名册》(1995年),新加坡江兜王氏公会档案资料。

人"附联会员"27人，香港地区江兜人"附联会员"3人。①据时任新加坡江兜王氏公会主席王宗祝先生介绍，之所以设置这种具有"外籍"身份的"附联会员"，主要是为了能够区分新加坡本地与其他东南亚国家江兜人之间的不同国籍的身份。值得注意的是，这种情况反映出两个角度的意义，一方面表明东南亚各国独立后新、马、印尼江兜人的已经各自确认了所在国的国民身份认同，另一方面又反映出当代东南亚各国江兜人之间仍然以血缘、祖籍地缘纽带维系着密切联系。

以上情况表明，由于社会变迁的影响，1965年新加坡建国后江兜王氏公会在会员构成状况方面已经发生了诸多与移民时代情形不同的变化。不过，从当代新加坡江兜王氏公会成员的社群身份来看，则又始终局限于新加坡江兜人社群之内。从这个意义上讲，1965年新加坡建国后的江兜王氏公会仍然延续了移民时代作为新加坡江兜人社群组织机构的社会角色，在其不断自我调适于新加坡社会变迁环境的同时，亦仍然显示出确定新加坡江兜人社群边界的意义。

### （三）管理机构与领导层

#### 1. 管理机构的变化

首先，从江兜王氏公会管理机构的基本设置情况来看，1965年新加坡建国以来与移民时代公会筹建成立初期的情况相比变化不大（见图7-1），基本上是延续了早期设置的主体架构，其中少量发生变化的方面主要是因社会时代背景变迁下出于公会运作需要而做出的一些局部调整。就笔者调查收集到的有关档案和访谈资料显示，这些机构设置方面的局部调整主要

---

① 《新加坡江兜王氏公会名册》（2000年），新加坡江兜王氏公会档案资料。

有以下几项：20世纪70年代以后开始增设候补委员两名，80年代开始设立产业信托人5名（后改为4名），90年代开始增设副主席1名，同时增设名誉理事（后改称执委，数额不限）。另外，自20世纪80年代开始，执行委员会成员逐渐废除了早期一年一任的规章制度，转而开始实行两年一届的任期制。

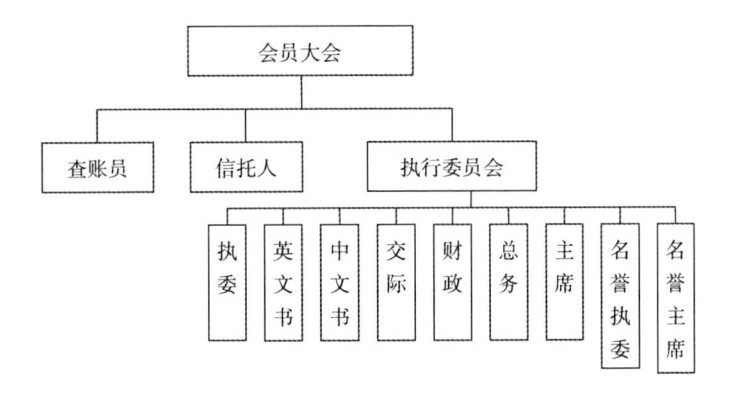

**图7-1 新加坡江兜王氏公会组织机构设置**

其次，从江兜王氏公会管理机构的操作层面来看，与移民时代公会筹建成立初期相比也出现了一些明显变化。具体而言，主要体现在以下两个方面：

一方面是公会内部会议的内容与程序更加制度化、规范化。新加坡建国后尤其是20世纪80年代以来，随着政府社团法令规章制度的不断细化以及公会成员整体知识结构水平的逐步提高，江兜王氏公会自身举办会务的能力也日益增强。笔者在翻阅江兜王氏公会近20年来的会议记录档案资料过程中发现，与早期公会成立初期简单的手写会议记录内容相比，当代的电脑打印板会议记录无论从内容上还是程序上都显示出更为规范化、制度化的特征。此处仅以1992年新加坡江兜王氏公会执委会会议与会员代表大会会议记录为例，全文转抄如下，从中我们不难看出这种特征的反映。

## 新加坡江兜王氏公会
## 第廿十届执委会第一次会议记录

日期：1992年5月26日（星期二）

时间：晚上8时整

地点：华达国际商行（145. Selegie Rd）[①]

出席者：王万源、王福顺、王荣銮、王发祥、王如聪、王金祥、王声厚、王春荣、王金龙、王勇冰、王达永

主席：王福顺　　　记录：王金祥

议程：

（一）复准前期议案

主席王福顺吁请与会执委就前议案提出讨论，经讨论后，由发祥提议，金祥附议，一致议决通过

（二）讨论有关筹备庆祝本会卅周年纪念及1992年度会员大会联欢

晚宴事项：

（1）日期经讨论后议决，本会卅周年纪念及1992年度会员大会订于1993年7月1日举行

地点：福清会馆大礼堂

会庆经费：众执委即席认捐，记录于下：

姓名　款额（$）　　姓名　款额（$）

---

[①] 新加坡江兜王氏公会一直没有购置自己的固定会所，筹建之初的结霜桥会所乃租赁而来，1965年新加坡建国后受政府市区重建计划的影响，自20世纪80年代以来江兜王氏公会搬迁至新加坡福清会馆所在的福清大厦内作为办公会所。

| | | | |
|---|---|---|---|
| 王万源 | 2000 | 王金龙 | 800 |
| 王福顺 | 2000 | 王声华 | 500 |
| 王如聪 | 2000 | 王金祥 | 100 |
| 王荣銮 | 2000 | 王达永 | 100 |
| 王声厚 | 1000 | 王春荣 | 100 |
| 王进隆 | 1000 | 11,600 | |

散会时间：晚上10时30分

## 新加坡江兜王氏公会
## 1992年度会员大会记录

日期：1993年7月15日

时间：下午7：30

地点：华达商行

出席人数：90人

主席：王福顺　　　主持：总务王发祥

议程：复准1991年度会员大会议案

（1）1991年会员大会记录已邮寄于全体会员，会议主持王发祥吁请与会会员，就前议案提出讨论。经讨论后，众皆赞同，一致鼓掌，表示议决通过

（2）总务做1992年度会务报告

（3）通过财政1992年度账目报告

1992年度财政账目进支报告，已由查账王文森查核无误，并分发于全体会员，众认无讹，一致鼓掌，议决通过会议至此，再无其他动议，主席感谢各位出席是晚会议，并宣布散会

另一方面是公会内部会议召开次数的减少和会议筹备时间的增长。出现这种变化主要是由于社会环境变迁所使然。在移民时代，受华人帮群聚落空间格局影响，当时的新加坡江兜人大都居住在公会会所（卫德路门牌二号 A）所在地结霜桥一带的街道上，所以一般召集会员召开大会比较方便。1965 年新加坡建国以后，在政府市区重建以及组屋分配政策的影响下，江兜人被迫陆续搬离结霜桥，散布到新加坡各个方位的社区居住。这种居住空间的变化，使得公会在召集会员代表大会时变的颇为不便，尤其是再加上当代新加坡工作节奏日趋加快，闲暇时间较少，所以组织各种会议特别是会员代表大会时凑齐人数的难度日益增大。为了保证会议法定章程中参与人数的基本规模，新加坡江兜王氏公会召开会议的次数已经尽量减少，并且举行一次集体会议特别是会员大会所需的筹备时间也往往被迫拖长。

### 2. 领导层构成状况

与移民时代以中国出生的第一代江兜移民为主的领导层构成情况相比，1965 年新加坡建国以后，江兜王氏公会领导层中本地生江兜人尤其是第二次世界大战后的本地生江兜人则迅速增多。以笔者从不同时间段中抽取的部分年份领导层成员出生地分析统计状况来看，这种特征是非常明显的。例如，1972 年时公会领导层的 16 位成员中有 8 人是在新加坡本地生的江兜人，1982 年时公会领导层的 16 位成员中有 9 人是在新加坡本地生的江兜人，1996 年时公会领导层的 16 位成员中有 10 人是在新加坡本地生的江兜人，2006 年时公会领导层的 19 位成员中有

12人是在新加坡本地生的江兜人。① 这种变化既反映了老一代江兜移民相继老去或故去的事实，也表明与当代新加坡其他华人宗乡社团一样，江兜王氏公会领导层也经历着一个代际传承的过渡过程。由于第二次世界大战后新加坡本地生江兜人大都成长于本地社会变迁环境之中，因此，与老一代江兜移民相比，这些移民后代往往表现出诸多不同的特点（如本土意识较深、知识水平较高、英语能力较强以及思想观念更加现代化，等等），他们在领导层中比例的不断提升必将对当代新加坡江兜王氏公会的调整与发展产生新的影响。

另外，从1965年新加坡建国以来江兜王氏公会领导层成员的经济背景来看，则仍然延续了移民时代以经济基础较好的江兜人为主的基本特征，他们仍然是江兜王氏公会运作经费来源的主要贡献者。不过，随着当代江兜人行业经营的日益多元化，这些具有较强经济实力的社群领导层成员已经不再局限于移民时代的交通行业零件经销商，而是扩展到不同类型的工商业经营者范围之内，并且其中一些代表人物的经济实力已经相当坚实。例如，自新加坡建国以后曾长期担任公会名誉主席的王万源先生早在移民时代便创办了以经销汽车零件为主的新加坡大顺公司，目前该公司已经成为新加坡数一数二的汽车零件经销商，并扩展到了食品、电讯等多个商业领域，经济规模日益庞大；又如，自20世纪80年代后曾长期担任公会主席职务的王福顺先生的家族产业经营已经涉及机械制造业、建筑业、房地

---

① 资料来源：《新加坡江兜王氏公会1972年度第9届职员表》《新加坡江兜王氏公会1982—1983年度第15届职员表》《新加坡江兜王氏公会（1996—1997年）第22届职员表》《新加坡江兜王氏公会（2005—2006）第25届职员表》，新加坡江兜王氏公会内部档案资料。

产业、商业贸易等多个经济领域，资产总额已逾亿元（新加坡币），经济实力相当雄厚；再如，自20世纪80年代以后曾长期担任公会副主席职务的王荣銮先生则经营有现代化的水泵机械厂，业务市场遍及至新、马、印尼等东南亚国家以及中国部分地区，经济实力与日俱增。这种情况表明，虽然新加坡建国以来江兜人以交通行业经营为中心的业缘形态已经逐渐解体，但是移民时代以个人经济实力遴选江兜社群领导层的传统仍未发生根本性变化。新加坡建国以来江兜人在多样化经济结构中的成功转型不但为社群领导层提供了必要的备选资源，而且为当代新加坡江兜人社群组织机构——新加坡江兜王氏公会——的正常运作奠定了新时代的坚实经济基础。

不过，在此需要注意的是，这种长期以经济实力作为领导层成员首要遴选条件的情况已经对新加坡江兜王氏公会领导层的构成模式带来两方面的显著影响。一是造成公会领导层成员长期保持在同一个群体之内，如1972年与1982年，1982年与1992年的公会领导层成员均有一半以上的成员是重复的（见表7-1），自1963年正式向政府申请注册成立以来的几任主席王如发、王如聪、王振实、王福顺、王宗祝均连任数年以上。[①] 二是造成公会领导层成员构成出现了日渐"家族化"的现象，如王万丰隆公司的王禄梓家族、义成公司的王福祥家族、大顺公司的王万源家族、华达商行的王福顺家族以及伟达机械公司的王荣銮家族等，新加坡建国以来这些家族内均有两代人先后进入江兜王氏公会领导层。这种情形对于江兜王氏公会将来的发

---

① 其中20世纪80年代开始担任新加坡江兜王氏公会主席职务的王福顺先生曾连任长达20余年。

展来说具有两个方面的影响,一方面是有助于保持公会领导层的连贯性与稳定性,另一方面也在一定程度上公会年轻领导层成员的"后继乏力。"由此可见,如何在新的时代背景下顺利实现领导层成员的"代际传承"并找到合适的接班人仍是当代新加坡江兜王氏公会所面临的一个现实问题。

表 7-1　　　　1972 年、1982 年、1992 年新加坡江兜
王氏公会领导层成员名单①

| 职务 | 1972 年 | 1982 年 | 1992 年 |
| --- | --- | --- | --- |
| 名誉主席 | 拿督王廷杰(马来西亚)王振敬,王福祥,王万源 | 拿督王廷杰(马来西亚),王万源 | 王万源,王荣涵(马来西亚),王祖武(马来西亚) |
| 名誉执委 | | | 王声世,王声辉(印尼),王发祺,王绍光,王泰平,王声泽,王声基,王进隆,王文桂,王福麟,王绍经 |
| 正、副主席 | 王如聪,王声厚 | 王福顺,王声邦 | 王福顺,王声邦,王荣鉴 |
| 正、副总务 | 王声基,王亚兴 | 王声基,王发祥 | 王发祥,王金祥 |
| 财政 | 王荣凤 | 王声世 | 王如聪 |
| 交际 | 王春荣 | 王荣鉴 | 王春荣 |
| 中、英文书 | 王福瑞,王如发 | 王春荣,王如聪 | 王声厚,王荣凤 |

① 资料来源:《新加坡江兜王氏公会 1972 年度第 9 届职员表》《新加坡江兜王氏公会(1982—1983)第 15 届职员表》《新加坡江兜王氏公会(1992—1993)第 20 届职员表》,新加坡江兜王氏公会档案资料。

续表

| 职务 | 1972年 | 1982年 | 1992年 |
| --- | --- | --- | --- |
| 执行委员 | 王声世，王振实，王栋良，王福麟，王声邦，王荣銮，王绍霖 | 王福麟，王福瑞，王文桂，王绍霖，王绍禄，王声厚，王荣凤 | 王声华，王金龙，王勇冰，王达永，王如英 |
| 信托人 |  | 王如聪，王福顺，王福麟，王声厚，王荣銮 | 王如聪，王福顺，王福麟，王声厚，王荣銮 |
| 查账 | 王绍禄 | 王如明 | 王如明 |

## 二 当代新加坡江兜王氏公会组织的功能更新

如前所述，1965年建国之初直至20世纪80年代初是新加坡华人社会发展中的一个困难时期。受当时政府内外有关政策调整的影响，新加坡华人社会面临着种族与文化认同危机，以及宗乡社团被边缘化等诸多严重挑战。[1] 其中对于众多华人宗乡社团而言，此间所面临的发展困境主要反映在以下两个方面：一方面，新加坡建国以后，由于华人国家身份认同的转变以及本土意识的日益增强，第二次世界大战后尤其是1965年建国后在新加坡出生与成长的年轻一代华人由于缺乏对中国祖籍地"乡土"观念的认同感，并受本地英语教育工作情景下思想文化倾向日渐西化的影响，因而导致他们对于宗乡会馆这一华人传

---

[1] 曾玲：《调整与转型：当代新加坡华人宗乡社团变迁》，《暨南学报》2005年第1期。

统文化阵地的兴趣锐减。① 于是，随着老一代移民的逐渐逝去，许多华人宗乡会馆不得不面对"后继乏人"的发展困境。另一方面，由于1965年新加坡建国以后中国近代华南移民大规模南来移民浪潮的终止，以及政府教育、医疗、老人院、公共坟场等社会公共服务体系的日益健全、完善，因而导致众多华人宗乡社团在移民时代担负的照顾新客、调解纠纷、救济贫弱、购置坟山、兴办学校等传统职能日渐失去了具有现实意义的发展空间。在这种时代背景下，华人宗乡会馆不得不面临日益被社会边缘化的现实危机。

20世纪80年代以后，随着冷战时代结束、经济全球化加速、中国经济迅速崛起等国际背景的变化，新加坡政府在政治、经济、文化、外交政策方面先后进行了一系列调整，其中对于华人传统文化活动的支持或鼓励，以及与中国建交的实现又为当代新加坡华人社会发展带来新的历史契机。在这种背景下，作为华人社会结构基本组织环节以及华人社会重要文化宣传阵地的宗乡社团也面临着新的发展机遇，并纷纷通过主动的自我调整以寻找新的发展空间与社会定位，从而使其在运作内容与功能方面出现了诸多与移民时代情形不同的变化。

就此而言，新加坡江兜王氏公会也在应对上述历史挑战与机遇的过程中进行了一系列运作内容与功能方面的自我调整。具体而言，当代新加坡江兜王氏公会在运作内容与功能方面的调整主要基于以下两个方面而展开：

---

① 《新加坡华人会馆沿革史》，新加坡宗乡会馆联合总会、国家档案馆、口述历史馆、新加坡新闻与出版有限公司1986年版，第139页。

(一) 在新加坡国家认同的前提下，努力强化江兜人的自我社群认同

第一，传承移民时代的友爱互助精神，促进新加坡江兜人的情感认同。

1965年新加坡建国以后，由于移民时代华人宗乡社团积极发展的社会公益福利职能逐渐被政府构建的各种社会公共管理与社会服务部门的功能所取代，所以华人宗乡社团在移民时代曾经凸显的共济互助活动亦因之日益减少。不过，尽管如此，当代新加坡华人宗乡社团仍然在某些运作方面传承了移民时代的友爱互助精神以促进本社群内部的情感认同。从笔者在新加坡的田野调查情况来看，当代江兜王氏公会在这方面的运作表征主要反映在新加坡江兜人社群内部红白事的组织参与活动与对中国祖籍地江兜村南来新移民的帮助行为中。

从目前情况来看，遇到公会成员家中有喜事时，新加坡江兜王氏公会仍然会派人前往祝贺，并奉送礼金；遇到公会成员家中有丧事时，江兜王氏公会则会派人前往吊唁，并寄送花圈与刊登"讣告"，以示哀悼之情，其中特别是刊登"讣告"一项已经成为凝聚当代新加坡江兜人社群认同的一种重要方式。这种作用主要反映在"讣告"所反映的内容中。

笔者在对20世纪70年代以来江兜王氏公会为所属会员及其家人所登发的部分讣告中注意到，这些讣告早期的基本内容一般有逝者名称、公会职务、公会悼词、公会署名四项内容。其中对去世的会员及其家属所登发的讣告中最常见的唁词是"痛失乡贤"（见图7-2）或"痛失宗贤"（见图7-3），台头的称谓则往往是"×××宗先生千古"或"宗亲×××千古"。这个细节的反复展演显示出新加坡江兜人对于祖籍地缘、血缘

观念的看重与强调，同时亦可以令更多的新加坡江兜人通过报纸的媒介发现或强化自我认同的社群归属感，从而把新加坡的江兜人纳入到一个"想象共同体"的社群边界之内。

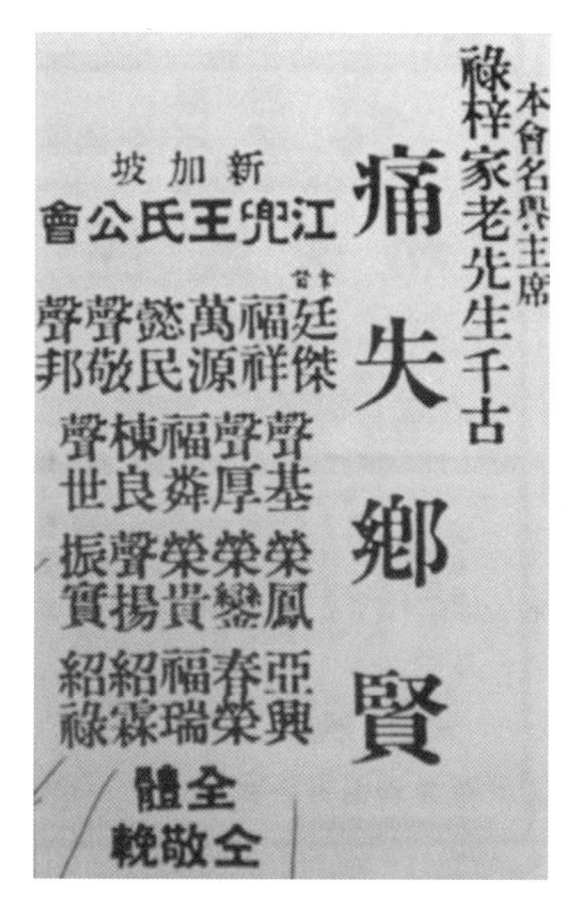

**图 7-2　20 世纪 70 年代新加坡江兜王氏公会讣告（1）**

当代新加坡江兜王氏公会运作中体现友爱互助精神的另一个表现则反映在关照中国祖籍地福清江兜村南来的新移民方面。中国江兜村南来新加坡的新移民潮兴起于 20 世纪 90 年代，1990 年中、新两国正式建交以后，在新加坡江兜王氏公会的帮

图 7-3　20 世纪 70 年代新加坡江兜王氏公会讣告（2）

助下，为了谋求更好的生存发展空间，江兜村逐渐兴起了以劳务输出为主要导向的海外新移民浪潮，截至 2004 年，其中南来新加坡的合法定居者已达 130 人。由于这些新移民初来乍到，往往会在生活工作上遇到一些困难，所以，他们的到来又使移民时代江兜王氏公会照顾新客移民的传统功能得以一定程度的复苏。自 20 世纪 80 年代以来曾长期连任新加坡江兜王氏公会主席的王福顺先生告诉笔者，当代中国祖籍地福清江兜村南来新移民或多或少都受到过江兜王氏公会的一些帮助，主要是帮助他们申请工作准证，提供担保，并尽量帮助他们解决生活中遇到的问题。关于这一点，笔者在与不少新加坡江兜新移民的谈话中也得到明确印证，他们普遍反映一般南来后遇到困难多数会首先想到前往江兜王氏公会寻求帮助。目前，已经有一些江兜新移民成为新加坡江兜王氏公会的正式会员。由此可见，中国祖籍地江兜新移民的南来不仅在一定程度上为当代江兜王氏公会的运作和功能调整提供了新的发展空间，还为当代江兜王氏公会的发展注入了"新鲜血液"。由于这些新移民直接来自中国江兜村，对祖籍地怀有深厚的乡土情结，因此，他们的到来对于当代新加坡江兜人的社群凝聚与整合必将起到一定的积极作用。

第二，组织社群内部的联谊活动，增进新加坡江兜人的共同体归属感。

移民时代，周年庆纪念联欢晚宴活动已是当时新加坡江兜王氏公会运作中的一项重要内容，并具有凝聚社群认同的重要价值。在这个活动中全体会员通过"共聚一堂，把酒言欢"所产生的场景效应，容易将当场的新加坡江兜人汇聚于一个想象的共同体之中，从而产生凝聚社群认同与加强社群整合的功能。1965年新加坡建国以来，尽管由于在政府市区重建计划与组屋政策冲击下而导致当代江兜人已经散居于新加坡各处，然而作为公会每年最大一次的集体性社群内部聚会活动，江兜王氏公会的周年庆祝晚宴活动传统却一直延续下来，只是在场所上发生了一些新的变更。

在新加坡移民时代，早期江兜王氏公会的周年庆晚宴活动一直是在当时小坡江兜人聚集区之内的公会会所（卫德路门牌2号A）附近搭棚举办。20世纪60年代以后，随着当时城市重建计划与组屋政策的实施，新加坡江兜人陆续搬离结霜桥附近区域而散居于新加坡各处居住，于是纪念晚宴便改在大酒店举行。80年代以后，新加坡江兜王氏公会会所搬入新加坡福清会馆，所以纪念晚宴便又改在福清会馆大礼堂举办。为了能吸纳更多的新加坡江兜人积极参与活动，近年来每次举办周年庆祝活动之前，都会由执委会向每一位会员发送请帖及通告，其中不但详细告知晚宴举办地点、活动内容，而且还热烈欢迎"同乡人士申请入会或介绍同乡人士参与我会"，亦"欢迎会员携带家属参加"。笔者在查阅江兜王氏公会部分年份晚宴资料后粗略统计，20世纪90年代以来该公会每次周年庆祝晚宴酒席一般均在30桌以上。

不过，与移民时代情形不同的是，在当代江兜王氏公会周年庆纪念晚宴上被邀请的成员中，除了新加坡江兜人以外，还有其他一些新加坡华人社团代表，如新加坡开闽王氏总会、新加坡太原王氏公会、新加坡琼崖王氏公会、新加坡卓歧王氏公会、新加坡珩山王氏公会、新加坡福清会馆、新加坡福莆仙公会、新加坡莆田会馆、新加坡平社代表，以及外国代表（中国福清江兜人、马来西亚及印度尼西亚江兜人），等等。

这种变化不仅反映了80年代以来新加坡各华人社团之间、东南亚江兜人之间以及1990年中国与新加坡建交后中、新两地江兜人之间互动联系的频繁性，亦对增强新加坡江兜人的多元化认同感具有重要意义：与新加坡其他王氏宗亲会的互动可以增强新加坡江兜人对于王氏血缘符号的认同感，并彰显出自己江兜祖籍地缘的社群边界；与其他同乡会馆的互动则可以增强新加坡江兜人对于自身所属祖籍地缘社群或方言社群的认同感；与中国江兜人及东南亚其他国家江兜人的互动则可以增强新加坡江兜人对于新加坡国家与社会的认同感。由此可见，对于新加坡江兜人来说,江兜王氏公会的周年庆纪念晚宴不仅反映出新加坡江兜人的自我社群认同,还反映出其所属祖籍地缘及方言社群认同。换言之,从一定意义上看,这里的情形已经体现出当代新加坡华人的多元化与多重性认同属性。

第三,塑造新加坡江兜人发展史的集体记忆文本,借以凝聚社群认同。

塑造与传承共同的集体记忆是凝聚社群认同的重要途径。在当代新加坡江兜王氏公会的活动中,也非常重视加强对于本社群历史记忆的传承与塑造。这些被塑造的集体历史记忆不仅流传在社群内部成员之间的口述流传中,更以文字的形式经常性地出现于一些华人特刊或相关文献中。笔者先后在《新加坡福清会馆 70 周年纪念特刊》[①]《福莆仙乡贤人物志》[②] 中见到由新加坡江兜王氏公会专门撰写的《福清江兜王氏家族史》一文,该文不仅概述了江兜人在新加坡、马来西亚以及印度尼西亚的的发展史,还记述了祖籍地中国江兜村王氏宗族的发展史。这段文字内容如下:

> 福清江兜王氏家族,散布在星、马、印一带,人数将近,可谓相当闻名,其先人早在清末即远渡重洋,南来谋生,胼手胝足,克勤克俭,为其子孙披荆斩棘,铺平道路,在将近百年之后的今天,王氏族人,在事业上多有辉煌的成就,在星、马、印诸地,开设脚车,电池,纺织等工厂,创立汽车,脚车,巴士等公司,并参与许多银行,金融以

---

① 《新加坡福清会馆 70 周年纪念特刊》,新加坡福清会馆 1980 年版,第 108 页。
② 陈青:《福莆仙乡贤人物志》,福莆仙文化出版社 1990 年版,第 133 页。

及建屋发展等大型企业，同时在橡胶，棕油以及锡米，农矿业各方面，也取得了巨大成就，其中汽车零件一行，在本区尤以江兜人为先驱，至今仍在星、马此行业中，高居举足轻重之地位。江兜王氏家族对子女的教育皆注重，因此，培养出不少的专业人才，诸如医生，律师，绘测师，建筑师，会计师，工程师，化学师，电脑专家，大学教授，甚至于尖端科学家，皆有其人。

江兜祖乡有一特点；其同乡几乎清一色姓王，只有数户外姓入迁，据族谱记载；其祖先严清公原籍福建南安象鼻尾；明朝嘉靖末，匪贼屡寇泉州，公同子游于万历元年，由南安后石鼻尾迁至福清韶溪江皋，迄今有四百余年之历史。严清公传袭五代，族人遂立一对十五个字的联语，作为其子子孙孙按辈分顺序取名的依据，华族各籍按宗祠所排辈行取名，可谓屡见不鲜。但江兜此一祖训对联，左联又联各十五字，不但构思精巧，对帝王之赞颂，对圣贤之景仰，兼收并蓄，而且对仗工整，修辞顺畅，堪称难得杰作。尤其令人拍案叫绝者，乃是字字优美，没有夹杂任何不宜命名之单字，今将该幅对联录下，以飨众人。

"希孔孟学常志圣贤显祖荣宗明世德，述尧舜道惟存孝悌振声绍武裕孙谋"

上联所列为成家立室之字号，而下联所排则乃孩提之"读书名"，今日社会已不复流行一人二名之风气，故族人乃多从两联之中任取其一。目前该族各属多已传至"声"字辈与"绍"字辈。"声"与"祖"同辈，"绍"与"荣"同辈。其不同仅在取自上联或下联罢了，甚易辨认。

江兜位于福建省福清县之南端，与莆田之北部相邻，原属水供短缺，土壤贫瘠之渔村。职是之故，背井离乡，出外谋生的子弟，也就特多，所幸祖乡之困苦，在子孙的心中种下了里应外合的改造下，也已成了一个良田无际，水供不绝的玉米之乡，村内有中小学，有大会堂，戏院，还有一座现代化的"江兜华侨大厦"堪称为模范乡村。

该文中多次强调了"祖乡"与"祖"概念，甚至还在文后附上了严清公的画像。由此可见，"乡土情结""祖先崇拜"观念等中华传统民间文化资源在凝聚当代新加坡江兜人社群认同方面仍然发挥着重要作用。笔者在调查访谈中也发现，许多接受访谈的 40 岁以上的新加坡江兜人大都对祖籍地严清公的故事有些模糊的记忆，并且他们之中的很多新加坡出生者也依然采用祖籍地江兜村王氏宗族辈字联命名。

另外，对于本社群内部颇有成就且对公会贡献较大的重要人物，新加坡江兜王氏公会也特别注意为其专门立传，广为宣传。如新加坡江兜人交通行业的早期开创者王万丰隆公司的王禄梓先生、公会的发起人大顺公司创立人王万源先生、担任公会主席达 20 余年之久的王福顺先生等十数位人物，均因其经济成就突出而又热心支持公会活动而被多次刊载在与公会联系紧密的福清会馆、福莆仙公会以及车商公会的纪念性特刊之中。这些江兜人在新加坡创业发展和为社群奉献的事迹也因群体内部的反复强调或口述传承而成为凝聚新加坡江兜人社群认同的一种记忆资源或载体。

第四，与中国祖籍地重建密切联系，借以强化新加坡江兜人的宗乡符号认同。

在第二次世界大战后世界冷战格局的大背景下，20 世纪中叶直至 70 年代中、新两地之间的政治疏离导致了新加坡华人与中国祖籍地关系的中断,新加坡江兜人也不例外。20 世纪 80 年代国际政治局势日趋缓和以后尤其是 1990 年中、新两国正式建交之后,随着两国之间经济文化往来活动的迅速增多,包括江兜人在内的广大新加坡华人又获得了与中国祖籍地恢复联系的契机。近 20 年来,几乎所有的新加坡华人宗乡社团都纷纷组织回乡访问团到中国祖籍地探亲访友,祭拜祖先和神明,[①] 从而迅速掀起了一股强劲的华人祖籍寻根活动热潮。就当代新加坡江兜王氏公会运作内容而言,其在这方面的表现尤为明显。

新加坡江兜人到中国祖籍地寻根热潮兴起于 20 世纪 80 年代初,与新加坡其他华人宗乡社群在这方面的表现相比,江兜人应该算是起步较早的一个华人社群。而其之所以在这方面起步较早,则与江兜王氏公会的组织运作有着直接的紧密关联。

20 世纪 50 年代至 70 年代初,受中、新两地之间政治关系疏离以及中国国内"文化大革命"时代背景的影响,除仍存有部分民间渠道的亲友通信往来之外,新加坡江兜人与中国祖籍地之间的联系基本处于完全中断的状态。双方开始逐渐恢复联系发生于 70 年代中期以后,虽然当时中、新两国之间尚未建交,但是 1971 年新加坡投票支持中国恢复了联合的合法席位,以及其外长拉贾拉南与总理李光耀先后于 1975 年和 1976 年正式访华的政治动作还是预示着两国外交关系出现了新的转机。与此同时,中国国内十年"文化大革命"动乱时期也已接近尾声,并在 1978 年中共十一届三中全会议后迅速步入改革开放的

---

[①] 曾玲:《调整与转型:当代新加坡华人宗乡社团变迁》,《暨南学报》2005 年第 1 期。

历史新时期。这种中、新两国关系转化态势为当代新加坡华人与中国祖籍地之间的关系恢复创造了较为宽松的外在环境。

在这种时代背景下,新加坡江兜人与中国祖籍地之间的联系也终于从1974年开始逐渐得以恢复。当时的具体情形是,1974年时,由于在牵拉照明线路的过程中缺乏购买器材的资金,中国福清江兜村以大队名义和私人邮件的方式致函新加坡江兜王氏公会请求海外江兜人筹资捐助。随后,江兜王氏公会迅速发动新、马两地江兜人积极认捐,并于1975年初指派王荣銮通过参加中国广交会的机会,将筹捐到的5万元人民币送至祖籍地江兜村。① 这个事件预示着20世纪中叶以后新加坡江兜人与中国祖籍地关系的开始恢复。不过,当代新加坡江兜人到中国祖籍地寻根热潮的正式兴起则发端于1981年福清江兜村华侨大厦建成以后。

福清江兜华侨大厦是当代新加坡江兜人与中国祖籍地之间重建密切联系过程中出现的一个标志性历史建筑物,具有重要的纪念意义。该建筑物是于20世纪70年代末80年代初由新加坡江兜王氏公会一手操办筹资而建的。其修建的根本目的是"俾使海内外宗亲,互通声气,联络乡谊,勉励后辈侨生,数典念祖,追思以往,毋忘祖先摇篮之地",② 直接动机是因为当时中国祖籍地福清江兜村生活住宿条件非常简陋,与新、马城市状况相比差距悬殊,从而给探亲谒祖的东南亚江兜人特别是年轻一代江兜人后辈带来生活上的很大不习惯,于是以王万源先生为首的几个新加坡江兜老一代移民便聚在一起商议,考虑在

---

① 《中国福清江兜村"关于修建照明工程请求筹款事项"致新加坡江兜王氏公会的信函》(1974—1975年,共7封),新加坡江兜王氏公会档案资料。

② 《江兜华侨大厦碑记》,福清江兜侨乡建厦委员会1981年立。

祖籍地福清江兜村建造一座具有现代化优越住宿条件的华侨大厦，专门用以提供给海外江兜人回去寻根问祖时居住使用。[①] 事后，这个提议很快在江兜王氏公会内部讨论中得到了所有人的一致赞同，并顺利通过了筹款修建的决议。

1979年新加坡江兜王氏公会的创始人之一、时任公会名誉主席王万源先生与前任主席王振实先生一起亲率子侄专程抵达中国福清江兜村，与祖籍地众乡亲筹划建立江兜华侨大厦事宜。随后，新加坡江兜王氏公会很快在新、马、印尼各地发动了一次规模浩大的海外江兜人捐建华侨大厦大筹款活动。当时的口号是"只要是江兜人，无论出钱多少，均有义务和权力捐钱建大厦"。[②] 在筹款过程中，王万源先生与王振实先生不顾年老多病，一起亲率子侄以江兜王氏公会名义北上马来西亚，南下印度尼西亚，以宗亲为脉络，一家一户地在当地江兜人中筹募资金，最终筹得数十万元人民币的巨额建厦经费。1981年，一座耗资52万元、建筑面积达1800平方米的三层楼江兜华侨大厦迅速拔地而起，成为当时福清全县数一数二的高级宾馆。1988年，新加坡江兜王氏公会再次筹资为江兜华侨大厦配置了冷暖空调、热水淋浴设备、小轿车、货车、摩托车等辅助设施，进一步完善了江兜华侨大厦的生活居住条件。

江兜华侨大厦的建立对于当代新加坡江兜人与中国祖籍地关系的重建以及强化新加坡江兜人的宗乡符号认同具有重要而深远的影响。

一方面，福清江兜村华侨大厦建成以后，其舒适的生活住

---

① 笔者在新加坡对王发祥先生所做的访谈记录。
② 笔者在新加坡对王福顺先生所做的访谈记录。

宿条件在很大程度上推动了当代新加坡江兜人举家到祖籍地寻根的活动热潮，同时也促进了海内外江兜人之间联系的日益紧密。笔者在新加坡对江兜人进行调查访谈过程中发现，20世纪80年代以后到中国祖籍地寻根谒祖的大部分江兜人都在江兜华侨大厦住过一次或数次，尤其是不少出生于新加坡的江兜年轻后辈也对江兜华侨大厦存有一定印象。

另一方面，江兜华侨大厦的筹建过程也是一个重新强化海外江兜人"祖籍认同"与"江兜王"宗乡符号认同的实践过程。在修建中国祖籍地江兜华侨大厦的筹款活动中，新、马、印尼各地的179户海外江兜人[①]不分彼此，不论多少，均以"江兜王"的共同宗乡符号认同而纷纷慷慨解囊，出钱出力，并最终把这种共同的宗乡文化符号认同感上升为一种可以看得到，可以摸得着的实物见证——江兜华侨大厦。从这个意义上讲，中国祖籍地江兜华侨大厦的筹建活动本身就是促使海外江兜人重新强化祖籍认同和宗乡符号认同的过程。至今许多曾经参与或经历过中国祖籍地江兜华侨大厦筹建活动的新加坡江兜人对于当时的那次捐款活动印象仍记忆犹新。换言之，江兜华侨大厦的那次筹款活动已经成为镌刻于当时许多海外江兜人脑海中的一种深刻历史记忆。尽管时隔多年之后，由于中国祖籍地居民生活居住条件的大大改善而令江兜华侨大厦日渐失去了当年的接待价值，然而，对于如今再次前往中国祖籍地探亲谒祖的海外江兜人而言，江兜华侨大厦仍然具有重要的象征意义，它的存在不仅可以唤起当年参与认捐者的历史记忆，还可以使年

---

① 其中新加坡49户，马来西亚84户，印度尼西亚46户。资料来源：《江兜华侨大厦捐款芳名录》，《江兜华侨大厦碑记》，福清江兜村侨乡建厦委员会1981年立。

轻一代的海外江兜人后辈可以从中找到诸如父祖辈捐献碑刻记录等与自己最相近的亲缘文化符号信息，进而有助于这些年轻后辈在现实与历史之间的场景下强化祖籍认同感与宗乡符号下的社群认同感。这也正是当代许多新加坡老一代江兜移民之所以经常对前往中国祖籍地寻根谒祖的儿孙强调务必参观江兜华侨大厦的深层原因所在。

历史记录资料表明，江兜华侨大厦的建立确实成为当代新加坡江兜人与祖籍地建立密切关系的一个开端。笔者在翻阅新加坡江兜王氏公会内部档案资料过程中注意到，自20世纪80年代初江兜华侨大厦筹建活动开始，直至21世纪初，新加坡江兜王氏公会与中国祖籍地之间的信函往来逐年增多，至今仍保留着近百封原件或复印件。与此同时，有关中国祖籍地各种事务的讨论也很快成为江兜王氏公会的主要运作内容。从这些历史资料记录可以看出，80年代以来新加坡江兜王氏公会与中国祖籍地之间互动联系的活动内容是相当广泛的。其中包括组织新加坡江兜人前往祖籍地寻根谒祖，参与祖籍地社会公益事业建设，以及帮助祖籍地宗亲到新加坡劳务打工等多种活动，其中又尤以捐建祖籍地公益事业最为彰显。据不完全统计，20世纪50年代以来海外江兜人捐献祖籍地社会公益事业的资金总额已达2000万元人民币以上，其中大部分捐款都是80年代以后经由新加坡江兜王氏公会组织发起筹募的。[①] 仅以1997年福清江兜村村委会所做的调查统计资料来看，当代新加坡江兜王氏公会发起捐建祖籍地社会公益事业的活动无论在捐献资金的数额上，还是在捐献项目的频率上都是很高的（见表7-2）。

---

① 笔者在福清江兜村对原村支书王金春先生所做的访谈记录。

表 7-2　　　　　　新加坡江兜王氏公会发动筹款捐献
中国江兜村项目登记①

| 捐赠时间 | 接受单位 | 捐赠项目 | 捐赠金额（人民币） |
| --- | --- | --- | --- |
| 1953 年 | 江兜小学 | 教学楼 | 8.50 万元 |
| 1963 年 | 江兜小学 | 扩建教学楼 | 5 万元 |
| 1975 年 | 江兜村委会 | 拉照明线路 | 5 万元 |
| 1980 年 | 江兜村明善堂 | 修建明善堂 | 0.55 万元 |
| 1980 年 | 江兜小学 | 修走廊 | 0.5 万元 |
| 1981 年 | 江兜村委会 | 铺石板路 | 5 万元 |
| 1981 年 | 江兜华侨大厦 | 修建华侨大厦 | 52 万元 |
| 1981 年 | 江兜中小学 | 教工津贴费 | 4.5 万元 |
| 1983 年 | 江兜华侨中学 | 综合教学楼 | 81 万元 |
| 1983 年 | 江兜小学 | 幼儿班教室 | 5 万元 |
| 1984 年 | 江兜村委会 | 建电视查转台 | 2.8 万元 |
| 1987 年 | 江兜小学 | 幼师工资 | 4.5 万元 |
| 1988 年 | 江兜小学 | 围墙 | 0.88 万元 |
| 1988 年 | 江兜小学 | 教工宿舍 | 11 万元 |
| 1988 年 | 江兜华侨中学 | 修水塔 | 2.5 万元 |
| 1988 年 | 江兜华侨中学 | 挖机井 | 4 万元 |
| 1988 年 | 江兜村委会 | 电影机一部 | 1 万元 |
| 1988 年 | 江兜村委会 | 录音机 2 台、电视机 3 台 | 1.5 万元 |
| 1988 年 | 江兜村委会及江兜华侨中学 | 发电机 3 台 | 6 万元 |
| 1988 年 | 江兜华侨大厦 | 轿车两部、摩托车 3 部、货车两部 | 61 万元 |
| 1989 年 | 江兜华侨中小学 | 教育基金 | 3.9 万元 |
| 1989 年 | 江兜华侨中学 | 变压器 | 3 万元 |
| 1990 年 | 江兜华侨中学 | 三层师生生活楼 | 51 万元 |
| 1991 年 | 江兜村委会 | 铺建慈母路 | 2 万元 |

---

① 表 7-2 系由笔者根据《1997 年江兜侨胞捐赠项目登记表》（原新厝镇侨联副主席、江兜村人王金春先生提供）材料整理制成，数据统计时间截至 1997 年。

续表

| 捐赠时间 | 接受单位 | 捐赠项目 | 捐赠金额（人民币） |
|---|---|---|---|
| 1991年 | 江兜小学 | 挖井 | 0.65万元 |
| 1991年 | 江兜华侨中学 | 闽江调水 | 3.5万元 |
| 1991年 | 江兜村委会 | 闽江调水 | 0.8万元 |
| 1992年 | 修祠堂 | 祠堂 | 1万元 |
| 1992年 | 江兜村委会 | 建村委会办公楼 | 8万元 |
| 1994年 | 江兜华侨中学 | 建学生宿舍楼 | 16万元（新加坡币） |
| 1994年 | 江兜华侨中学 | 建教师住宅楼 | 76万元 |
| 1994年 | 江兜华侨中学 | 建礼堂 | 134万元 |
| 1995年 | 江兜华侨中学 | 建学生宿舍楼 | 8万元（新加坡币） |
| 1995年 | 江兜王氏公会 | 建教师住宅楼 | 39万元 |
| 1997年 | 江兜华侨中学 | 建华侨礼堂 | 185万元 |
| 1996年 | 江兜华侨中学 | 建教师住宅楼 | 85万元 |
| 1996年 | 江兜村委会 | 村路两条 | 5.5万元 |
| 1997年 | 江兜华侨中学 | 礼堂桌椅及电器 | 40万元 |
| 1997年 | 江兜华侨中学 | 操场 | 18万元 |

从表7-2中可以看到，在当代新加坡江兜王氏公会发动捐献祖籍地社会公益事业众多项目中，对于福清江兜中小学的捐资金额占据了相当大的比例，截至2005年时，捐献总额已达800多万元。[①] 这种情形的出现与前新加坡江兜王氏公会主席王福顺先生的个人因素有着密切关系。

王福顺先生于1927年生于福清江兜村，青少年时期耕过田，讨过小海，中学时代先后就学于莆田涵江中学和哲理中学，是当时江兜村唯一的一名优秀高中毕业生。1947年，他离乡南来新加坡，进入其叔王万源先生经营的"大顺公司"任职，习

---

① 陈章照主编：《福山学海：福清江兜华侨中学50周年华诞纪念特刊》，2005年，第14页。

商多年。1954年偕友前往印度尼西亚发展，经营汽车零件及脚车生意。1965重返新加坡，创办"华达国际商行"，经营汽车、摩托零件进出口批发业务。1979年又开设"高盟（新）私人有限公司"，生产建筑机械、高空作业升降机，并兼及建筑、地产业。此后业务渐丰、生意日隆，发展至今，他的家族产业已经遍及东南亚、中国、日本、美国等地，成为当代新加坡江兜人中最有经济实力的代表者之一。

20世纪70年代末80年代初，他在叔叔王万源先生的感召和带动下参与了江兜华侨大厦的筹建工作，并于1981年首次被推选为新加坡江兜王氏公会主席，此后一直连任20多年。作为出生且成长于中国的一位江兜老移民，他对中国祖籍地福清江兜村有着至深的乡土情结。自担任江兜王氏公会主席以来，他一直致力于设法推进新加坡江兜人的社群认同凝聚和整合，以及推动重建与中国祖籍地之间密切联系的工作。根据笔者收集到的大量的历史记录资料以及中、新两地口述访谈资料显示，在对祖籍地兴建社会公益事业的捐款方面，80年代以来江兜王氏公会发起的大部分筹捐活动都是经他提议与争取而获得的。与此同时，他也事必躬亲，带头捐款，据有关资料统计，截至21世纪初，他以个人名义或江兜王氏公会名义对祖籍地社会公益事业的捐款总额已达500多万元人民币。正缘于此，当代福清江兜村人常说："没有王福顺其人，没有王氏公会各宗亲配合，就没有今日江兜侨乡辉煌的光彩。"[1]

在对中国祖籍地社会公益事业的捐献活动中，王福顺先生

---

[1] 福清市《新厝镇华侨史》编委会编：《新厝镇华侨史》，新厝镇侨联，2004年，第30页。

认为教育是当代福清江兜村落后的根本，要想以后有更好的发展的前景，必须好好办教育，只有教育办好了才会有希望。① 因此，自 80 年代开始，他曾一直不遗余力地在江兜王氏公会中积极号召和感召新加坡江兜人捐献祖籍地江兜村的中小学建设。在以他与新加坡江兜王氏公会为首的广大海外江兜人的大力推动与资金扶持下，江兜华侨中学已经发展成为福清市一所现代化教学设施齐备、师资力量优越、在校生规模庞大②的完全中学，并培养出了以中国青年生物科学家陈章良等为代表的多位社会优秀人才。

上述内容表明，自 20 世纪 80 年代以来，新加坡江兜人与中国祖籍地之间经历了一个重建密切联系的过程。在这个过程中，以王福顺为首的江兜王氏公会发挥了重要的作用，尤其是在发动包括新加坡在内的海外江兜人向中国祖籍地社会公益事业不断捐献的过程中更显示出关键的核心地位。不过，在此，有必要指出的是，就 80 年代以来新加坡江兜王氏公会积极推动与中国祖籍地关系重建实践的主观目的而言，其根本出发点绝不只是希望借以满足老一代移民回报祖籍地的思乡念祖之情，而是在更大程度上反映出老一代移民寄望于通过这种关系重建中所凝结的历史记忆，借以强化新加坡本地生江兜人年轻后裔的祖籍认同感，以及"江兜王"宗乡符号意涵下的社群身份认同感。

从笔者在田野调查中考察到情况来看，为了通过与中国祖籍地之间重建密切联系的过程，以最大程度实现强化新加坡本

---

① 笔者在新加坡对王福顺先生所做的访谈记录。
② 截至 2005 年，江兜华侨中学在校生总数已达 1800 人。参见陈章照主编《福山学海：福清江兜华侨中学 50 周年华诞纪念特刊》，2005 年，第 14 页。

第七章　与时俱进：新加坡江兜人社群的当代发展与演化　　235

地生江兜人后辈的祖籍认同感和"江兜王"宗乡社群符号认同感，当年，以王福顺先生为首的新加坡江兜王氏公会在具体运作上可谓是煞费苦心。

例如，在谈到怎样发动捐献中国祖籍地社会公益事业的活动时，王福顺先生在接受笔者访谈过程中曾一再强调："做这些事情一定要让大家多些人参加才更有意义，而且必须多争取本地生江兜人后辈参加，要让他们知道他们永远是江兜人。"为了实现这种效果，多年来，王福顺先生在身体力行的前提下，向来是不遗余力地使用各种办法劝导并身旁的新加坡本地生江兜人后辈，鼓励他们加入公会对祖籍地社会公益事业的捐款活动中来。[①] 此外，他甚至还多次个人出资却以多人名誉的方式捐建祖籍地江兜村的公益事业。

值得庆幸的是，以王福顺为首的江兜王氏公会在这方面的苦心并未完全白费。在前述江兜王氏公会发动筹捐祖籍地社会公益事业活动过程的中，已经有诸如王如聪、王如明、王如英、王发祥、王进隆、王宗祝、王武镇等多位新加坡本地生江兜人后辈继承父辈遗志参与进来，甚至其中有不少受英文教育者，他们均在捐献活动中发挥了重要作用。这些捐献活动的参与经历在重新强化他们"祖籍认同"感的同时，亦使他们在不断重温这些集体历史记忆的过程中强化着自身的新加坡江兜人社群

---

[①] 关于王福顺先生在这方面的努力，他曾给笔者讲述过这样一个故事：有一个在新加坡本地出生，且从小受英文教育且在西方国家工作多年的江兜人后辈原本对中国祖籍地江兜村没有任何印象。然而，当有一次碰巧跟随王福顺先生前往福清江兜村考察时，他却突然对江兜华侨中学中那座最早的红砖楼产生了浓厚兴趣。原来那座楼的捐建者之一正是他的父亲，于是出于对父亲足迹的追随或缅怀以及对于那座老房子建筑风格的欣赏，后来他当场痛快地答应王福顺先生独自捐资 50 万元重修那座有些破损的旧教学楼。

身份认同感。

由上可见,当代江兜王氏公会积极重建与中国祖籍地密切联系的行为努力,绝不只是为了满足老一代移民回报祖籍地的爱乡敬祖情感所需,而是有着更深远的意义。作为当代新加坡江兜人与中国祖籍地之间密切联系重建过程中的一个客观结果,该过程也孕育出饱含"祖籍认同"感与"血缘认同"感的丰厚集体历史记忆,从而赋予"江兜王"以新的时代意涵。对于新加坡江兜人来讲,透过这种历史记忆解读中所承载的"祖乡""祖先"认同观念,必将有助于推动其在新加坡国家认同的前提下进一步增强本社群认同的内部凝聚力。从当代新加坡江兜王氏公会调整与变迁的角度来看,则反映了其在面对当代"后继乏人"挑战时所做出的一种运作内容上的自我调整,并试图通过这种调整以实现重新强化新加坡江兜人社群认同的目的,进而促进自身的生存与发展。

(二)在新加坡寻找新的社会定位,努力开拓新的发展空间

在移民时代,由于受到当时华人帮群社会结构的影响,新加坡各华人宗乡社团的运作内容与功能一般只注重于处理本社群内部的敦宗睦谊、友爱互助以及教育、医疗等事务,而较少关注对外联系与社会活动。1965年新加坡建国以后,由于政府迅速建立起完整的社会公共服务体系与基层管理体系,因而导致移民时代各华人宗乡社团独自处理本社群内部事务的许多传统功能逐渐失去现实意义。在这种背景下,为了摆脱日益被边缘化的危机,各华人宗乡社团逐渐打破移民时代彼此"隔离",只重本群的运作内容与功能,转而开始在加强彼此互动联系的基础上共同应对自身日益被边缘化的现实挑战。另外,由于第二次世界大战后至新加坡建国初期,受社会环境变迁影响,新

加坡移民时代华人社会的帮权格局已经逐渐瓦解,"联大宗,合大群"的发展态势日益强劲,从而也推动着当代新加坡各华人宗乡社团逐渐迈入共同协作发展的历史新时期。

1984年12月,由新加坡9家华人社团联合主办的"全国宗乡会馆研讨会"得以召开,与会的100多个社团,600余名代表一起就新加坡华人宗乡会馆的发展问题进行了开放式的大讨论,并达成了以下几个共识:宗乡会馆应该开放门户,让不同籍贯、宗族的同胞参加活动;宗乡会馆必须有计划培养接班人;宗乡会馆应该积极参与社会公益事业;宗乡会馆要积极保留及发扬中华传统文化;宗乡会馆宜积极参与社区活动;宗乡会馆之间需要加强联系与合作,联合举办大规模活动。[1] 1986年,在新加坡政府支持下,由新加坡福建会馆、潮州八邑会馆、广东会馆、福州会馆、南洋客属总会、琼州会馆及三江会馆联合发起筹建的新加坡宗乡会馆联合总会正式成立,其宗旨包括:培养、促进新加坡各宗乡会馆逐渐的互相谅解、密切合作与联系;推动并赞助各种文教及社交活动,以促进华人对华人文化传统的了解与认识;同时鼓励并赞助有关从事研究华人的文化研究。[2]这两个事件对于促进当代新加坡华人宗乡社团运作与功能的调整具有重要意义。前者表明当代华人宗乡社团在运作与功能的自我调整中已经注意到注重互助合作与关注本土社会的重要性,后者则进一步推动着华人宗乡社团向着日益紧密合作与更加注重社会服务的新方向继续前进。

受上述社会变迁背景影响,1965年新加坡建国以后,尤其

---

[1] 新加坡《新明日报》,1985年2月7日。
[2] 崔贵强:《新加坡华人——从开埠到建国》,新加坡宗乡会馆联合总会、教育出版私营有限公司1994年,第243页。

是 20 世纪 80 年代以来，作为新加坡江兜人的社群组织机构，当代新加坡江兜王氏公会在继续强化自身社群认同的同时，也在扩大外部联系与参与社会活动的过程中显示出若干运作内容与功能调整方面的新情况。

首先，就当代江兜王氏公会的外部社会联系对象范畴而言，已经表现出日渐扩大化与多元化的特征。

在新加坡移民时代，受当时华人帮群社会结构影响，江兜王氏公会代表江兜人社群的社会外部联系主要局限于"福莆仙"社群之内，即游走在祖籍地缘所属的福清人与方言文化特征所属的兴化人之间。新加坡建国以后，随着华人帮群对立格局的迅速解体，以及当代华人宗乡社团之间互动联系的日益增多，江兜王氏公会的社会外部联系网络空间也逐渐扩大。

以笔者所收集到的田野调查资料来看，当代新加坡江兜王氏公会的社会活动网络空间与社会活动领域已经相当广泛，其中涵盖了新加坡华人宗乡团体、文化团体、业缘团体、文体团体，以及学校、医院等多种类型的社会单位。其中，目前仍与江兜王氏公会保持有互动联系的其他新加坡华人社团主要有：新加坡福清会馆、新加坡兴安会馆、新加坡莆田会馆、新加坡福莆仙公会、新加坡东张镇同乡会、新加坡第一乡同乡会、新加坡玉屿同乡会、莆中高平公会 8 个地缘社团，新加坡开闽王氏总会、新加坡太原王氏公会、新加坡琼崖王氏公会、新加坡卓歧王氏公会、新加坡珩山王氏公会 5 个血缘社团，新加坡车商公会、新加坡福州十邑商业会两个业缘社团，新加坡天书堂、新加坡慈云山宫、新加坡联侨体育社、新加坡精武体育协会 4 个文体社团，新加坡培青学校、新加坡宏文学校两家教育单位以及新加坡善济医社一家医疗单位，等等。

与移民时代的情形相比，当代新加坡江兜王氏公会的外部社会联系状况已经出现了以下四个方面的变化：

其一，就其外部社会联系的网络空间范畴而言，与移民时代情形不同，当代江兜王氏公会的社会关系既超越了"福莆仙"社群的界限；[1] 又使其在"福莆仙"社群内的相关社会联系网络空间更加庞大，已经不再是停留在移民时代只与福清会馆（含培青学校）、兴安会馆、福莆仙公会、车商公会等少数几个社团发生直接联系的情形，而是进一步扩展到涵盖有"福莆仙"社群相关的 14 个社会团体或单位。[2]

其二，就其外部社会联系的运作内容而言，与移民时代情形不同，当代江兜王氏公会与外部社会的联系已经形成了一定的制度化运作模式。具体而言，这种制度化运作模式一般有两种：一种是彼此祝贺对方每年举行的周年纪念庆祝活动，并互相邀请参加庆祝晚宴活动；另一种是各自临时组织活动时，彼此之间互相祝贺或参与。

其三，就其外部社会联系的发生机制而言，与移民时代情形不同，当代江兜王氏公会与外部社会联系的发生机制显示出更多重的领导层"执事关联"现象。目前江兜王氏公会之所以能够同时与数十个外部社团或单位发生并保持联系，其中关键

---

[1] 如与新加坡太原王氏公会、新加坡太原王氏公会、新加坡琼崖王氏公会、新加坡卓歧王氏公会、新加坡珩山王氏公会、新加坡福州十邑商业会、新加坡慈云山宫、新加坡平社、新加坡精武体育协会之间的联系显然已经跨出了"福莆仙"社群的界限。

[2] 其中包括新加坡福清会馆、新加坡兴安会馆、新加坡莆田会馆、新加坡福莆仙公会、新加坡东张镇同乡会、新加坡第一乡同乡会、新加坡玉屿同乡会、莆中高平公会、新加坡车商公会、新加坡天书堂、新加坡联侨体育社、新加坡培青学校、新加坡宏文学校、新加坡善济医社。

的环节在于江兜王氏公会领导层与其他团体或单位存在着频繁且多重的"执事关联"情形。一方面，江兜王氏公会的一些成员往往同时在多个社团或单位中兼任领导层职务，如王福顺先生自80年代以来曾长期同时兼任新加坡福莆仙公会主席、新加坡开闽王氏总会主席（现改为名誉主席）、新加坡福清会馆副主席（现改为名誉主席）、新加坡精武体育协会名誉会长、新加坡平社永久名誉社长等多个华人社团职务，这既反映了其个人的社会活动能力，又反映出江兜王氏公会的社会影响力；另一方面，一些华人社团中有一个或多个职务长期系由江兜王氏公会领导层成员兼任，如近20多年来，在福清会馆，福莆仙公会、开闽王氏总会以及车商公会等几个华人社团长期都有数位江兜王氏公会领导层成员担任职务，这种情况揭示出它们与江兜王氏公会之间存在着非常紧密的内在联系，从中也可以看出，祖籍地缘、血缘以及业缘认同对于当代以江兜王氏公会为首的新加坡江兜人社群仍然延续着一定的现实意义。

其四，就其外部社会联系的跨国活动而言，与移民时代情形不同，当代新加坡江兜王氏公会的交往范围已经扩展到全球意义范畴。众所周知，以宗乡文化为联系纽带，通过主办或参与全球性的联谊恳亲大会，广泛地与世界各地的华人社会以及中国祖籍地建立联系网络，是当代海外华人社团一个重要的发展趋势。在这一时代潮流中，新加坡华人宗乡社团扮演了重要角色。[①] 新加坡许多宗乡社团首先提议并成功举办了世界性的联谊恳亲大会。其中，作为新加坡华人社会中的一个较小规模的

---

① 曾玲：《调整与转型：当代新加坡华人宗乡社团变迁》，《暨南学报》2005年第1期。

宗亲会，江兜王氏公会也在与本地其他华人宗乡社团加强联系的过程中卷入了上述浪潮。笔者在新加坡江兜王氏公会部分档案资料中发现，20世纪90年代以来，江兜王氏公会分别以血缘、祖籍地缘文化纽带，通过新加坡太原王氏公会与新加坡福清会馆的关系，先后数次参加了世界王氏恳亲大会与世界福清同乡联谊大会。前新加坡江兜王氏公会主席王福顺先生与副主席王发祥先生曾分别担任世界福清同乡联谊会副主席和秘书长的职务。这种全球性外部联系拓展，不但重新强化着新加坡江兜人对祖籍地缘、血缘文化符号认同，而且也为其当代新加坡江兜王氏公会的发展提供了一些新的空间。

以上情况表明，由于新加坡建国以来社会时代背景的变迁，江兜王氏公会在自我调整运作内容与功能以摆脱日益被边缘化困境的过程中，已经逐渐开拓出一条扩大化且多元化的外部社会关系网络，进而也为其当代的生存与发展提供了一些新的拓展空间。

其次，就当代新加坡江兜王氏公会参与新加坡社会活动的内容而言，已经显示出更加多样化与社会化的特征。

在移民时代，早期新加坡江兜王氏公会的运作与功能主要集中于处理本社群内部安顿新客、互助联谊、解决纠纷等事务。20世纪80年代后，在当代新加坡各华人宗乡社团纷纷进行自我调整以力图摆脱被边缘化困境的浪潮中，江兜王氏公会的运作与功能也产生了明显变化，即江兜王氏公会对于新加坡社会活动参与内容已经呈现出日益多样化与社会化的特征。

以笔者调查收集到的田野调查资料来看，透过与其他社会团体或单位的频繁互动联系，当代江兜王氏公会参与的新加坡社会活动内容已经涉及传扬华人文化、支持国家教育、捐助社会福利事业，促进种族和谐等多个领域。其中，在传扬华人文化方面，江兜王氏公会一直积极参与或捐助的华人文化活动主要有福清会馆举办的福清美食节、福清艺术节等民俗展示活动，[①] 开闽王氏总会举行的春秋二祭敬祖活动，福清公建普渡社、莆田公建普渡社、福邑普渡社举办的庆赞中元仪式活动，以及平社的京剧表演、精武体育协会的武术表演、慈云山宫舞狮团的舞狮表演活动，等等；在支持国家教育方面，江兜王氏公会一方面积极参与福清会馆内部设置的各种奖学金活动，另一方面，也直接向宏文学校与培青学校捐资助教；在捐助福利事业方面，江兜王氏公会对善济医社等社会福利团体也多有赞助；在促进种族和谐方面，江兜王氏公会也积极参与福清会馆组织的跨种族文化互动交流活动。

　　由此可见，与移民时代仅关注处理本社群内部成员生活事务的情形相比，由于社会变迁的影响，当代江兜王氏公会的运作内容与功能早已远远超越了本社群的内部边界，并且彰显出日益多元化与日益社会化的发展态势。换言之，作为新加坡江兜人的社群组织机构，在经过新加坡建国以来社会变迁脉络下的诸多自我调适之后，当代新加坡江兜王氏公会的社会化功能明显增强。在此有必要指出的是，这种情况也反映了1965年新加坡建国以后，在政府极力建构国家认同的诸多政策引导下，当代新加坡华人的国家认同与本土意识已经日益强化，进而推动着当地华人宗乡社团在运作内容与功能的自我调整中体现出越来越关注本土社会的发展趋向。从这个意义上讲，当代新加

---

① 《融入狮城：新加坡福清会馆千禧大庆特刊》，新加坡福清会馆2000年版，第4—38页。

坡江兜王氏公会运作内容与功能的调整变迁亦意味着江兜人社群在新加坡发展演进过程中本土化程度的进一步深化。

## 第四节　超越社群：新加坡江兜人社群保护神崇拜的双向发展

在当代新加坡社会变迁场景下，华人民间信仰的传承和发展所面临的形势中既有挑战也有机遇，二者的交叠存在及发生作用导致当地华人社群保护神角色日渐显示出社群化崇拜与超社群化崇拜的双向演化态势，并将继续在这种双向引力的博弈作用下继续发生新的演绎。

### 一　历史转向：本土时代华人民间信仰的独立发展

1965年新加坡建国以后，新加坡华人社会进入本土时代发展新时期，华人国家身份认同从中国侨民转变为新加坡华人。另外，受冷战时代世界大背景的影响，新加坡在建国后的较长一段时期内对中国产生政治疏离，从而导致当时新加坡华人与中国祖籍地之间联系上的一度"中断"。在这种历史转变背景下，对于广大源自华人移民中国祖籍地原乡祖庙的民间信仰文化发展而言，便不得不在本土时代新加坡社会历史变迁场景中通过自我调适的努力而进入独立发展的新阶段。

就本书个案情况来看，本土时代这种华人民间信仰独立发展的变化首先突出地反映在传统宗教仪式展演的被动性调适与演化过程中。

与移民时代可以不断从中国祖籍原乡昭灵祖庙汲取"文化

滋养"的情形不同，进入本土时代后，随着新加坡第一代江兜移民相继老去，本地土生土长的江兜移民后代对新加坡昭灵庙的各种传统宗教仪式日渐生疏乃至淡忘，从而使本土江兜人的社群保护神崇拜发展面临严峻挑战。在这种情形下，新加坡昭灵庙管理者只能开始尝试运用中国祖籍地昭灵祖庙以外的民间信仰文化资源以便继续维系自身社群保护神崇拜的宗教仪式传统，从而使其开始呈现出与中国祖籍地原乡昭灵祖庙不同的文化形态特征。

从笔者在田野调查中所考察的情况来看，这种宗教仪式方面的调适和变异主要有以下几项具体内容：

第一，"龙头乩"的引入。

众所周知，中国华南民间信仰宗教仪式中，作为人神之间"心灵沟通"的乩童跳神仪式展演具有重要的地位与作用，从信众的角度来理解，乩童跳神时正是神明附体的时候，乩童可以代为传达神明的指示，而且往往同时具备各种不可思议的"神力"表演，因而自然具有令人"深信不疑"的意涵。在中国福清江兜村昭灵庙内很早就有乩童跳神仪式，庙内 8 位神明各有乩童，每当庙内"做日子"[①] 或元宵节游神时，乩童都是仪式中必不可少的关键角色，甚至庙里或村内王氏族人遇到神庙大事时也往往都会先经当地昭灵庙乩童跳神与神明沟通后再确定解决方案。因此，乩童跳神仪式向来是福清江兜村昭灵庙中最具"神力"的一个宗教仪式环节，对于吸引信众的信仰力具有重要价值。

---

① 福清江兜村昭灵庙每年的主要活动是为庙内各位神祇庆祝寿诞，当地俗称"做日子"，活动内容主要是请道士做法事、请戏酬神、敬献贡品、上香许愿或还愿等，其中"柳金圣侯"的"做日子"最为盛大，请戏酬神仪式往往持续一个月以上。

## 第七章 与时俱进：新加坡江兜人社群的当代发展与演化

当移民时代自中国南来的福清江兜移民将祖籍地昭灵庙神明跨境分灵以及重新建构社群保护神崇拜的过程中，乩童跳神的仪式环节也随之被传承至新加坡。据新加坡老一代江兜移民反映，移民时代新加坡昭灵庙里的乩童跳神仪式一直都有，跟祖籍地昭灵庙"完全"一样，那时的乩童都是从中国家乡过来的，所以都懂得跳神。新加坡建国后的20世纪60年代到70年代初时，还有当时的炉主王声基、王添祥等第一代江兜移民在新加坡昭灵庙里跳神。不过，到70年代中期时，随着新加坡昭灵庙里原有乩童的相继去世或身体不适等原因，庙里乩童跳神的仪式便没人接班展演了。在这种情况下，由于受国际时代背景制约当时已经不可能从再从中国祖籍地昭灵庙获得乩童。所以，最终新加坡昭灵庙的管理者便一起商议决定就近寻找便于获得的新仪式来代替传统的乩童跳神仪式。于是，经过慎重选择最终引入了"龙头乩"仪式。

在新加坡调查访谈期间，新加坡昭灵庙两位主要"龙头乩"操演者之一王金祥先生告诉笔者，目前庙里进行的"龙头乩"仪式是于70年代后期从马来西亚柔佛州峇株巴辖那边的真武殿里引入的。至于当时之所以选择从那里引入新的宗教仪式，主要是"那个真武殿是一个莆田人拜神的庙，在那里生活的一些江兜人也拜，还有两三个江兜人在里面做理事，并且当时那边也供奉着刚从新加坡昭灵庙分灵过去不久的'柳金圣侯'神明，所以因为这些关系才从那里引入了他们庙里的'龙头乩'"。[①]

"龙头乩"是一个龙头形状的木雕制品，有两个执柄，在新加坡昭灵庙的宗教仪式中具有传达神明指示的功能，并可以通

---

① 笔者在新加坡昭灵庙对王金祥先生所做的访谈记录。

过写字的方式把神明的意思表达出来，即"扶乩"。对于新加坡昭灵庙的信众来说，"龙头乩"的仪式其实是替代了原有的乩童跳神仪式功能。至于龙头乩"扶乩"的展演形式，据时任昭灵庙总务王武镇先生①介绍，刚从外边引入时，是由一个人来进行，1983 年以后，开始由王武镇和王金祥共同"扶乩"，即两个人同时各用一只手执手"龙头乩"走动和写字。不过，两个人一起操演"龙头乩"不是一件容易的事情，据王武镇先生回忆："开始我和金祥不能用'龙头乩'写字，写了也不明白。后来我们就开始练，每天工作完，晚上练。一直练了 7 年，到 1990 年才把验乩练成，可以明白所写字的意思"，直到现在"因为我的功力尚浅，所以每次执龙头乩时我的神灵感应只是集中在右手掌上，王金祥则是在整个左臂上，感应强"②。

自 70 年代引入"龙头乩"仪式，经过数十年的"演练"，"龙头乩"仪式已经成为新加坡昭灵庙内各种宗教仪式活动中最重要的一个宗教仪式环节。笔者在 2006 年农历十月十一新加坡昭灵庙为"柳金圣侯"神明"做日子"的过程中发现，整个延续三天的宗教仪式展演中，几乎每一个重大的关键性的程序都要由"龙头乩"出面"统领"，期间王武镇与王金祥二人多次手执龙头乩领引众位神明附体的乩童进出庙内外展演，并扶乩写字传达神明指示。尽管 90 年代以来，由于中国福清江兜新移民的南来而使得曾经一度"失传"的传统乩童跳神仪式得以重新恢复，然而"龙头乩"在新加坡昭灵庙宗教仪式展演中的地位与作用始终得以明确地延续下来，成为一个承载着历史"变

---

① 目前新加坡昭灵庙内"龙头乩"的扶乩人之一，他与王金祥先生一起执"龙头乩"。

② 笔者在新加坡对王武镇先生所做的访谈记录。

革"记忆的时代产物。

从以上内容可以看到,"龙头乩"仪式的引入是在 1965 年新加坡建国后与中国祖籍地昭灵庙联系中断的情况下,为了替代乩童跳神仪式的宗教功能而由新加坡江兜人"就近取材"所做出的宗教仪式调整。这个调整完全是由新加坡江兜人在应对本土发展困境时主动做出的自我调整,而与中国祖籍地江兜村昭灵庙无关。因为祖籍地福清江兜村昭灵庙历史上从未有过使用"龙头乩"的仪式传统。由此可见,"龙头乩"仪式的引入从本质上是新加坡江兜人保护神崇拜建构之本土化过程的进一步深化。

第二,"肃坛持戒"。

"肃坛持戒"仪式是一种向神明祈福的复杂宗教仪式,基本内容是由部分虔诚的信众进入到庙内进行各种祭神活动并接受神明的"整肃",期间这些信众必须一连数日食宿于庙内吃斋拜神,不得出入,不得见光。[①] 笔者于 2007 年 10 月 24—28 日参与观察新加坡昭灵庙的"肃坛持戒"仪式,当时共有 30 余位庙内理事成员进入庙内进行"复戒",其间庙内与外界完全封闭"隔绝",只留有一个很小的窗口用来输送神符乩示和食物,庙外则有道士设坛打醮、演戏酬神以及信众上香求问等活动,甚是"隆重"。据笔者在新加坡昭灵庙与中国福清江兜村及莆田江口镇一带的调查所知,"肃坛持戒"仪式是莆田人庙宇民间信仰宗教仪式中的一个程序,福清江兜村各庙宇向来并无此传统。而新加坡昭灵庙之所以举行这种仪式,则于其聘请的莆田人顾问有关。

---

① 笔者在新加坡对王金棋先生所做的访谈记录。

据时任新加坡昭灵庙总务王武镇介绍，前些年由于考虑到庙里在宗教仪式展演方面过于"单调"，而每次从中国祖籍地江兜村庙请人过来临时指导又比较麻烦，于是庙里理事们便研究决定聘请对各种莆田人民间信仰宗教仪式非常熟悉的新加坡莆田人王金棋作为新加坡昭灵庙的庙务顾问。王金棋出生于中国，是第一代老移民，从小在莆田家乡庙里做乩童并熟练掌握各种庙内宗教仪式程序，其不仅是新加坡莆田天后宫的理事，还在新加坡自办的一间名为"崇福堂"的华人庙宇，他平常在莆田人的诸多庙宇中活动较多，颇有知名度。由于新加坡江兜人也使用莆田方言，所以新加坡昭灵庙便将他和他的弟子林祖复请过来分别做了顾问和理事。在王金棋的指导下，新加坡昭灵庙在宗教仪式方面改动比较大，添加了许多莆田化的形式，例如在庙前搭设神台、让众理事演练阵图等，不过其中最突出的一项还是"肃坛持戒"仪式，该仪式已经于2005年举行过一次，2007年已经是第二次。

由此可见，"肃坛持戒"仪式的引入显然是新加坡昭灵庙在当代新加坡本土社会文化环境中自我调适的一种反映，而与祖籍地中国江兜村昭灵庙并无关联，以至当新加坡昭灵庙希望中国昭灵庙可以一起举行"肃坛持戒"仪式时，却始终未能得到祖籍地江兜村昭灵庙的同意。当代新加坡昭灵庙与中国祖籍地昭灵庙这种针对宗教仪式取舍态度上的分歧，正从一个侧面的角度反衬出新加坡昭灵庙文化形态的日趋本土化。

第三，"绕境游神"的式微。

在中国福清江兜村的昭灵庙中，至少在清末时已经形成了"绕境游神"的仪式传统。其中的"境"一般指代当地民间信仰中依神界划定的想象中的"空间区域"，实际上则依托于具体的有形地域边界来显示意义。换言之，中国福清江兜村王氏族人之所以能够以昭灵庙为中心展演"绕境游神"仪式，主要是缘于他们有一个共同聚居的有形地域空间，即江兜村地理边界。不过，这种基于有形地域边界的"境"之现实意义在移民时代以来的新加坡却并不存在。

19世纪末20世纪初的新加坡早已是一个贸易繁荣的商业化都市社会样态，当时南来的江兜移民根本没有条件重建与祖籍地一样聚族而居的村落社会，而只能是适应性地分散在相邻的不同街道上，与其他地方的人混居在一起。因而，在此种情境下，与祖籍地江兜村一样的游神之"境"是不存在的。江兜移民已经无法按照福清江兜村那样在原乡村落有形地域边界的基础上进行"绕境"游神，而只能在江兜移民比较聚集街道上举行简单的象征性"游神"。至于代天巡视其他群体地域神界的"出境巡游"则更是无从谈起了。

新加坡建国以后，随着本土时代当地社会条件的不断变迁，在新加坡昭灵庙多次搬迁的过程中，其中的"绕境游神"仪式则进一步日渐式微。

1965年以后，受到新加坡政府市区重建计划以及组屋分配政策的影响，新加坡江兜人的居住地逐渐陆续搬离移民时代聚居的小坡结霜桥一带，转而分散到新加坡各个方位的社区中去。由此，移民时代还曾在新加坡江兜人聚居的街道上举行元宵节"绕境游神"仪式的习惯也日渐失去吸引力。至于20世纪70—80年代搬迁到惹兰拉惹乌当59号A王禄梓的公寓楼单元房的时期，这种传承自祖籍地的传统宗教仪式活动更是曾经一度终止。90年代以后，虽然由于中国福清江兜新移民的南来而使得原有的绕境游神活动又有了复兴的可能，但是无奈当代新加坡社会变迁因素的客观限制，想要再重演祖籍地中国福清江兜村昭灵庙"绕境游神"仪式中那种热闹非凡的场面更是变得越来越不可能。据新加坡昭灵庙庙务顾问王金祥反映，自1998年义顺区新加坡昭灵庙重建以来，元宵节期间的"绕境游神"仪式已经变得很简单，只是在庙宇附近工业区的道路上走一圈，时间安排是从农历正月十四晚上7：00开始，至12：00即告结束。[①]由此可见，此时其性质已经完全变为传统宗教仪式中的一个象征性程序了。这与祖籍地中国江兜村昭灵庙那种举族欢庆、通宵达旦的"绕境游神"仪式氛围显然已经彻底迥异了。

正缘于此，与祖籍地中国江兜村昭灵庙每年以元宵节"绕境游神"仪式最为隆重不同，自移民时代以来，新加坡昭灵庙则早已逐渐转为以每年农历正月十一庙内最为灵验的"柳金圣侯"神明寿诞庆祝时所做的仪式活动最为盛大。

第四，"历代古坛"的内涵转变。

据新加坡义顺区昭灵庙1998年设立的碑记所载，在新加坡昭灵庙的发展史上，可以载入庙史的先贤主要有6个人，第一位先贤是最早"自（中国）故里祖庙，历经坎坷，带回雕塑'柳金圣侯'宝像，于梧槽路近地租房供奉，宏开道法，度世拯民"的无名先驱者。后五位先贤则是20世纪50年代新加坡昭灵庙正式成立时的合力发起人王荣贵（攀仔）、王贤雅（妹仔）、王贤凤（毯仔）、王振春（貌仔）、王声攀（吓路毯仔），合称"五仔"。[②]

这些先贤人物在新加坡昭灵庙的宗教仪式中显示出重要地

---

① 笔者在新加坡昭灵庙对王文秀先生所做的访谈记录。
② 《新加坡昭灵庙重建碑记》，新加坡昭灵庙董事部1998年立。

位。笔者在新加坡田野调查期间注意到,在新加坡昭灵庙每次神诞庆祝的宗教仪式活动中,都会把一个"历代古坛"的牌位放置于庙内设香案祀奉,并有一个仪式由全庙数十位理事成员一起向此牌位持香奉拜,以表对先贤的感谢和敬意之情。不过,值得注意的是,这个仪式与祖籍地中国江兜村昭灵庙既有相似又有不同之处。虽然中国江兜村昭灵庙也有祭拜"历代古坛"的仪式,但是二者在具体祭拜的先贤人物所指上却有根本区别。其中新加坡昭灵庙"历代古坛"所代表的先贤是指在新加坡本土社会变迁脉络中为新加坡昭灵庙的发展史做出卓越贡献的江兜移民前辈,中国江兜村昭灵庙"历代古坛"则是代指在中国祖籍地江兜村发展史中为当地昭灵庙的发展做出突出贡献的江兜王氏族人先辈。在此,同一个宗教仪式程序却已经在不同的时空下显示出显著不同的内在意涵。

除以上几项主要宗教仪式变异之外,与祖籍地中国江兜村昭灵庙相比,1965年建国以来新加坡昭灵庙内还发生了许多其他具体仪式环节上的变异情形。例如,新加坡昭灵庙内所有大型宗教仪式程序中均由理事会主席(早期称为炉主)主持上香,而祖籍地中国江兜村昭灵庙则向来是由乡老来主持上香;新加坡昭灵庙演戏酬神仪式一直是请莆田戏班演"木身戏"为主,而祖籍地中国江兜村昭灵庙则向来是既请莆田"木身戏",也请由演员扮演的莆仙剧"大戏";在给各位神明"庆祝寿诞"时,新加坡昭灵庙的宗教仪式一般只是延续几天而已,而祖籍地中国江兜村昭灵庙却向来是少则数日,多则月余;在乩童跳神的展演表征方面,新加坡昭灵庙与中国江兜村昭灵庙也存有明显差异(如缺少了"赤身喷花"环节),等等。

以上新加坡昭灵庙内宗教仪式内容的诸多变化表明,随着

1965年建国以来新加坡社会时代背景的转换,移民时代新加坡江兜人建构起来的保护神崇拜在文化形态上继续发生着新的调适与演化,这些调整与演化的结果使其与中国祖籍地福清江兜村昭灵庙的传统文化形态呈现出诸多不同的特征。从这个意义上讲,新加坡建国以来新加坡江兜人的保护神崇拜在文化形态上已经呈现出本土化日渐深化的发展态势,同时也使新加坡江兜人心目中的保护神崇拜逐渐被注入了诸多新时代的本土历史记忆内涵,并推动其在此基础上继续发展演化。尽管90年代以来,随着中、新两国建交后新加坡江兜人与祖籍地中国江兜村之间往来的增多而使新加坡昭灵庙在文化形态上一度"复兴"传统的态势,如恢复乩童跳神仪式、邀请中国道士打醮、重制仪式"道具"等,但是这并没有改变其日益本土化的事实。

## 二 挑战所迫:超社群化保护神崇拜的发展必然

20世纪60年代到80年代初,是新加坡华人社会一个发展非常困难的时期。此间,新加坡华人社会面临种族与文化认同的危机,以及宗乡社团被边缘化等诸多严重挑战。[1] 在这种社会大背景的挑战下,新加坡江兜人社群保护神崇拜及其庙宇发展也遇到严峻压力,在信众、庙宇社会关系网络、社会功能方面发生诸多新的变化和发展态势。

---

[1] 参见傅乃昭《新加坡宗乡会馆的发展及其面临的问题》,《华侨华人历史研究》1993年第3期;丘立本《从历史的角度看东南亚华人宗乡组织的前途》,《华侨华人历史研究》1996年第2期;曾玲《调整与转型:当代新加坡华人宗乡社团变迁》,《暨南学报》2005年第1期。

## （一）当代新加坡华人社群保护神信仰的发展挑战

在与时任新加坡昭灵庙主席王宗祝先生及总务王武镇先生的多次交谈中，笔者发现近年来新加坡昭灵庙的发展也出现了一些严峻挑战，其中最大的一个挑战就是江兜人信众日益减少的未来危机。而之所以出现这个问题，则与当代新加坡社会变迁背景紧密相关。具体而言，主要有以下两个方面的原因：

**1. 市区重建规划下庙宇搬迁导致江兜人来往昭灵庙的次数日益减少**

1965年新加坡建国以后，为了实现工业化计划及解决人民住屋问题的"居者有其屋"计划，新加坡政府积极推行市区重建计划，并成立建屋发展局与裕廊镇管理局专门负责土地征用与建设工作。在新加坡政府不同阶段征用土地的过程中，处于政府重建规划区的许多庙宇不得不面临被迫搬迁的历史命运。其中，由于不少庙宇无法独立支付动辄近百万元到数百万元（新加坡币）的昂贵地价与新庙建筑费用，所以许多庙宇在搬迁过程中逐渐与其他有善信基础、有经济条件且有整合意愿的庙宇，联合集资购地建造新庙，从而产生了新加坡特色的联合宫或联合庙。[①] 就此而言，新加坡昭灵庙也不例外，因为庙内基金较少，无力重建新庙，20世纪70—90年代，在20多年的时间里，新加坡昭灵庙先后辗转经历了四次搬迁：

第一次搬迁出现在1974年，系由殖民地时代新加坡昭灵庙旧址（结霜桥卫德路门牌二号A）迁至若兰拉惹乌当59号A新加坡江兜人王禄梓投资兴建的公寓楼二楼单元房中。据新加坡昭灵庙内存留的档案资料显示，最初购置王禄梓公寓楼单元房

---

① ［新］林纬毅：《国家发展与乡区庙宇的整合：以淡滨尼联合宫为例》，［新］林纬毅主编《华人社会与民间文化》，新加坡亚洲研究学会2006年版，第174页。

的并非新加坡昭灵庙，而是江兜王氏公会。当时的具体情形是，由于殖民地时代以来江兜王氏公会与新加坡昭灵庙多年同处于一个租借的有限场所内，行事颇为不便，所以70年代初时江兜王氏公会便准备筹款购置自己的新会所，并由时任公会主席王如聪先交付了1000元定金代购其家族产业市值62000元的王禄梓公寓楼单元房准备作为公会新会所。可是当江兜王氏公会向政府注册官申请会所新址时，却因"住宅区不能成为社团会所"之法则限制而不能搬迁入新会所。在这种情况下，江兜王氏公会领导层与新加坡昭灵庙管理委员会召开联合会议，后"经众同意，王禄梓公寓楼单元房改为昭灵庙承购，其定银亦转为昭灵庙所有"，并规定此后该产业由昭灵庙委员会处理。[①] 随后昭灵庙筹委会在新加坡江兜人中发起筹款活动，至1974年初筹足款额交付房款后正式购置新庙居所，并于当年下半年由结霜桥卫德路门牌二号A旧址搬迁至若兰拉惹乌当59号A王禄梓公寓楼二楼单元房新址。1975年初再经政府社团注册官登报批准注册。这次搬迁对于新加坡昭灵庙日后的发展具有重大意义，从此昭灵庙终于有了属于自己的固定资产，并自此开始与江兜王氏公会成为并列的两个独立社团单位，进入"自立"发展的新时期。

第二次搬迁发生在80年代末，系由若兰拉惹乌当59号A王禄梓公寓楼二楼单元房庙址搬回结霜桥卫德路门牌二号A旧址。当时之所以搬迁，一方面是因为公寓单元房内活动空间有限，不方便进行庙内各种宗教仪式活动开展；另一方面则是由

---

[①]《筹建新加坡昭灵庙委员会会议记录》（1973年1月14日），新加坡昭灵庙档案资料。

于庙内活动声音较大而影响到同楼住户正常生活休息，并遭到居民投诉反映。因此，新加坡昭灵庙便又重新迁返卫德路原旧址。

第三次搬迁发生在90年代初，系由结霜桥卫德路门牌二号A旧址搬至实龙岗路王金祥经营的集成汽车公司二层楼上。当时新加坡昭灵庙从有关方面获得讯息，新加坡昭灵庙旧址所在地结霜桥卫德路一带已经被新加坡政府划入市区重建规划拆迁范围之内。在这种情况下，新加坡昭灵庙被迫再次搬迁，并于1994年底移至新加坡江兜人王金祥经营的集成汽车公司二层楼上暂时供奉。

第四次搬迁发生在1998年，系由王金祥经营的集成汽车公司二层楼上搬入重建的义顺区慈灵联合庙内。早在80年代末从王禄梓公寓楼单元房搬回到结霜桥卫德路旧址后不久，由于考虑到新加坡昭灵庙的发展问题，庙里管理者便开始商议购置地段，修建新的庙宇。90年代初，在当时新加坡昭灵庙执委会主席王荣銮、副总务王金祥、中文书王武镇等人的发起下，很快成立建庙筹委会，着手筹募基金与选择新址。1995年新加坡昭灵庙寻得与另一间华人庙宇慈云山宫合伙向政府购置义顺A工业区1300平方米的地段，议定修建联合庙[①]——慈灵联合庙。

---

[①] 新加坡联合庙系指20世纪70年代以后在政府实施市区重建的过程中，面对被迫搬迁而又无力独自购买新庙址的许多庙宇不得不与其他庙宇联合出资重建庙宇的现象。其具体操作方式为：集合至少两间有善信基础、有经济条件与有整合意愿的庙宇，联合向建屋发展局申请购买租赁期30年地皮，建造新庙，一般格局是建一间大庙容纳参与的庙宇，也有在共同购得的土地上各自建造两间或三间独立的庙宇（参见〔新〕林纬毅主编《华人社会与民间文化》，新加坡亚洲研究学会，2006年，第174页）。慈灵联合庙属于后者，包括昭灵庙与慈云山宫，各自供奉不同的神明，且均为独立注册社团，各有自己的管理机构。

1996年5月9日，慈灵联合庙筹建委员会敦请义顺区国会议员律政兼内政部高级政务部长何炳基副教授主持奠基典礼，1997年义顺区新加坡昭灵庙修建竣工，并于当年10月31日举行神像开光晋殿大典。1998年2月28日，慈灵联合庙举行隆重落成庆典，宣告新庙正式确立。至此，新加坡昭灵庙终于完成了新加坡建国后的最后一次搬迁，开始有了一个固定的居所。值得一提的是，此次义顺区新加坡昭灵庙筹建期间，曾发动了广布新、马、印度尼西亚各地的江兜人亲友与信众400余人或商业公司参与募捐，共筹得新加坡币738120元、马来西亚币138320元资金，[①] 不但顺利完成了新庙筹建工作，也为新加坡昭灵庙的发展余留了部分储备基金。与此同时，由于1990年中、新两国建交后为新加坡昭灵庙与祖籍地中国江兜村昭灵庙恢复了新加坡建国以来曾经一度中断的直接联系，因此此次建庙过程中中国祖籍地福清江兜村昭灵庙也积极配合此次新加坡昭灵庙的重建工作，义顺区昭灵庙修建过程中的所需的绝大部分建筑材料、庙内物品等都是在中国江兜村宗亲帮助下，按照与祖籍地昭灵庙完全一样的设计在中国专门订做采购的。并专门请来中国的道士与祖籍地昭灵庙代表南来参与义顺区新庙开光大典活动。慈灵联合庙的新建与搬迁过程表明新加坡昭灵庙进入当代重整、复兴的发展新时期。

从表面上看，庙址搬迁与庙宇发展似乎并无重要直接关联，然而，事实上二者之间却有着紧密的内在关联。

据新加坡昭灵庙前主席王声厚先生、顾问王金祥先生以及总务王武镇先生反映，与新加坡殖民地时代在结霜桥一带的老

---

[①] 《新加坡昭灵庙重建碑记》，新加坡昭灵庙董事部立，1998年。

庙址（卫德路门牌2号A）时期相比，70年代以来的庙址搬迁对于新加坡昭灵庙的发展所带来的最主要影响就是导致江兜人信众上香次数与拜神人数日益减少。

新加坡昭灵庙在结霜桥旧址时期，由于当时新加坡江兜人大都居住在昭灵庙附近的市区街道上，所以当时他们出入昭灵庙非常方便，上香拜神的人很多，大人孩子经常出入，香火也很旺盛，每次庙内神明寿诞时附近的新加坡江兜人都会聚集过来一起庆祝，至今还有许多中老年新加坡江兜人对当时的热闹情景记忆犹新。概而言之，结霜桥庙址时代的昭灵庙在很大程度上具备一定的"地域化"特征，而江兜人则是其唯一的主体信众群体。

当70年代至90年代庙址搬迁到王禄梓公寓楼（若兰拉惹乌当59号A）与王金祥集成汽车公司二楼（实龙岗路）以后，由于在政府组屋分配政策实施过程江兜人已经开始陆续搬离结霜桥一带而散布到新加坡各处居住，并受到这两个庙址场所性质与空间规模所限，江兜人来到昭灵庙上香拜神的次数与人数也开始有所减少。不过，从总体上看，因为这两处庙址仍然处于中心市区之内且离结霜桥老地方并不太远，所以当时江兜人前往昭灵庙上香拜神的人数规模仍然比较多，甚至90年代初庙里举办柳金圣侯神明寿诞庆祝活动时参与人数还能达到数百人的规模。换言之，对于当代新加坡昭灵庙的信众规模而言，1965年新加坡建国以后直至80年代末90年代初，其在新加坡江兜人社群中的固定信众还不在少数。不过，到1998年新加坡昭灵庙正式搬迁到义顺区慈灵联合庙以后，这种情况却发生了巨大的改变。

与前面几次搬迁情况相比，慈灵联合庙所处的义顺区地点由于是工业区的缘故，所以已经是处于远离新加坡中心市区的地理位置。这种新情形的出现对于已经完全散布于新加坡各处社区居住的江兜人来说，来往昭灵庙上香奉拜神明的便利性与可能性大大降低，此外再加以当代新加坡社会工作节奏日益加快而空闲时间缩短等原因的同时作用，从而导致许多新加坡江兜人信众平常专程乘车来到义顺昭灵庙拜神的次数日益减少，甚至也有不少新加坡江兜人尤其是年轻者人因而逐渐退出了新加坡昭灵庙神明信仰的信众行列。① 从这个意义上讲，进入义顺区慈灵联合庙庙址时期的同时，亦直接引发当代新加坡昭灵庙信众减少而香火旺盛程度减势的发展危机。

上述内容表明，由于社会变迁的影响，自90年代以后尤其是搬迁至义顺区慈灵联合庙庙址以来，新加坡昭灵庙的在发展中也面临着江兜人信众及上香次数日益减少的挑战与危机。正缘于此，为了摆脱这种现实困境，数年前新加坡昭灵庙董事会便一再强调将要打破"江兜人"的社群局限，争取主动吸收更多的新加坡信众成为庙内会员，以便昭灵庙可以补充到新的有生力量。②

**2. 基督教迅速发展对华人传统民间信仰吸引力冲击明显。③**

20世纪80年代以来的新加坡人口普查数据统计结果显示，基督教的异军突起是当代新加坡宗教信仰构成变化发展中的一

---

① 笔者在新加坡昭灵庙开展随机访谈期间，许多曾在结霜桥庙址时期就进入昭灵庙拜神的江兜人大都反映到，现在人来庙里拜神的次数和人数都比以前少多了，原因主要是由于大家都住在各地，平常大家工作也很忙，过来越来越不方便了。

② 笔者在新加坡对王宗祝先生、王武镇先生所做的访谈记录。

③ 无宗教信仰者的日益增多也是当代江兜人对新加坡昭灵庙兴趣日减的原因之一。不过，相对而言，基督教的发展对新加坡江兜人宗教信仰变化影响更为凸显。

个新态势,尤其是占新加坡华人人口的比例显著增大。[1] 1980 年时新加坡基督徒占全国总人口的 10.3%,占华人总人口的 10.6%;1990 年时新加坡基督徒占全国总人口的 12.6%,占华人总人口的 14.1%;[2] 2000 年时新加坡基督徒占全国总人口的 17.1%,占华人总人口的 16.5%。[3] 这种变化的出现是受两方面的因素所致。一方面,由于 1965 年建国以后,新加坡迅速建构起以英语为主导的学校教育环境和社会工作环境,导致新加坡社会文化氛围产生日渐西化的倾向,尤其是年轻一代华人逐渐淡化甚至抛弃中华文化,转而接受以基督教为代表的西方文化价值观,进而也推动他们在宗教信仰上日益倾向于选择基督教,而对与华人种族、华语方言紧密相关的所谓"守旧"的诸多华人传统民间信仰则兴趣日减。另一方面,则与基督教充分利用自己在新加坡的众多教会学校、教会团体等庞大组织体系而千方百计"拉"人,尤其吸引年轻人有关。例如,在传教过程中,基督教会经常为教友及非教友提供团聚相处的机会,[4] 并积极推行职业辅导及社会服务计划,从而对许多人尤其是对年轻人形成巨大吸引力,容易使他们产生宗教认同感和归属感。与此相较,在后移民时代的新加坡,因缺乏严密统一组织体系而"各自为政",且以传统宗教仪式活动为中心的诸多华人传统民间信仰庙宇却日益被视为"不合逻辑""不符合现实""迷信"的象

---

[1] 袁丁:《持续和变迁——人口统计中所反映的新加坡华人宗教信仰的变化》,《世界民族》2000 年第 3 期。
[2] 张禹东:《新加坡华人宗教信仰的基本构成及其变动的原因与前景》,《华侨华人历史研究》1995 年第 4 期。
[3] 鲁虎:《新加坡》,社会科学文献出版社 2004 年版,第 56 页。
[4] 如旅游、露营、青年聚会、成人聚会、妇女聚会甚至幼稚园与儿童俱乐部聚会等集体活动。

征而对当代不少华人尤其是年轻华人日渐失去吸引力。①

受上述社会变迁背景影响,新加坡昭灵庙中的江兜人信众也面临着基督教扩展下的重大冲击。笔者在新加坡进行田野调查访谈过程中逐步了解到,80年代以来,新加坡江兜人尤其是本地生的年轻江兜人在宗教信仰选择上已经出现颇为明显的基督教化倾向。笔者在新加坡昭灵庙做随机访谈的过程中,不少老一代江兜移民告诉笔者,"现在年轻人信(基督)教的多了","我的孩子、孙子都信(基督)教了,他们不会过来(昭灵庙)了","现在年轻人都是读英文,许多都是基督教徒,父母不在了,他们不会再来庙里","我的儿媳妇因为读教会学校信了(基督)教,所以孩子也逐渐跟着信(基督)教了",等等。

由此可见,当代新加坡江兜人中信奉基督教的情况明显增多。特别是在新加坡本地出生的江兜人后代信教的人逐渐增多,尽管他们中不少人也曾经在幼年时跟随父祖辈进入新加坡昭灵庙拜神上香,然而随着老一代江兜移民的相继老去和故去,特别是由于受到新加坡建国后英文环境与西方文化社会氛围日益增强的社会环境变迁影响,以及基督教会学校吸引或个人意识等原因作用,从而导致不少新加坡年轻江兜人在宗教信仰上已经表现出较为明显的基督教化倾向,这种发展态势的持续必将对新加坡昭灵庙中的江兜人社群保护神崇拜信仰造成越来越大的现实冲击,并造成新加坡昭灵庙面临江兜人信众规模日益减少的发展困境。在这种情势下,新加坡昭灵庙若要继续生存和发展,就必须尝试新的思路、方法以更好地应对江兜人信众日

---

① 曹云华:《新加坡多元宗教透视》,《东南亚纵横》1994年第2期。

益减少的危机。

(二) 社群边界的历史突破：信众外延与庙宇关系拓展

面对当代华人社群保护神信仰发展的现实挑战，新加坡昭灵庙的管理者并未止步不前，而是通过多种努力尝试解决社群信众开始减少的危机，并在自我调适中不断拓展发展空间。其中最突出的变化取向是主动吸纳超社群会员信众以补充新鲜力量，积极拓展庙宇多元化社会关系网络，从而突破了移民时代江兜移民保护神崇拜中一向固守的社群边界意义。

第一，信众的亲友化和地缘化的超社群化外延趋向。

自移民时代以来直至1965年新加坡建国后的很长一段时间里，新加坡昭灵庙向来是以江兜人为唯一信众群体。然而，自20世纪90年代开始，这种情况却发生若干新的变化，显示出突破新加坡江兜人社群边界的时代迹象。

首先，从会员信众的情况看，90年代，新加坡昭灵庙中注册会员名单中已经开始出现突破江兜人社群边界的情况，并逐年渐趋增长。笔者在查阅新加坡昭灵庙内的历史档案资料中发现，自1975年新加坡昭灵庙正式向政府注册以来，最早出现非江兜人信众出现在90年代初期。1990年时新加坡昭灵庙126名会员全部清一色是江兜人，基本一家一个代表，无一非江兜人。三年之后，1993年时新加坡昭灵庙130名会员中则开始出现了5名非江兜人，其中董事会成员有1名；1998年时新加坡昭灵庙131名会员中有6名非江兜人，其中董事会成员有2名，理事会成员有5人；2001年时新加坡昭灵庙160名会员中有18名非江兜人，其中董事会成员有1人，理事会成员中7人；2005年时新加坡昭灵庙126名会员中有20名非江兜人，其中董事会成员有3人，理事会成员有9人。

从这些新加坡非江兜人信众与新加坡江兜人之间的关系来看，大致涉及以下两类人群关系：一是亲属关系，如新加坡江兜人的女婿、外甥等；二是朋友关系，如新加坡江兜人的拜把兄弟、同事、雇佣员工以及庙务顾问等。[①] 笔者在调查访谈中进一步发现，与许多江兜人信众不同，对于这两类新加坡非江兜人而言，新加坡昭灵庙中的神明信仰已经不再具有社群保护神崇拜的意义，而只是一般意义上的华人民间信仰。换言之，移民时代以来新加坡昭灵庙长期作为江兜人神明信仰中心而维系其社群认同的边界和功能已经开始被突破。

另外，值得注意的是，除上述会员信众之外，自1998年新加坡昭灵庙搬迁到义顺区慈灵联合庙以来，不少工作或居住在义顺区或周边庙宇信众内的非江兜人逐渐进入新加坡昭灵庙的信众群体之内。尽管这些人并未加入新加坡昭灵庙会员，但是他们的出现仍然彰显出昭灵庙作为一般宗教信仰场所的基本意义。具体而言，这类信众又可以分为以下两种情形。

第一种是因为工作或居住在义顺区而进入昭灵庙上香、拜神的信众。试以笔者在新加坡昭灵庙进行调查期间随机访谈中的几个信众个案为例：

刘先生，他是出生在新加坡的第二代华人，祖籍中国潮州。他在义顺区工业园区离新加坡昭灵庙不远的地方经营着一家工厂。他来昭灵庙上香、拜神已经有两年多的时间了，有时候和太太一起来。他还同时会拜旁边的几个庙（如昭灵庙相邻的慈云山宫、福发宫等），春节时还会去拜四马路观音堂。他之所以进来叩拜昭灵庙内的神明，主要是因为觉得神明有神力，可以

---

① 笔者在新加坡对王武镇先生、王金祥先生、王文秀先生所做的访谈记录。

保佑自己家人平安、生意顺利。不过，他并不知道昭灵庙里的神明是什么神，更不知道是从哪里来。他只是知道庙里的神是华人拜的神，可以保平安。

黄先生，他是在新加坡出生的第三代华人，祖父一代从中国福建南安南来新加坡谋生。他家住在义顺区，到昭灵庙拜神时间不长，大概半年多了。开始是朋友带自己过来看看，后来自己也来过几次昭灵庙。他觉得昭灵庙里的神与其他庙里的神外貌不一样，不知道是什么神。他也拜附近其他华人庙里的神，他拜神主要是为了保平安。另外，还有一位李先生，也是出生在新加坡的第二代华人，他不在义顺区工业园工作，也不住在义顺区。他是一名货运司机，临时送货到义顺区，路过昭灵庙，看到这里有祭神仪式，所以临时进来拜一下，求个平安，顺利。

第二种是因为自己"原始"所拜神庙位于义顺区而顺便进入昭灵庙上香、拜神的信众。[①] 笔者在对新加坡昭灵庙的多次田野调查中注意到，许多义顺区尤其是昭灵庙相邻的其他一些庙宇原始信众也经常来到昭灵庙上香、拜神。与昭灵庙一墙之隔的慈云山宫总务唐先生告诉笔者，慈云山宫里的神明与昭灵庙不一样，主要供奉太上老君、黄老仙师和大圣佛祖，不过现在慈云山宫以前的信众过来时一般都会同时到昭灵庙上香。反过来，到昭灵庙里拜神的一般也都会顺便到慈云山宫上香，因为"只要是神都可以保平安"。另一位潘先生则谈到，他是以前这

---

[①] 新加坡昭灵庙所处的义顺区工业园区是一个庙宇较为集中的地方，仅在昭灵庙附近方圆2里之内便有大小十多间庙宇，其中大部分是华人庙宇，但也有两间印度人庙宇。在这些庙宇中有不少都是20世纪80—90年代以来从市区其他地方搬迁而来重建的独立庙宇或联合庙。由于从其他各地搬迁而来的庙宇与义顺区工业园区原有庙宇都有自己以前的传统信众群体，所以这些不同种族文化庙宇的大聚集，也便同时带来了不同种族或社群的宗教信仰群体。

里潘家村里的人，他们有自己的横山庙，拜"潘府大人"，现在重建的横山庙就在慈灵联合庙旁边，所以他来拜横山庙时，一般也会顺道拜一下慈灵联合庙里的神明，求个全家平安。不过他对昭灵庙和慈云山宫庙里的神明完全不清楚。

值得一提的是，笔者还注意到，与慈灵联合庙一墙之隔的福发宫联合庙①内不仅有信众到昭灵庙内上香、拜神，而且其中一间印度庙内的印度人信众偶尔也会到昭灵庙上香、拜神。至于印度人到昭灵庙拜神的原因，该间印度庙的一位负责人（印度人）用英语告诉笔者，他们庙里是拜拿督公，类似于华人所拜的大伯公，都是神，都可以赐福。他们有时到包括昭灵庙在内的附近华人神庙中上香，主要是拜神，不清楚都是什么神，只是知道都是华人的神。

总之，自20世纪90年代以来，尤其是昭灵庙搬迁到义顺区慈灵联合庙以后，由于新加坡社会变迁的影响，昭灵庙的各种信众群体已经出现了超越新加坡江兜人社群范畴的发展态势。不同祖籍地缘、血缘、神缘与方言的华人群体乃至印度人都有可能进入到新加坡昭灵庙神明崇拜的信众范围之内。这种情况表明，当代新加坡昭灵庙作为神圣化本位宗教信仰场所的香火庙角色逐渐显露。换言之，对于当代新加坡江兜人而言，这种发展迹象的出现反映出昭灵庙对于其自身社群整合功能的某种弱化。

---

① 慈灵联合庙两旁分别毗邻横山庙与福发宫。其中，横山庙是早期自中国南安而来的"炉内潘"人在新加坡潘家村（现已不存在）所建的"祖神庙"，也是南洋潘氏公会的会所，祀奉神明"潘府大人"；福发宫是一间联合庙，系由天福殿、朝云殿、合春格福发宫三间华人庙宇和一间名为Sri Veeramutnu Muneeswarar Temple的印度庙联合组成。

第二，超社群化庙宇社会关系网络的多元化拓展面向。

当代新加坡昭灵庙发展的另一种新情况是庙宇社会关系网络的日益多样化。

1. 从宗教团体内部间互动关系的角度看，昭灵庙与新加坡诸多庙宇尤其是华人庙宇均建立了较为密切的经常性联系。具体而言，据笔者在新加坡昭灵庙田野调查期间收集到的各种资料综合来看，当时与新加坡昭灵庙存在互动联系的华人庙宇规模已达数十余个，神明信仰范围相当广泛，并仍然呈现出不断继续扩大的发展趋势。就与昭灵庙发生联系的纽带和方式而言，这些华人庙宇大致可以归为如下三类（见表7-3）：

表7-3　　　　　　当代新加坡昭灵庙社会关系信息合成

| 义顺区华人庙宇 | 兴化人华人庙宇 | 其他华人庙宇 | 道教组织团体 |
| --- | --- | --- | --- |
| 慈云山宫、横山庙、合春格福发宫、天福殿、朝云殿、威灵宫、元龙圣庙、斗母宫凤山寺、聚善堂、关帝庙等 | 崇福堂、琼瑶仙教、九鲤洞、重兴祖庙、石庭乡柳金会、兴胜宫（樟宜）、兴安天后宫、天性宫、安仁宫、琼瑶教邸、天性祠、九里洞、鲤江庙等 | 包公庙、九条桥新芭拿督坛、灵慈行宫、九天玄女宫、显应宫、三巴旺天云殿财神庙、福山亭、赐福宫大伯公联谊会、菲菜芭城隍庙、天君府、仙宫堂、天显庙、玄夫仙庙、天龙坛、菜市联合宫、淡滨尼联合宫、青云庙、会庆堂、清水庙东圣殿、风火院、昭惠庙、心山庙、通城坛、德宝堂等 | 新加坡道教协会新加坡道教总会 |

第一类是义顺区华人庙宇。这类华人庙宇与新加坡昭灵庙之间的互动联系比较密切。其中，与昭灵庙关系最为密切的当数慈云山宫，因为二者之间具有共建联合庙的关系，对外亦经常以一个单位出现，所以彼此之间关系非常密切。虽然二者各

自均有独立的董事会，但是在日常神明庆祝活动仪式上却彼此相辅甚多。笔者在参与观察新加坡昭灵庙各种宗教仪式过程中注意到，基本上每次昭灵庙神明寿诞庆祝时举行的宗教仪式都有进入慈云山宫的环节，例如昭灵庙的"龙头乩"与乩童在游走过程中会进入慈云山宫叩拜神明，昭灵庙的每次神案换香程序也一定会将慈云山宫门前神案一并进行。并且，在昭灵庙每次宗教仪式活动中，都可以看到慈云山宫总务或主席亲自帮忙参与上香、打鼓、接待外来庙宇代表以及免费提供自己舞狮团的庆祝表演等活动。此外，新加坡昭灵庙总务王武镇先生还告诉笔者，昭灵庙里的中元普度仪式也是从慈云山宫那里引来开始举办的。

除慈云山宫之外，昭灵庙与附近其他一些义顺区华人庙宇之间的互动联系主要是在彼此庙内神明出游时适当配合宗教仪式。例如，当义顺区威灵庙主神"七王府大人"出来巡游时，会有进入慈灵联合庙的仪式程序，期间昭灵庙与慈云山宫要一起在院中设坛迎接巡神之香，昭灵庙总务王武镇先生与慈云山宫主席黄先生一起迎接巡游之神。

第二类是兴化方言群的华人庙宇。由于从方言与文化习俗的角度看，江兜人属于兴化人的方言群范畴，所以早在中国祖籍地福清江兜村历史上江兜人与兴化人之间的民间信仰仪式方面就基本一样。虽然在新加坡殖民地时代昭灵庙与兴化人庙宇互动并不多，不过近年来却联系密切起来。从目前情况看，昭灵庙与兴化人庙宇之间的联系主要是围绕共同的传统民间信仰宗教仪式交流而建立起来的。时任新加坡昭灵庙总务王武镇先生告诉笔者，与兴化人庙宇关系多起来是近些年的事情。开始时，主要是为了向兴化人庙宇学习一下传统的民间信仰宗教仪式，因为都是兴化人，彼此文化习俗一样。由于与兴化人庙宇联系比跟中国祖籍地江兜村昭灵庙之间联系更为便利，所以就与越来越多的兴化人庙宇发展起了联系。

在与兴化人庙宇发展互动联系的过程中，一名叫王金棋的莆田人起到了重要作用。王金棋先生是出生于中国莆田的第一代华人移民。此人从小进入庙里参与宗教仪式活动，精通莆田人庙里各种宗教仪式程序，并因此成为新加坡众多兴化人庙宇的"技术指导"。他不仅在莆田天后宫等多间兴化人庙宇内担任理事等职务，而且自己办有一个华人庙宇"崇福堂"。昭灵庙从2005年起开始邀请他过来帮忙庙内指导宗教仪式活动，并被聘为庙务顾问，后来他又把自己的一名新加坡本地生莆田人弟子带进昭灵庙做了理事。在他的指导下，近些年来昭灵庙的传统宗教仪式有了很大发展，日渐丰富，如演练阵式、进行"肃坛持戒"仪式等，笔者调查期间发现，几乎每次昭灵庙内举行仪式活动时他都会过来全程指挥。随后，又通过他与兴化人庙宇的关系，新加坡昭灵庙与其他兴化人庙宇的关系也迅速建立起来。[①] 2007年10月，笔者在参与观察新加坡昭灵庙"肃坛持戒"仪式过程中，发现来到昭灵庙互动的华人庙宇绝大部分都是兴化人庙宇代表。因为"肃坛持戒"这种仪式只有兴化人的庙里才会有。

第三类是既非义顺区华人庙宇也非兴化人庙宇的其他新加坡华人庙宇。这些华人庙宇与昭灵庙之间的联系较为简单，彼此之间发生联系只是基于都是华人庙宇的唯一基础。这种互动关系一般只是加强联谊方面的行为，如互相邀请参与对方庙内

---

① 笔者在新加坡对王金棋先生的访谈记录。

的神明寿诞庆祝联欢晚宴或慈善筹款活动以及互相发送贺卡祝贺春节等。从宗教仪式内部来看,这些华人庙宇与昭灵庙之间不存在互相交流的现象。

对于新加坡昭灵庙而言,与以上三类华人庙宇之间的互动联系分别显示出不同面向的社会文化意义。与义顺区周边其他华人庙宇的互动联系反映出昭灵庙神明信仰日趋"在地化"的发展迹象,即由江兜人的社群庙向义顺区一间普通华人民间信仰中的地域性"香火庙"转向;与新加坡兴化人庙宇之间的互动联系反映出昭灵庙作为华人民间信仰文化形态的方言社群属性,亦表明当前华人方言社群文化形态仍然具有生存与发展的现实空间;与以上二者之外新加坡华人庙宇之间的互动联系反映出昭灵庙积极向华人社会文化整体靠拢的发展意向,同时亦表明当代新加坡华人民间信仰内部凝聚与整合的日渐强化,至于昭灵庙参与新加坡道教总会和新加坡道教协会的行为,则进一步彰显了这种现象。

值得一提的是,除与诸多华人庙宇建立密切互动联系外,昭灵庙还与一间隔壁相邻的福发宫联合庙内的印度庙建立了一定互动往来关联。具体表现上,除了各自信众存在少量互拜对方神明的情形之外,两庙之间在宗教仪式上也产生了一些关联。例如,2007年1月1日在这间印度庙举行的庆祝新年宗教仪式活动中,有一个程序是印度庙内的许多"沙弥"[1] 陆续出来在义顺工业园区内公路上"巡游",当经过昭灵庙时则有一个印度人"沙弥"作为代表到慈灵联合庙内院中香案前致意,时任昭

---

[1] 类似于华人民间信仰宗教仪式中跳神的"乩童"。

灵庙总务王武镇先生与慈云山宫总务唐先生则一起行礼答谢。①反过来，新加坡昭灵庙里柳金圣侯神明寿诞时，昭灵庙也会派代表持香到这间印度庙中向里面的"拿督公"致意。② 从当前新加坡昭灵庙与福发宫联合庙内印度庙之间的互动联系情况看，尽管二者之间在彼此神明系统的认知方面并不清楚，然而作为同为义顺工业园区中的庙宇邻居，二者却可以通过互敬对方神明的方式产生互动联系，这种现象体现出华族文化与印度族文化之间的和谐共处状态。从种族关系的角度来看，这种情形的出现则正是 1965 年建国以来新加坡政府一贯强调多元种族和谐及多元宗教文化政策③的一个民间场景效果之反映。

2. 从与非宗教团体之间的互动关系角度看，昭灵庙还与新加坡诸多社会公益或福利团体以及政府基层社区组织之间建立了密切互动联系。

第一，与新加坡其他华人宗乡社团之间的互动联系。

就目前情况而言，与新加坡昭灵庙保持密切联系的新加坡华人宗乡社团主要有江兜王氏公会、卓歧王氏公会、珩山王氏公会、琼崖王氏公会、开闽王氏公会、太原王氏公会 6 个华人血缘社团，彼此之间联系的方式是互相参与对方每年的周年庆祝联欢晚宴活动。另外，新加坡昭灵庙还通过多方面的关系参

---

① 笔者在新加坡 Sei Veeramutnu Muneeswarar Temple 与新加坡昭灵庙内的现场观察记录。

② 笔者在新加坡昭灵庙与 Sei Veeramutnu Muneeswarar Temple 内所做的现场观察记录。

③ 参见韦红《新加坡解决民族问题的有效途径——多元一体化》，《中南民族学院学报》（哲学社会科学版）1999 年第 1 期；刘稚《新加坡的民族政策与民族关系》，《世界民族》，2000 年第 4 期；王文钦《宗教和谐与民族团结——新加坡宗教文化和宗教政策刍议》，《世界宗教文化》1997 年第 1 期。

加了若干次世界性的王氏恳亲联谊大会,如第三届世界王氏恳亲联谊大会(1996年)、第四届世界王氏恳亲联谊大会(1997年)等。① 其中与江兜王氏公会之间的关系彰显出昭灵庙所承载的社群保护神信仰中心角色,与其他几个王氏公会的互动联系则是超越江兜人社群边界意义的一种向外延伸。

第二,与新加坡若干社会公益、福利组织的互动联系。

根据新加坡昭灵庙内保存的一些纪念牌记录资料显示(见表7-4),21 世纪初与昭灵庙联系比较多的新加坡社会福利、慈善团体有:大众医院、中华医院、新加坡同济医院、仁慈医院及医护中心、观音救苦会等。虽然新加坡昭灵庙只是一间很小的华人庙宇,基金经济实力并不雄厚,然而从其捐献社会福利与慈善事业的情况来看,还是非常积极的。

表7-4　　　　　　　新加坡昭灵庙纪念牌留存信息合成

| | |
|---|---|
| 2000 年 | 慈灵联合庙成立四周年纪念志庆　中医药促进会主办　大众医院敬赠　题"济世为怀"<br>中华医院敬赠　慈灵联合庙惠存　题"热心公益"<br>观音救苦会敬赠　慈灵联合庙惠存　题"为善最乐" |
| 2002 年 | 新加坡同济医院敬赠　昭灵庙董事部惠存(庆柳金圣侯寿诞捐献本院)　题"圣威神灵　法雨慈云"<br>仁慈医院及医护中心(赠)　题"谢谢您的支持"(有英文)<br>新加坡中医师公会主办中华医院(赠)　昭灵庙惠存　题"热心公益"<br>观音救苦会敬赠　昭灵庙董事部惠存　题"为善最乐" |

---

① 笔者在新加坡昭灵庙内发现留有这些会议赠予的纪念牌。如1996年新加坡昭灵庙参加第三届世界王氏恳亲联谊大会时菲律宾太原王氏宗亲总会敬赠的纪念牌,1997年新加坡昭灵庙参加菲律宾太原王氏宗亲总会举办第四届世界王氏恳亲联谊大会时菲律宾太原王氏宗亲总会敬赠的纪念牌等。

续表

| | |
|---|---|
| 2004 年 | 新加坡同济医院敬赠　义顺昭灵庙惠存　题"神威显赫"<br>新加坡中医师公会主办中华医院（赠）　昭灵庙惠存　题"热心公益"<br>仁慈医院及医护中心（赠）　题"谢谢您的支持"（有英文）<br>观音救苦会敬赠　昭灵庙董事部惠存　题"为善最乐" |

笔者在2006年参与观察新加坡昭灵庙柳金圣侯寿诞庆祝联欢晚宴当场注意到，经昭灵庙董事会许可，一个新加坡爱心团义工机构的爱心慈善捐款活动在晚宴开始之前迅速展开，几个义工均持宣传条幅，并以卖彩票、筹款单、赠送小金元宝模型纪念物等多种不同方式穿行于百余桌的宴席之内，积极向赴宴宾客募捐。与此同时，笔者还发现，在联欢晚宴邀请的宾客中还有专门两桌宴席是留给社会福利院的，那里坐着统一服装的老人与儿童，其中一桌中还有两个印度族女孩坐于其中就餐。这个场景反映出昭灵庙对于新加坡社会福利及慈善事业的积极态度，亦显示出当代新加坡国家政策调整下多元种族关系的日渐和谐。另外，这种情形还表明，在新加坡政府大力支持与鼓励本地各种宗教团体积极参与社会福利与慈善事业的背景下，近年来新加坡昭灵庙作为一个宗教信仰场所的社会救助功能也日渐强化。

第三，与新加坡国家政府有关社会组织之间的互动联系。

当前新加坡昭灵庙与国家政府有关社会组织发生联系是迁往义顺区慈灵联合庙以后的事情。1996年义顺区昭灵庙修建之初，慈灵联合庙筹建委员会敦请义顺区国会议员律政兼内政部高级政务部长何炳基副教授主持奠基典礼，这是自新加坡殖民地时代以来昭灵庙历史上第一次与国家政府人物直接接触。此后，双方关系迅速"增温"。何炳基这位义顺区政治代表人物不仅被聘为昭灵庙的名誉顾问，他还于 2001 年、2002 年连续两年派代表参加了昭灵庙中柳金圣侯神明寿诞庆祝联欢晚宴，并代表政府颁发援助金。2004 年以后，由于昭灵庙所处的义顺工业园转为三巴旺集选区，于是三巴旺集选区国会议员尚穆根高级律师也被聘为昭灵庙的名誉顾问。[①]

另外，笔者在 2006 年新加坡昭灵庙柳金圣侯神明寿诞庆祝活动期间还注意到，忠邦公民咨询委员会与义顺东公民咨询委员会都是被昭灵庙邀请的 VIP 代表单位。虽然当时由于事务繁忙，这两个基层政权组织未能派代表亲自莅临，不过却均有派送花篮及贺卡。其中，义顺东公民咨询委员会福利小组署名的贺卡祝词为"昭灵庙董事部庆祝崇奉柳金圣侯寿诞千秋"，并题有"神光普照"四字；署名尚穆根国会议员暨忠邦基层组织同人的贺卡祝词为"昭灵庙庆祝崇奉柳金圣侯寿诞千秋志庆"，并题有"威灵显赫"四字。不仅如此，春节之前，双方也一定会再互寄贺卡致意。

值得注意的是，新加坡昭灵庙与自身所属选区领袖及组织机构之间互动联系并非特例。在当前新加坡许多庙宇中尤其是联合庙中已成为相当普遍的一种现象。这种情形的存在具有两个面向的现实意义。对于庙宇来说，往往希望通过向国家权力靠拢，以便在必要时可以要求同时作为国家权力与民意代表的国会议员（有些国会议员是内阁部长）协助；对于选取政治领袖人物而言，则往往希望借用民间庙宇对广大信众的宗教信仰

---

[①] 新加坡昭灵庙董事部：《庆祝崇奉柳金圣侯寿诞千秋联欢晚宴请柬》，2001—2007 年。

凝聚力来获得自己在政治选票方面的大力支持。[①] 透过这种关系的互动现象，我们既可以发现国家权力与民间社会之间的接触行为，亦可以看到国家政治与社会文化之间的相互作用。作为这种互动关系的一个必然结果，这些新加坡庙宇的国家认同感必然也会得到进一步的强化。

## 三 机遇使然：保护神崇拜的社群化延续及强化

20世纪80年代以来，随着新加坡政府对中华传统文化价值观态度的转变和有关政策调整，特别是随着冷战结束后中、新两国重新建交而迅速掀起了当地华人到中国寻根谒祖的热潮，从而又使新加坡华人社会的当代发展出现了新的契机。受此环境影响，也使新加坡昭灵庙发展面临着新的机遇。数十年来的时间里，跨境的祖籍寻根、祖庙汲养和经济反哺互动活动时有延续，在不断重温祖先崇拜、祖籍认同、祖庙认同的同时也令新加坡江兜人保护神崇拜的社群边界意义又得以在一定程度上的重新被强化，这不仅表现为当代新加坡昭灵庙信众主体和核心领导的社群边界意义，还突出地反映于在庙内修建江兜王氏宗祠和在江兜设立扶贫基金的历史实践中。

### （一）社群边界框架的历史延续：主体信众与核心领导

从信众的角度来看，新加坡江兜人仍然是当代新加坡昭灵庙固定的主要信仰群体，自移民时代以来直至20世纪90年代初，昭灵庙中的注册会员清一色都是江兜人。尽管21世纪初时

---

[①] ［新］林纬毅：《国家发展与乡区庙宇的整合：以淡滨尼联合宫为例》，［新］林纬毅主编《华人社会与民间文化》，新加坡亚洲研究学会2006年版，第179—180页。

已经逐渐出现了少量非江兜人身份的会员，然而，从整体来看，新加坡江兜人在昭灵庙固定会员中的规模至今仍然占据着绝对主体的地位。

新加坡昭灵庙内保留的会员历年会员名册显示，1990年126名注册会员全部是江兜人，1994年130名会员中有124名是江兜人，1998年131名会员中有126名是江兜人，2001年160名会员中有142名是江兜人，2005年126名会员中有106名江兜人。

此外，从与其他华人宗乡社群的互动关系来看，如今的新加坡昭灵庙仍被视为与新加坡江兜人社群的一体两面的组织单位。据时任新加坡昭灵庙总务王武镇介绍，近年来与昭灵庙建立了稳定联系的新加坡其他华人宗乡社团有江兜王氏公会、卓歧王氏公会、珩山王氏公会、琼崖王氏公会、开闽王氏公会、太原王氏公会6个血缘团体。每年昭灵庙柳金圣侯寿诞庆祝联欢晚宴活动都会邀请这6个宗亲社团代表参加。反过来，每年这6个宗亲社团各自举行周年庆祝纪念晚宴时也一定会对新加坡昭灵庙发出邀请。这种情况表明，虽然自1975年正式注册社团以后，昭灵庙与江兜王氏公会早已成为两个独立运作与发展的华人社团，然而无论是从其自身认识还是其他华人宗乡社群的认识角度来看，昭灵庙至今仍在很大程度上被视为新加坡江兜人除江兜王氏公会以外的另一个社群象征符号，用新加坡江兜人自己的话来说，新加坡昭灵庙与江兜王氏公会实际上是"一个群体，两块招牌"。[①] 而且在吊唁新加坡江兜人去世的讣告上，新加坡昭灵庙仍使终与江兜王氏公会的名称紧紧连在

---

① 笔者在新加坡昭灵庙对王声华先生所做的访谈记录。

一起。

　　事实上，笔者在多次田野调查期间发现，每到农历初一、十五或庙里神明庆祝寿诞的时候，都会有散布在新加坡各地的江兜人来到昭灵庙上香许愿或还愿，尤其是在昭灵庙常年最大的柳金圣侯寿诞庆祝活动的日子里（农历十月十一日），许多各地居住的新加坡江兜人都会来到义顺区昭灵庙欢聚一堂，共享联欢晚宴。其中既有中国出生的老一代江兜移民及新移民，又有新加坡出生的江兜移民后代；既有从小受英文教育的江兜人，又有曾经受华文教育的江兜人；既有公司老板，又有普通员工；既有七八十岁的老人，又有 10 岁上下的青少年。他们唯一的共同身份就在于，都是在新加坡的江兜人或其家属。至于他们之所以经常来到昭灵庙进行拜神活动，用他们自己的话来解释，主要是因为"（昭灵）庙跟其他庙不一样，它里面的神是我们（江兜人）自己的保护神"[1]，"（昭灵）庙里的神跟是我们（江兜人）祖先的有关"[2]，所以"每月初一、十五或庙里有神明做寿时，只要有空我们江兜人一般都会赶过来。"[3] 换言之，对于新加坡江兜人而言，当代新加坡昭灵庙中的神明仍然具有社群认同的边界意义。

　　（二）江兜人在新加坡昭灵庙董事会中的核心领导

　　从管理层核心领导的角度来看，目前新加坡昭灵庙董事会的领导层仍然由新加坡江兜人所主导。新加坡昭灵庙的历年董事会职务名单显示，当代昭灵庙管理机构的领导层成员绝大部分是江兜人。虽然近年来已经有个别非江兜人进入了昭灵庙董

---

[1] 笔者在新加坡昭灵庙对王金发先生所做的访谈记录。
[2] 笔者在新加坡昭灵庙对王美琴女士所做的访谈记录。
[3] 笔者在新加坡昭灵庙对王绍福先生所做的访谈记录。

事会，但是其中主席、总务等核心领导职务始终是由江兜人所占据。至于二者的核心领导层之间的"执事关联"现象也仍然彰显无遗。据王福顺先生介绍，自80年代以来直至20世纪末，他与王荣銮先生分别同时交叉担任江兜王氏公会和昭灵庙的正副主席职务长达近20年之久。而现任昭灵庙主席王宗祝先生（王荣銮先生之子）亦曾在江兜王氏公会长期担任主席职务。

### （三）祖庙汲养与保护神崇拜社群认同强化

东南亚华人保护神崇拜源自中国祖籍地，虽然历经跨境"分灵"，以及在当地社会脉络下重新建构的历史过程，但是它与祖籍原乡神明系统仍具有一脉相承、无法割断的文化"神缘"。20世纪70—80年代以来，随着经济全球化的日益加速和中国改革开放后的迅速崛起，尤其是1990年中国与新加坡正式建交之后，涵盖了祖籍地与移居地两方面历史记忆的保护神崇拜迅速成为维系当代包括新加坡在内的东南亚华人与祖籍地关系的一条重要历史文化纽带。[1] 近20年来，新加坡众多华人纷纷前往到中国祖籍地探亲访友、祭拜祖先和神明，[2] 掀起了一股强劲的华人祖籍寻根活动热潮。在这种时代场景中，新加坡昭灵庙也卷入了这股浪潮，发生新的演化态势。

当代祖籍寻根的热潮大大强化了新加坡江兜人的祖籍认同和江兜王氏符号认同社群符号认同，同样也强化了新加坡昭灵庙保护神崇拜的社群认同意义。这不仅缘于昭灵庙广大信众的寻根谒祖实践感知，还直接反映在新加坡昭灵庙和中国福清江

---

[1] 曾玲：《社群整合的历史记忆与"祖籍认同"象征：新加坡华人的祖神崇拜》，《文史哲》2006年第1期。

[2] 曾玲：《调整与转型：当代新加坡华人宗乡社团变迁》，《暨南学报》2005年第1期。

兜村昭灵祖庙的密切联系中。

从目前情况来看，海外内江兜人都认为新加坡昭灵庙与中国福清江兜村昭灵庙之间是"祖庙"与"分庙"的关系，新加坡昭灵庙中的神明都是从中国江兜村昭灵庙"分灵"而来的。在新加坡昭灵庙每次举行的宗教仪式活动中，与被邀请的中国江兜村昭灵庙神明"称呼"不同，新加坡昭灵庙主神的符名均加以"分镇"前缀，如前者称为"昭灵庙柳金圣侯"，后者则称为"昭灵庙分镇柳金圣侯"。这些情况表明，在经历了跨境"分灵"百余年变迁之后的，新加坡昭灵庙与中国福清江兜村昭灵庙之间仍然存在着一脉相承的神缘联系。正缘于此，在当代新加坡江兜人与中国祖籍地福清江兜村互动关系重建的过程中，新加坡昭灵庙中的社群保护神崇拜起到了重要的文化纽带作用。

笔者在对新加坡与中国福清江兜村调查访谈过程中注意到，在 70 年代末 80 年代初以后新加坡江兜人到中国祖籍地寻根谒祖热潮迅速兴起的过程中，到福清江兜村寻根谒祖的绝大部分新加坡江兜人都会抽时间到当地昭灵祖庙中"看一看，拜一拜"。另外，与此同时，新加坡昭灵庙与中国福清江兜村昭灵祖庙之间的互动联系也逐渐恢复，并日渐频繁。至今新加坡昭灵庙中仍然保存着大量中、新两地昭灵庙之间互动联系的信函和会议记录。这些档案资料记述显示，双方的联系往来内容主要围绕新加坡昭灵庙对中国江兜村昭灵庙提供资金捐助和中国向新加坡昭灵庙提供传统宗教仪式知识、庙宇历史与神明传说等祖籍地传统文化资源两大主题而展开。中国江兜村方面的统计资料记录显示，自 20 世纪 70 年代末至 21 世纪初的 20 多年间，新加坡昭灵庙曾经先后 5 次对中国昭灵庙重修工作进行捐助（见表 7-5）。

表7-5　　新加坡昭灵庙发动筹款捐献中国江兜村项目登记①

| 捐赠时间 | 接受单位 | 捐赠项目 | 捐赠金额（人民币） |
| --- | --- | --- | --- |
| 1978年 | 江兜村昭灵庙 | 修理社公 | 0.44万元 |
| 1979年 | 江兜村昭灵庙 | 重修昭灵庙及开光 | 6万元 |
| 1994年 | 江兜村昭灵庙 | 建招待所 | 12万元 |
| 1994年 | 江兜村昭灵庙 | 建厨房、机房 | 2万元 |
| 1995年 | 江兜村昭灵庙 | 拉招待所、机房、厨房及挖井线路 | 22万元 |

反向来看，近20多年来，中国江兜村昭灵庙也多次接待新加坡昭灵庙派来学习传统宗教仪式的"考察"人员，并向他们提供庙内历史与神明传说等传统文化资源，尤其是在90年代新加坡义顺区昭灵庙筹建过程中，更是积极向新加坡昭灵庙提供从图纸设计、建筑材料、庙内布置、神像制作直至推荐道士的全面信息支持，进而帮助新加坡江兜人最终在义顺区建成了一座与中国江兜村昭灵庙"祖庙"内外布置"完全一样"的新加坡昭灵庙。

上述内容表明，自20世纪70年代末以来，以新加坡昭灵庙中的保护神崇拜之"神缘"纽带而推动的当代新加坡江兜人与中国祖籍地互动联系是相当密切的。这种情况的出现对于当代新加坡江兜人保护神崇拜中"祖籍认同"意涵的强化与更新具有重要促进作用。对于在中国出生老一代江兜移民来说，通过保护神崇拜信仰文化纽带与中国祖籍地之间互动联系的恢复

---

① 资料来源：《1997年江兜侨胞捐赠项目登记表》，由前新厝镇侨联副主席、江兜村人王金春先生提供，数据统计时间截至1997年。

与重建,有助于重新唤起其与祖籍地之间血脉联系的历史记忆,进而强化其"祖籍认同";对于在新加坡出生的江兜移民后代而言,通过保护神崇拜文化纽带与中国祖籍地之间互动联系的恢复与重建,则促使其再建起与中国祖籍地之间血脉联系的当代记忆,从而重构其"祖籍认同"。举例为证如下:

王宗祝先生是时任新加坡昭灵庙董事部主席。他是出生在马来西亚怡保但在新加坡成长起来的第三代华人。他的祖父从中国福清江兜村下南洋到马来西亚怡保谋生,父亲出生于怡保。他中小学教育就读新加坡于华校,南洋大学毕业,中、英文水平都比较好,目前主要经营自己的家族企业——新加坡伟达机械(私人)有限公司。他的父亲王荣銮先生从小开始英文教育,80年代开始拜神明显起来,自80年代初直至2000年去世一直长期担任新加坡昭灵庙董事部主席与江兜王氏公会副主席。他很早就开始拜神,现在家里供奉的是观音和大伯公,每年三十晚上会带上家人去拜四马路的观音堂。他跟昭灵庙发生关系是在小时候,当时他家住在结霜桥昭灵庙附近,所以经常去昭灵庙。不过,那时他没注意过里面有关中国祖籍地的故事或传说,对祖籍地也没什么兴趣。早在1978年,他第一次到中国参加广交会,90年代以后,由于自己的公司在中国有了生意和办事处,所以他到中国的次数越来越多。在20世纪80—90年代,他父亲曾经几次带着他的大哥、大姐和弟弟回过中国祖籍地江兜村,但是由于他生意上太忙,所以当时他一直没有到过中国祖籍地。他第一次到中国祖籍地福清江兜村是在2003年。谈到近年他几次前往中国祖籍地的原因,他认为与80年代以来新加坡昭灵庙与中国祖籍地昭灵庙之间的密切联系有关,"由于新加坡昭灵庙与中国祖籍地江兜村昭灵庙是'祖庙'与'分庙'的关系,所以双方来往很频繁，中国江兜昭灵庙有什么活动会通知我们。有时候会申请资金，我们就把钱给他们寄过去。前年他们出游时，我们还寄钱过去给他们。我当上了主席，所以由于庙里的关系才正式第一次去了中国江兜"，"到现在，我已经去过中国江兜三四次了，每次回去后我都住在大厦，每次都有看祖父住的地方、祖坟和昭灵庙，还会看看父亲捐献的江兜华侨中学教学楼"[①]。另据笔者侧面了解的资料显示，他还继承父亲遗志，曾多次参与新加坡江兜王氏公会对中国福清江兜村中小学的捐款。

　　王武镇先生曾担任新加坡昭灵庙总务。他是在新加坡本地出生的第二代华人。他的父亲从中国福清江兜村南来新加坡谋生。他小时曾受华文教育，现在独自经营一间汽车配件行，业务非常繁忙，但是昭灵庙的任何活动他一定事必躬亲，风雨无阻，几乎每周都会过来一两次。早在20世纪50年代新加坡昭灵庙筹建之初，他的父亲就是庙里主要的发起人之一，即号称庙内先贤"五子"中"攀仔"，并在拜神仪式活动中扮演执"龙头乩"者的重要角色。他小时候住的地方离结霜桥昭灵庙不远，所以经常跟随父亲进到庙里拜神。1973年他父亲去世后，他没有再到过昭灵庙。1983年，经神明乩示，他被拉入庙中，并开始接替父职在庙内扮演执"龙头乩"者的重要角色。80年代以后，他在父亲带领下曾经到过祖籍地中国江兜村探亲，也拜了祖坟和江兜昭灵祖庙。90年代以后，由于昭灵庙里的事情，他又去过中国江兜村两次，去江兜昭灵祖庙处理事务，顺便也拜祖坟。他也去过中国深圳很多次，因为那里有生意。值得注

---

　　① 笔者在新加坡昭灵庙对王宗祝先生的所做的访谈记录。

## 第七章　与时俱进:新加坡江兜人社群的当代发展与演化　　281

意的是,在与笔者的交谈中,他一再强调,新加坡昭灵庙与中国江兜村昭灵庙是"分庙"与"祖庙"的关系,里面的神完全一样。在他的眼里,新加坡昭灵庙里的神跟他拜的其他庙里的神不一样,因为这里的神跟他的祖先有关。尤其令笔者惊讶的是,他对中国祖籍地江兜村的历史、江兜昭灵庙的历史以及神明传说都非常熟悉。后来,他告诉笔者,他知道的都是近些年新加坡昭灵庙从中国福清江兜村王玉清先生那里获得的。[①] 他比较有兴趣,看得多了,就记熟了。

　　上述个案情况表明,对于在新加坡本地出生(或成长)的江兜移民后代而言,与中国出生的老一代移民情形不同,他们对于新加坡昭灵庙保护神崇拜中的"祖籍认同"意涵之感知主要是随着当代新加坡江兜人与中国祖籍地互动联系恢复与重建中产生与不断被强化的。当代新加坡江兜人保护神崇拜既是他们与中国祖籍地恢复互动关系的一条重要神缘文化纽带,又通这种跨境互动联系的重建过程进一步塑造着并强化着保护神崇拜的"祖籍认同"意涵。不过,有必要指出的是,这种"祖籍认同"意涵的再塑与强化跟移民时代的情形已经有了根本的不同。由于 1965 年新加坡建国数十年以来江兜人已经完全确立了新加坡国家认同,本土意识已经逐渐深化,所以当代新加坡江兜人与中国祖籍地之间互动关系对新加坡昭灵庙保护神崇拜中"祖籍认同"意涵的再塑与强化,在更大程度上只是侧重于文化层面,即当代新加坡江兜人保护神崇拜中的"祖籍认同"意涵反映出更强烈的祖先象征意义。关于这一点,当代新加坡昭灵

---

[①] 笔者在新加坡昭灵庙内部档案资料中找到了他专门为新加坡昭灵庙收集到的许多有关江兜村王氏宗族史以及江兜昭灵庙神明传说的信函,也在江兜村对王玉清先生的访谈中印证了这些信息。

庙中设立江兜王氏宗祠的情况最能说明问题。

（四）保护神崇拜社群认同的再表达：修建王氏宗祠与设立扶贫基金

**1. 新加坡昭灵庙王氏宗祠的修建**

新加坡昭灵庙2001年的历史会议记录显示，目前庙里的王氏宗祠修建于1998年义顺区昭灵庙正好新建竣工之时。当时的具体情形是，因为1999年正值中国福清江兜村王氏族人开基祖严清公诞辰500周年纪念之期，所以以江兜人为主导的新加坡昭灵庙董事会管理者"为了纪念本乡始祖严清公与郭氏妈及第二代江兜祖先，故在本庙后堂增设了王氏宗祠，奉祀香火及本庙古坛。"[1] 并于1999年10月举行了隆重的纪念严清公诞辰500周年及其开基中国江兜村426周年暨江兜王氏宗祠揭幕晋主三喜同庆活动。[2] 目前，每年新加坡昭灵庙都会在重阳节之日举办祭祖活动，虽然规模不大，但是却成为一个固定的仪式。

王氏宗祠在新加坡昭灵庙的设立表明，在当代新加坡江兜人与中国祖籍地之间互动关系恢复与重建的过程中，新加坡江兜人社群保护神崇拜中的"祖先"崇拜象征有所强化。而在新加坡昭灵庙内修建则显示出加坡昭灵庙与江兜人社群之间的密切内在关联。祖先崇拜亦为华人民间信仰中的重要内容，在东南亚华人社会中，以血缘纽带为基础的祖先崇拜仪式活动具有社群整合的显著功能。[3] 由此，对于新加坡江兜人社群而言，在

---

[1] 《新加坡昭灵庙第十七届第一次会员大会会议记录》，2001年。
[2] 《新加坡昭灵庙第十七届第一次会员大会会议记录》，2001年。
[3] 曾玲、庄英章：《新加坡华人祖先崇拜与宗乡社群整合：以战后三十年广惠肇碧山亭为例》，唐山出版社2000年版。

当地保护神信仰中心昭灵庙内修建祠堂以祭祀中国祖籍地开基祖的仪式实践有助于该群体透过强化自身祖先崇拜、祖籍认同的过程进而实现强化社群认同的意义。

**2. 中国福清江兜扶贫基金的设置**

据新加坡昭灵庙方面介绍，当年设立福清江兜扶贫基金是经过新加坡昭灵庙董事会讨论的，最后决定将当时新加坡昭灵庙重建剩余的部分资金 28 万元人民币寄往中国江兜村昭灵庙，并正式把这笔资金设立为"扶贫基金"，专门用来作为补助金救济江兜村的经济困难户。2007 年，这笔钱仍然存在中国福清市新厝镇邮局储蓄所内，大概还有 26 万元人民币。这笔"扶贫基金"由江兜村昭灵庙董事会管理，每年经新加坡昭灵庙执委会同意后从中支取一年的利息六七千元人民币用以补助村内困难村民。①

有必要指出的是，虽然 20 世纪 70 年代末以来，新加坡昭灵庙已经向中国江兜村昭灵庙资助数笔资金用来修建庙宇，但是那些捐献款项却于设立"扶贫基金"性质不同。对于新加坡昭灵庙而言，中国江兜村昭灵庙是"祖庙"，自己则是"分镇"，因此捐款建设"祖庙"具有较强的宗教本位意义。而设立"扶贫基金"用来救济、补助祖籍地中国江兜村人则具有显著的祖籍认同及血缘认同意义。正是基于新加坡昭灵庙与江兜人社群之间的紧密关联，所以才促使其可以将本庙内用以捐助江兜人祖籍地中国江兜村人，从而再度彰显出当代新加坡昭灵庙中保护神信仰的社群认同凝聚与整合意义。

当代新加坡昭灵庙的"祖乡"认同和祖先崇拜反映出两方

---

① 笔者在福清对时任江兜村昭灵庙管委会董事长王文荣先生所作访谈的记录。

面的内显意义：一方面表明新加坡江兜人在国家认同基础上仍然具有中华文化中的祖籍地缘和血缘认同。另一方面则表明新加坡昭灵庙的保护神崇拜中仍然渗透着江兜人的祖籍地缘和血缘符号意涵，并因而表现出自身所属的社群边界意义。

# 第 八 章

# 结论与讨论

本书运用中国与新加坡两地的田野调查资料与有关文献资料,以个案研究和宏观考察相结合的研究方式,在19世纪末以来中国、东南亚社会历史变迁场景中,具体考察了来自中国福清的江兜移民及其华人后代如何在新加坡重寻生存与发展之道的同时,积极运用传承自祖籍地的中华传统文化资源,以血缘、祖籍地缘、业缘、神缘纽带来整合与凝聚社群认同,进而建构华人社群结构与文化形态及其当代演化态势。在前文章节论述的基础上,本章拟对全书研究主题做出进一步的总结性分析,并就当前学界有关东南亚华人社会研究领域的若干问题及研究取向略做探讨。

## 第一节 东南亚华人社群的建构与演化

### 一 移民时代东南亚华人社群的历史建构

许多研究已表明,东南亚华人社会在大多数情况下很难出现华南社会的传统宗族形态,[①] 因为中国人漂洋过海,不可能举族迁徙,所以无法将祖籍地的宗族社会形态完整地移植到移居地。[②] 换言之,由中国华南同一宗族村落南迁移民群体整合而成的东南亚华人社群并不等同于其祖籍地的宗族,而是在东南亚本土社会变迁环境中重新建构的历史产物。就新加坡江兜王氏社群而言,其形成过程则正如此说。

第一,从新加坡江兜移民社群建构的历史必要性来看,移民时代新加坡的社会政治经济环境是促使其进行社群建构的直接动因。由于当时英殖民地政府在新加坡采取"分而治之"与"间接统治"的政策,因而导致华人社会处于半自治的帮权结构状态之中。在这种形势下,为了更好地保护自己的生存空间,包括福清江兜移民在内的广大华人移民必须通过建立宗乡组织机构等各种方式进行社群整合,以便在彼此互助合作中求得共同的生存与发展。另外,由于移民时代的新加坡是一个商业化都市社会,所以包括江兜移民在内的广大华人移民已经被迫改变了祖籍地中国行政区划村落单位内聚族而居的生活居住状态,并彼此分散于各自帮群地盘所属的商业街道之中,因而促使他们不得不重新寻找新的方式凝聚与整合社群认同,以便加强乡里乡亲之间的血脉联系。移民时代以"照顾新客""调解纠纷""互助联谊"为主要职能的新加坡江兜王氏公会正是在上述社会背景下应运而生。

---

① 参见[英]莫里斯·弗里德曼:《新加坡华人的家庭与婚姻》,郭振羽、罗伊菲译,台湾正中书局1985年版,第259—262页;施振民:《菲律宾华人文化的持续:宗亲与同乡组织在海外的演变》,李亦园、郭振羽主编《东南亚华人研究(上册)》,台湾正中书局1985年版,第119页。

② 曾玲:《华南海外移民与宗族社会再建:以新加坡潘家村为研究个案》,《世界历史》2003年第6期。

第二，从新加坡江兜移民社群建构的具体内容来看，充分运用中国祖籍地与新加坡两地的社会经济文化资源以整合社群是其实现社群建构的基本方式：通过中国祖籍地原乡传统乡族观念与新加坡商业社会的结合形成作为其社群建构经济基础且具有显著社群象征符号意义的业缘形态——新加坡江兜人的交通行业经营，通过中国祖籍地原乡传统乡族观念与新加坡现代社团制度的结合建立起承担社群整合功能的制度化组织机构——新加坡江兜王氏公会，通过中国祖籍地原乡神明跨境分灵进而再塑华人移民社群保护神崇拜以建立起具有社群认同凝聚意义的信仰文化中心——新加坡昭灵庙，而以上三者的合力效应则促使来自中国的江兜移民群体最终在新加坡建构出一个祖籍地缘、血缘、神缘、业缘认同纽带相结合的华人社群。从中我们可以看到，对于新加坡移民时代由中国华南村落宗族社会南迁而来的福清江兜移民而言，尽管当时新加坡并不存在重建其中国祖籍地原乡宗族组织形态的社会政治经济文化环境，然而他们却可以把祖籍地的乡土情结、宗族观念、神明信仰等中华传统民间文化资源调适于新加坡本土社会环境之中并以新的形态与方式继续发挥社会整合作用，进而逐渐完成了由华南宗族向东南亚华人社群转化的建构实践进程。

总之，新加坡江兜移民社群建构的历史实践表明，东南亚华人社群结构与文化形态并非祖籍地的简单移植，而是在移民时代新加坡本土社会变迁脉络下重新建构出来的产物。在实现这种东南亚华人社群建构的过程中，传承自中国祖籍地的诸多中华传统民间文化资源在新加坡本土社会变迁环境中经过自我调适后，仍然以新的形态和方式发挥了社会整合的功能。

## 二　本土时代东南亚华人社群的当代演化

20世纪50—60年代东南亚华人社会最大的变化就是本土意识的增强与国家认同的改变。本土意识的增强促使广大华人移民在东南亚逐渐由"侨居"心态转为"定居"心态，国家身份认同的改变则标志着广大东南亚华人移民由"华侨"转为各国"华人"，由此，东南亚华人社会亦由"移民社会"过渡到"本土社会"。进入本土时代以后，由于受到社会变迁的影响，包括新加坡在内的东南亚各国华人社会发展均面临着新的挑战与机遇。在这种时代背景下，新加坡江兜移民社群的结构与文化形态亦发生着新的演化。

首先，从社群经济状况的角度来看，1965年建国以来，由于移民时代新加坡以单一转口贸易为主的经济结构迅速被以工业化为主导的多元化经济发展格局所取代，因而导致移民时代新加坡江兜人所从事的交通行业业缘形态发展状况逐渐由盛转衰，并日益被多元化的行业形态所取代。

其次，从社群组织机构的角度来看，与移民时代情形相比，当代新加坡江兜王氏公会在组织系统及其运作内容与功能方面均已发生若干新的变化。其中就其运作与功能变化而言，主要呈现出两种不同的发展面向：一方面，为了应对因老一代移民逐渐老去和新加坡本地生年轻华人后辈宗乡认同观念日渐淡化所造成的"后继无人"危机，20世纪80年代以来江兜王氏公会在凝聚社群认同方面的运作调整着力甚多，尤其是积极推动新加坡江兜移民后辈到中国祖籍地寻根问祖活动以强调"江兜王"的宗乡文化符号认同，进而重新强化当代新加坡江兜人社群认同的凝聚力。另一方面为了应对新加坡建国后政府社会职能日渐完善所导致的华人宗乡社团功能日益边缘化危机，20世纪80年代以来江兜王氏公会还积极拓展社会联系和关注本地社会活动，以便寻找新的社会定位与生存空间。从当代新加坡江兜人认同意识层面上讲，前者反映出其对自身华人宗乡社群身份认同的延续与坚持，后者则反映出其对本土社会认同感知的日渐强化。

最后，从社群保护神崇拜的角度来看，与移民时代情形不同，当代新加坡昭灵庙在宗教仪式及其社会角色与功能方面均已发生若干新的变化。其中就其社会角色与功能变化而言，主要呈现出两种不同的发展面向：一方面，以其主体固定信众的社群身份来看，新加坡昭灵庙仍然彰显作为新加坡江兜人社群保护神的社会角色意义，透过保护神崇拜历史记忆的更新与强化，其仍然具有凝聚新加坡江兜人社群认同的整合功能；另一方面，自20世纪90年代以后，尤其是1998年搬至义顺区慈灵联合庙以来，新加坡昭灵庙的信众身份范畴与社会活动空间日渐突破新加坡江兜人的社群边界，并透过其华人民间信仰的宗教属性发挥出超越新加坡江兜人社群意义的社会整合与公益功能。换言之，当前新加坡昭灵庙已经表现出由新加坡江兜人"社群庙"向地域化"香火庙"角色转向的发展迹象。

由此可见，1965年新加坡建国以来，由于受到国家政策、社会变迁以及国际环境变化的影响，新加坡江兜移民社群的结构与文化形态也发生着新的演化。这种演化主要呈现出两个不同面向的认同特征：一方面，尽管当代新加坡江兜人在交通行业经营方面的业缘形态已经日渐解体，然而新加坡江兜王氏公会与新加坡昭灵庙的社群整合功能表征仍然彰显着新加坡江兜人以祖籍地缘、血缘以及神缘文化符号象征作为凝聚纽带的华人社群认同形态；另一方面，与移民时代情形不同，当代新加坡江兜王氏公会与新加坡昭灵庙超越社群边界意义的社会运作与功能表征则反映出新加坡江兜人以国家认同、本土意识作为出发点的社会认同形态。概而言之，当代新加坡江兜人日渐显现出华人传统宗乡社群认同和本土社会化认同并存的双重认同情形，并且仍在当前新加坡国内外社会变迁背景下发生着新的演化。

上述新加坡江兜移民社群演化的历史实践表明，与移民时代半自治状态下的东南亚华人社会发展情形不同，1965年新加坡建国以后，由于广大华人移民国家身份认同的转变以及本土意识的日渐增强，东南亚各国独立建国后的"国家政策"与"社会意识"逐渐成为制约与影响当地华人社会发展的重要因素，进而推动着东南亚华人社会在日益深化的"本土化"进程中继续演进。与此同时，新加坡江兜王氏社群演化的历史实践亦表明，尽管当代东南亚华人社会的结构与文化形态又出现了诸多新的变化，然而发端于华人中国祖籍地的祖先崇拜、宗亲观念、神明信仰等中华传统民间文化意识仍然是反映当代东南亚华人社群认同乃至种族身份认同属性的重要标志。概而言之，就当代东南亚华人社会认同形态而言，不断在自我调适中发展的中华文化认同与本土社会的国家政治认同已经成为当代东南亚华人多重认同形态中的两个主要面向。

至于当代东南亚华人社群演化的最终取向如何，我们仍然可以看到若干的不确定性。不过，无论如何，其未来的发展变化轨迹必将在东南亚本土社会变迁、与中国祖籍地关系以及自身文化调适变异等多重维度合力作用下产生必然导向。这种必然导向还将取决于传统文化和现代社会、大传统和小传统、国家认同和社群认同等多重冲突性力量的博弈结果。

前文已经述及，自上世纪 90 年代以来，曾玲教授对东南亚华人社群建构问题进行了长期且广泛的深入研究，其丰富而卓有成效的研究成果充分论证了南来的华南移民运用中国祖籍地传统文化资源以凝聚与整合社群认同，进而在殖民地时代的东南亚再建社会结构与文化形态的过程。与此相应，新加坡江兜移民社群建构的历史实态正进一步印证了该理论成果，并在社群建构与演化的具体方式上反映出若干个性化特征。

## 第二节 东南亚华人社群研究的若干启示

作为东南亚华人社会结构的重要组成部分，华人社群研究自然亦对东南亚华人社会有关问题研究具有一定启示意义。结合本书研究内容，在此仅就如下若干问题略作探讨：

其一，东南亚华人社会结构与文化形态并非中国祖籍地的简单移植，而是经历了一个本土化程度不断深化的重建过程。

在本书个案研究中，我们可以清晰地看到，无论是从新加坡江兜移民社群建构的历史发生场景来看，还是从其社群建构的结构与文化形态来看，均呈现出与其中国祖籍地原乡情形明显不同的表征。就发生的历史场景而言，与中国祖籍地福清江兜村王氏宗族形成于中国明清封建社会的小农经济环境不同，新加坡江兜移民社群则建构于移民时代新加坡商业都市化社会场景之中；就结构与文化形态来看，与其中国祖籍地福清江兜村以农业生产、宗族组织、地方保护神信仰为主要表征的地域化社会经济文化形态不同，新加坡江兜移民社群则建构出商业经营、华人社团以及华人社群保护神崇拜的新形态,并在1965年新加坡建国以后继续发生着新的演化。尽管在中国福清江兜村王氏宗族与新加坡江兜移民社群的建构过程中均彰显出祖先崇拜、宗亲观念以及神明崇拜等中华传统民间文化的社会整合功能,然而二者在实现这种文化整合功能的具体运作方式上却已经发生显著变化。尤其是在1965年新加坡建国以后,随着国家认同的改变与本土意识的日益增强,以及当代新加坡江兜人居住场所的日趋分散,新加坡江兜人的社群已经逐渐演变为完全超越"有形地域"边界而以祖籍地缘、血缘以及神缘文化纽带汇聚而成的认同共同体,并且反映出超越社群边界意义的日益社会化倾向,从而与其中国祖籍地福清江兜村聚族而居的"封闭性"宗族共同体发展情形相离渐远。

从东南亚华人社会研究的角度来看,这种华人社群建构与演化的本土化历史实态考察对于进一步彻底扭转第二次世界大战后学界曾经一度将东南亚华人社会视为中国文化实验室与中国社会延伸的研究范式[1]具有积极的推动作用,同时亦对东南亚华人社会的本土化研究具有一定的意义。就此而言,新加坡江兜移民社群建构与演化的历史经验再次表明,"东南亚华人社会并非祖籍地社会的'移殖',而是一个在当地社会脉络下再建构的历史过程",并且可以预见,"随着社会的发展变迁和时间的推移,华人必须不断进行文化调适,但其发展的趋势并非作为

---

[1] 参见叶春荣《人类学的海外华人研究:兼论一个新的方向》,《"中央研究院"民族学研究所集刊》第75期(1993年春季卷),第171—201页;赵树冈《东南亚华人的人类学研究:以区域及主题为分析焦点》,《华侨华人历史研究》2003年第3期;曾玲《李亦园教授与东南亚华人研究:人类学的视野与方法》,《华侨华人历史研究》2004年第1期。

中国文化实验室的一种形态,而是华人社会本土化的加深。"①

其二,新加坡江兜移民社群建构的历史实践表明,在移民时代半自治状态下的东南亚华人社会组织运作中,当地各种华人社会经济文化组织形态之间并不是彼此孤立存在的,而是以相互协作的方式存在着密切的内在关联。

本书个案研究显示,在新加坡江兜移民社群建构过程中,其社群认同凝聚与整合并非单纯由其社群组织机构——江兜王氏公会——来完成的一种简单运作行为,而是在与其在交通行业经营方面的发展状况以及新加坡昭灵庙中的社群保护神崇拜共同发生作用而实现。其中,交通行业经营规模的迅速发展壮大使新加坡江兜移民社群内部产生越来越多富有财力的华商型领导层资源,进而凭借这些领导层成员的大量捐款为其社群组织机构和社群保护神庙宇组织提供必要的运作经费支撑;新加坡江兜王氏公会的成立标志着新加坡江兜移民社群终于拥有了自身正式的社群组织机构,并通过这个组织机构的日常运作以维系和强化其自身社群的内部整合;新加坡昭灵庙中的社群保护神崇拜则透过集体记忆强调和仪式情景认同强化起到进一步凝聚新加坡江兜人社群认同的整合功能。概而言之,在新加坡江兜移民社群建构实践中,商业经营的迅速发展壮大为其社群建构奠定了坚实的经济基础,江兜王氏公会为其社群建构提供了整合社群的制度化组织机构,新加坡昭灵庙则成为增强其社群认同的信仰文化凝聚中心,三者之间共同作用最终促成了一个血缘、祖籍地缘、业缘以及神缘相结合的东南亚华人社群。

---

① 曾玲:《李亦园教授与东南亚华人研究:人类学的视野与方法》,《华侨华人历史研究》2004年第1期。

在此，有必要指出的是，新加坡江兜移民社群建构中反映出的这种华人社会经济文化组织形态之间的内在关联性现象对于东南亚华人社会结构问题研究亦具有一定的启示性意义。第二次世界大战后直至20世纪80年代，在西方人类学结构功能学派的理论影响下，不少东西方的社会学、人类学学者从社会经济文化组织形态的角度对东南亚华人社会结构进行了广泛而深入的考察，尤其是有关当地华人宗乡会馆、行业公会、庙宇、俱乐部等方面的研究已经取得了丰硕成果。这种研究取向对于我们从横向的结构角度认知东南亚华人社会具有重要价值。与此相比，新加坡江兜移民社群的历史建构实态则表明，华人社群的研究则较侧重于从社会群体整合的角度对各种东南亚各种华人社会经济文化组织形态之间的内在关联性进行考察，从而有助于我们从动态的角度进一步深入解读东南亚华人社会的内部运作与变迁。

其三，当代新加坡江兜移民社群演化的历史实践表明，1965年新加坡建国以来，由于广大华人移民国家身份认同转变以及本土意识的日益增强，当代东南亚华人呈现出明显的多元化、多重性认同意义。

本书个案研究显示，1965年新加坡建国以后，由于受到国家政策、社会变迁以及国际关系的影响，当代新加坡江兜移民社群的认同形态日渐反映出两个面向的认同特征：一方面新加坡江兜王氏公会与新加坡昭灵庙的社群整合功能延续仍然彰显出新加坡江兜人以祖籍地缘、血缘以及神缘文化象征符号作为凝聚纽带的华人社群认同形态；另一方面，与移民时代情形不同，新加坡江兜王氏公会与新加坡昭灵庙超越社群边界意义的社会功能延展则反映出新加坡江兜人以国家认同、本土意识作为感知出发点的社会认同形态。并且,就后者内部认同形态而言,新加坡江兜王氏公会及新加坡昭灵庙与新加坡本地福清人、兴化人、王姓血缘社群以及印度人和马来人社会团体或宗教庙宇之间的互动联系,又显示出目前新加坡江兜人对于华人祖籍地缘社群认同、华人方言群认同、华人血缘社群认同以及华人种族认同等不同层面的多重认同意涵。概言之,当代东南亚华人已经形成了涵盖有各种华人宗乡社群认同、华人方言群认同、华人种族认同以及国家政治认同等"非同心圆式"的多元化、多重性认同形态①,并以"情景认同"②的表达方式分别体现出来。

正如笔者在对新加坡江兜人所做的大量访谈记录所反映的,当谈到在新加坡华人社会内部的对外关系时,他们往往以"我们是江兜人","我们是福清人","我们也是兴化人","我们属于'福莆仙'人","我们既属于'开闽王',也属于'太原王'"等不同华人社群身份自居;当谈到与新加坡马来人、印度人等其他种族之间的联系时,他们往往以"我们是'华人'、'华族'"的华人种族身份自居;当谈到与包括中国祖籍地江兜人在内的其他国籍公民之间的关系时,他们则以"我们是新加坡人"的新加坡国家身份认同自居。

值得注意的是,当代新加坡江兜人的这种"非同心圆式"

---

① 郭振羽:《新加坡的语言与社会》,正中书局1985年版,第141—142页。
② "情景认同"的理论基础是作为族群建构理论代表性观点之一的"情景论"(又称"工具论"),该观点强调族群认同的多重性,此种观点认为族群认同是多重的和可选择的,个体会因现实的需要,依据具体的情境来选择。其一般原则是"当我们与他人交往时,我们会宣称最小的共同认同,来增进彼此最大的凝聚"。参见王明珂《华夏边缘——历史记忆与族群认同》,允晨文化实业股份有限公司1997年版,第39页。

多重认同形态现象对于目前学界仍在讨论的"华人性"问题研究[①]亦具有一定的参考性意义。就此而言，至少我们已经可以从中发现以下几点可做进一步探讨的初步认识：

第一，"华人性"与当代华人的多重认同意涵非但并不矛盾，而且应该正是存在于这种多重认同意涵之中。确定性的"华人性"只取决于具体的界定标准和语境。

第二，"华人性"的表达方式与"情景认同"有关：在华人社会内部的互动中"华人性"表现为华人种族认同之下的多元化、多层次华人次级社群认同，在与其他种族之间的互动中"华人性"表现为华人的种族身份认同。

第三，"华人性"承载着既超越于国家边界又受制于国家边界的双重象征意涵。一方面种族文化认同象征意涵使其可以凭借"我们都是华人"的身份而与世界其他各国华人社会之间产生跨境关联，另一方面国家政治认同象征意涵又使其不得不始终在"我们是某国华人"的国家政治认同边界内与他国华人社会之间开展跨国联系，即"华人性"具有游离于国家——民族

---

① "华人性"是当代海外华人研究学界经常遇到或使用的一个概念，从本质上讲，"华人性"问题最终所要寻找的答案在于解释究竟什么是华人，不过目前学界对此并无明确的定义，只是往往与种族身份认同问题联系在一起进行讨论。学界对此存在的认识分歧主要在于世界上是否存在一个同一性的"华人性"。相关研究成果主要有 Wang Gungwu, "The Study or Chinese Identities in Southeast Asia", Edited by Jennifer Cushman and Wang Gungwu, *Changing Identities of Southeast Asia since World War Ⅱ*, Hong Kong Uninersity Press, 1988；［澳］王赓武著，赵红英译：《单一的华人散居者？》，《华侨华人历史研究》1999年第3期；刘宏：《战后新加坡华人社会的嬗变：区域网络·全球视野》（"华人性的迷思"），厦门大学出版社2003年版，第19—25页；王苍柏：《也谈华人》，《读书》2004年第10期；杨启光：《雅加达华人大众文化窥探——兼论印尼华人性征的形成与延续之可能性》，《华侨华人历史研究》1995年第3期；韩方明：《海外华人三重性及其作用——以马来西亚为例》，《华侨华人历史研究》2001年第4期；等等。

关系二者之间的存在表征。

第四,"根基性"种族文化认同①应该是考量"华人性"存在与否的关键指标。

以新加坡江兜移民社群为例,作为当代新加坡华人社会中的一个群体,我们可以发现目前其所参与的社会文化活动仍然主要集中在跟华人方言、祖先崇拜、神明崇拜等中华传统民间文化紧密相关的内容范畴之内,进而亦因此彰显出他们的"华人性"存在意义。尽管由于受到出生地以及华文教育程度差异而导致不同代际的新加坡江兜人在这方面的表现程度深浅不一,②然而总体而言,这种状况依然可以反映出对华人"民间文化认同与否,在某种程度上已经成为界定是否具备"华人"或新加坡"华人"特质的主要内容之一"。③ 换言之,"华人性"在更大的意义上反映着一种文化认同的本质属性。

其四,新加坡江兜移民社群建构及其当代演化的历史实践

---

① "根基性认同"是与"情景认同"相对的一个概念,其理论基础是与"情景论"族群建构理论相对的另一种代表性观点——"根基论"(又称"原生论"),该观点认为族群认同主要是来自根基性的情感联系(primordial attachment),这种情感联系来自由亲属传承而得的"既定天赋",如血缘、语言、宗教、习俗等,这些"既定天赋"是族群认同产生和存在的原因,其认同意义可以跨越世代和地理阻隔而传承。不过根基论者并非认为族群认同可以通过生物遗传而袭得,而是认为个体出生后所置身于其中的社会文化环境造就了这种情感,即族群文化濡化后文化观念传承的结果。参见陈心林《族群理论与中国的族群研究》,《青海民族研究》2006年第1期。

② 笔者在新加坡田野调查中注意到,不同经历的江兜人对于华人种族文化认同的深浅程度也不相同。具体而言,大致可以划分为三个层次:出生于中国的老一代江兜移民对宗乡观念、方言文化、神明信仰等中华传统文化认同程度最深;出生在新加坡但受过华文教育的中年者居其次;出生在新加坡但从小接受英文教育的年轻人则最为淡化。

③ 曾玲:《越洋再建家园:新加坡华人社会文化研究》,江西高校出版社2003年版,第311页。

表明，移民时代以来东南亚华人社会结构与文化形态的发展演变与中国、东南亚乃至整个世界的时代背景变迁紧密相关。

在移民时代，从中国角度来看，由于受到西方殖民主义侵略的严重冲击，1840—1841年鸦片战争以后中国迅速沦为半殖民地半封建社会，国内长期的民间生存环境恶化以及海禁政策的被废止促成了一系列助推诸多华南移民下南洋谋生的推力因素；从东南亚视角来看，自19世纪早期英国殖民者进占新加坡以后，出于大力开发当地殖民地经济以攫取经济利益的需要，英殖民政府积极鼓励包括中国移民在内的各国外来移民进入新加坡，并为此而长期推行了比较宽松的移民政策，因而促成了一系列促使广大华南移民南来的拉力因素。以上二者的合力效应不但引发了19世纪中叶直至20世纪中叶广大华南移民南来新加坡的大规模移民浪潮，同时也为诸多华南移民提供了频繁往来于新加坡与中国祖籍地原乡之间的通畅渠道，并促成了新加坡华人移民与其中国祖籍地原乡之间"两头家"模式下的稳定"双边共同体"[①]。这种国际时代背景为新加坡江兜移民社群建构创造了必要的基础条件：一方面随着中国江兜移民南来数量的持续增多而使其越来越有必要在新加坡建立华人社群组织以照顾自身群体的利益，另一方面江兜移民在新加坡与中国之间的频繁往来又令其可以透过对祖籍地"乡土情结"、"宗族观念"以及"神明崇拜"的不断强调而得以保持稳定的社群凝聚力。

1965年新加坡建国以后，受第二次世界大战后世界冷战格

---

[①] 王铭铭：《"双边共同体"中的游离与回归》，王铭铭：《西学"中国化"的历史困境》，广西师范大学出版社2005年版，第199—213页。

局的影响，新加坡与新中国之间由于意识形态领域的不同而产生政治关系的疏离，进而导致20世纪60—70年代新加坡华人与中国祖籍地之间联系的一度中断。这种背景以及新加坡建国后以英文为主教育制度的确立使得新加坡江兜移民尤其是在新加坡本地出生的江兜移民后代由于缺乏对于中国祖籍地的文化印象而面临华人族群的认同危机。与此同时，新加坡江兜王氏公会与新加坡昭灵庙也因此时江兜移民南来浪潮的暂时终止而分别面临传统功能弱化和保护神信仰宗教仪式难以传承的现实挑战。

20世纪80年代以后，随着国际政治局势的日趋缓和与经济全球化的日益加速，中国与新加坡之间的政治关系迅速"转暖"，1990年两国正式建交则进一步推动着两国迅速进入社会政治经济文化全面交流的历史新时期。受此影响，新加坡华人与中国祖籍地之间曾经一度中断的联系亦随之而得以迅速恢复。这种背景为当代新加坡江兜人通过到中国祖籍地寻根谒祖、探亲访友、叩拜祖庙、捐献公益事业等频繁活动而重新强化以"江兜王"与"昭灵庙"为标志的社群认同文化符号象征意涵提供了有利的外部条件，进而有助于促进新加坡江兜人社群的再凝聚。至于20世纪90年代以来世界王氏恳亲大会与世界福清同乡联谊大会的多次参与则从另外的角度对当代新加坡江兜人的宗乡社群认同意识强化发挥着重要促进作用。

从东南亚华人社会研究的角度来看，新加坡江兜移民社群建构及其当代演化过程与中国、东南亚乃至整个世界时代背景之间的关联性历史实态表明，对于东南亚华人社会的考察分析不能仅仅限于单一的东南亚视野，而是必须从东南亚——中国——世界三个面向的跨境视野，以及国家与社会、政治与文化、传统与现代等多重维度来深入研究和把握东南亚华人社会变迁。换言之，就东南亚华人社会研究所需把握的时空观感而言，我们既应立足置之于东南亚本土社会变迁场景中进行具体考察，又应时刻注意联系同时期中国乃至整个世界的时代背景而对其展开全面分析；我们既应集中于当地华人社会内部结构与文化形态的具体考察，还应注意国家与社会、政治与文化、传统与现代等多维关系场景变化与东南亚华人社会变迁之间的内在关联。当然，从资料来源来看，这种研究视野的多元和多重拓展也对我们充分收集相关文献与田野调查资料的能力提出了更高的要求。

总而言之，针对华人社群的研究对于东南亚华人社会结构与文化形态研究具有重要意义。就此而言，东南亚华人问题研究专家曾玲教授的丰富研究成果已充分表明，复杂的社群关系和多元的认同形态是殖民地时代当地华人移民帮群社会的一个重要特征。并且基于不同国情和历史文化等多方面因素影响，东南亚各国各地华人宗乡社群结构与文化形态亦反映出彼此差异性。由是，若要对东南亚华人社会进行更为完整而深入的研究则仍有必要对更多华人社群进行具体考察和比较分析。有鉴于此，进一步从中国、东南亚等多元的研究视野出发，运用历史学、人类学、社会学等多学科研究方法，并在广泛文献资料与田野调查资料相结合的基础上对为数众多的东南亚华人社群展开深入的个案或整体研究，已经日渐成为东南亚华人社会研究领域内的一个新方向，因为其中不仅有着巨大的研究空间，亦有着重要的研究价值。

# 附　　录

## 福清江兜王氏家族史[①]

　　福清江兜王氏家族，散布在星、马、印一带，人数将近，可谓相当闻名，其先人早在清末即远渡重洋，南来谋生，胼手胝足，克勤克俭，为其子孙披荆斩棘，铺平道路，在将近百年之后的今天，王氏族人，在事业上多有辉煌的成就，在星、马、印诸地，开设脚车，电池，纺织等工厂，创立汽车，脚车，巴士等公司，并参与许多银行，金融以及建屋发展等大型企业，同时在橡胶，棕油以及锡米，农矿业各方面，也取得了巨大成就，其中汽车零件一行，在本区尤以江兜人为先驱，至今仍在星、马行业中，高居举足轻重之地位。江兜王氏家族对子女的教育皆注重，因此，培养出不少的专业人才，诸如医生，律师，绘测师，建筑

---

① 转引自《新加坡福清会馆70周年纪念特刊》（非卖品），新加坡福清会馆1980年版，第108页；陈青《福莆仙乡贤人物志》，福莆仙文化出版社1990年版，第133页。

师，会计师，工程师，化学师，电脑专家，大学教授，甚至尖端科学家，皆有其人。

江兜祖乡有一特点；其同乡清一色姓王，只有数户外姓入迁，据族谱记载；其祖先严清公原籍福建南安象鼻尾；明朝嘉靖末，匪贼屡寇泉州，公同子游于万历元年，由南安后石鼻尾迁至福清韶溪江皋，迄今有四百余年之历史。严清公传袭五代，族人遂立一对十五个字的联语，作为其子子孙孙按辈分顺序取名的依据，华族各籍按宗祠所排辈行取名，可谓屡见不鲜。但江兜此一祖训对联，左联右联各十五字，不但构思精巧，对帝王之赞颂，对圣贤之景仰，兼收并蓄，而且对仗工整，修辞顺畅，堪称难得佳作。尤其令人拍案叫绝者，乃是字字优美，没有夹杂任何不宜命名之单字，今将该幅对联录下，以飨众人。

"希孔孟学常志圣贤显祖荣宗明世德，述尧舜道惟存孝悌振声绍武裕孙谋"

上联所列为成家立室之字号，而下联所排乃孩提之"读书名"，今日社会已不复流行一人二名之风气，故族人多从两联之中任取其一。目前该族各属多已传至"声"字辈与"绍"字辈。"声"与"祖"同辈，"绍"与"荣"同辈。其不同仅在取自上联或是下联罢了，甚易辨认。

江兜位于福建省福清县之南端，与莆田之北部相邻，原属水供短缺，土壤贫瘠之渔村。职是之故，背井离乡，出外谋生的子弟，也就很多，所幸祖乡之困苦，在子孙的心中种下了里应外合的改造下，业已成了一个良田无际，水供不绝的鱼米之乡，村内有中小学，有大会堂，戏院，还有一座现代化的"江兜华侨大厦"堪称为模范乡村。

# 新加坡昭灵庙重建碑记[①]

  清末海禁初解，里人陆续漂洋过番，凭勤劳智慧，披荆斩棘，结草为庐，餐风宿露，栉风沐雨，含辛茹苦，始创基业。前贤不忘故本，日夜思念兴建庙宇。一八五三年，前贤自故里昭灵庙，历经坎坷，带回南宋雕塑柳金圣候宝像，于梧槽路近地租下小房供奉。岁月悠悠，物换星移。随着到番里的人渐多，神灵显赫，香火旺盛，原庙址已不敷用，而迁往双溪律楼上，时亦称"江兜馆"，为抵境番客暂栖之处，更为离乡族人排忧解难，声名远播。随事业发展，神明显灵。尤在二次大战中，日军南侵，本岛沦陷，虽遭浩劫，幸我子民得柳金圣候庇佑，免遭其难，故信男信女倍增。为感神灵恩德，一九五五年间，众称"五仔"前贤之荣贵（攀仔）、贤雅（妹仔）、贤凤（毡仔）、振春（貌仔）、声攀（吓路毡仔）合力发起，按祖庙神像重新金塑并开光晋殿，幸得声基、栋良、吓兴、玉坤、金水、文桂、声厚诸君拥护，即今日供奉三殿真君、法主仙妃、宣赞元帅、达地圣候、柳金圣候、金韩二将、白马元帅、尊主明王、后土夫人。六十年代初，迁至惹兰拉惹乌当，善信激增。应时势所然，新老二辈决定向政府社团注册官提

---

[①] 抄自《新加坡昭灵庙重建碑记》，新加坡昭灵庙董事部1998年立于义顺区慈灵联合庙内。

呈注册其为合法华人庙宇，至此吾庙已具规模。光阴荏苒，八十年代末因场地局限，再次迁返双溪律旧址。九十年代初获悉政府征地，拆迁本庙。九四年底暂移集成汽车公司楼上供奉。幸有识之士荣銮、金祥、武镇诸君倡议，重新兴建昭灵庙，并急速成立筹建理事会，着手筹募基金，奔走各地。庙务扩展，议决不固步自封，广纳有志之士为理事，并托以重任。幸获星马印工商硕彦社会贤达乡亲善士鼎力支持，慷慨解囊，堤海成田，集句子于九五年物色慈云山宫为伙伴，合组建委会，大兴土木。并派遣代表团返故里祖庙考究，均认庙内神像不凡，人物护栏神龛精雕细刻，堪称稀世珍品。后悉乃出自南宋名家珍品，并邀雕刻大师按不逊祖庙工艺，精雕细琢。幸得宗亲玉清、绍碑、声龙、瑞龙、细吓倾力协助，耗时四年完成。九六年五月九日，敦请义顺区国会议员律政部兼内政部政务部长何炳基副教授主持奠基典礼，历时年余竣工。九七年十月卅一日农历丁丑年十月初一日，吾庙与慈云山宫同日举行开光晋殿，十月十一日庆祝柳金圣候千秋宝诞，首次举行盛大祝寿道场与千人联欢晚宴。九八年二月廿八日慈灵联合庙举行隆重落成庆典，由何炳基副教授主持开幕。

盖追吾庙历尽沧桑，经几代前贤呕心沥血，含辛经营，始有今日屹立于车水马龙，人潮如流，高楼林立，繁花似锦的义顺区。殿宇巍峨，金碧辉煌，溢金流彩，层台耸翠，直上云天。飞阁流丹，桂殿兰宫，宛如仙山楼阁，琼楼玉宇。庙内金炉银烛，香火萦萦，信男信女朝拜如流。庙院园林流水，青翠油绿，流水淙淙，花香鸟语，尤如人间胜地，一派兴旺盛景。抚今追昔，威慨万千。

附建庙捐款名单（略）

# 新加坡江兜王氏公会章程(1963 年)[①]

### 第一章：总则

第一条：本会定名为新加坡江兜王氏公会。

第二条：本会会址及开会地点设在新加坡衙律门牌二号（A）。

第三条：本会以促进新加坡江兜村帮人感情与团结并共谋发展社会福利及慈善事业为宗旨。

### 第二章：会员

第四条：凡居住新加坡之江兜村帮人年龄满十八以上不分性别有正当职业品行纯良而愿遵守本会章程及执行本会一切决议案者均得加入为本会会员。

第五条：凡请求入会需得会员一名介绍一名赞成，经执行委员会通过后方得正式参加为本会会员。

### 第三章：会费

第六条：本会加入会基金每名五元入会时缴纳。

---

[①] 资料来源：新加坡江兜王氏公会内部档案资料。

第七条：本会月捐定为每月一元，须于每月先期缴纳。

第八条：凡会员积欠月捐至三个月时若无来函申述充分理由，得由执行委员会议决取消其会员资格。

**第四章：权利**

第九条：凡本会会员均有选举权及被选举权，如遇喜庆皆可免费借用本会会所举行庆祝，惟须事前通知本会方可合手续。

**第五章：奖励**

第十条：凡会员对本公会捐助巨金或有相当功绩者，由任何其他会员提议，经委员大会通过后，得享荣膺为本会永久名誉主席，悬挂其玉照永留纪念。

**第六章：会务管理**

第十一条：本会会务归执行委员会管理，该执行委员会设正会长一名，副会长一名，正司理一名，副司理一名，财政一名，交际一名，中文书一名，英文书一名及执行委员七名，以上各职员均由本届常年大会选举之。

第十二条：执行委员任期以一年为限期满除财政外其他各职均可连选连任。

**第七章：会议**

第十三条：常年大会定于每年元月间召开一次讨论下列各项：

（1）已往一年间之账目及执行委员会之报告。

（2）选举下届职员。

第十四条：特别委员大会如经会员十五人以上联名用书面请求时则会长必须依照所请召开之如执行委员会议决召开时亦得举行之。

第十五条：凡举行常年会员大会必须于事先两星期前通知各会员如举行特别会员大会则须于事先四日前通知各会员，各项会员大会均以全体会员四分之一出席为法定人数。

第十六条：凡会员如有提案拟于会员大会提出讨论者可于大会召开之一星期前通知本会司理并得将其列入议程。

第十七条：执行委员会每月至少举行会议一次于未召开会议前应与各委员以一星期之通知会长得随时召开临时委员会议惟必须与各委员以三日之通知各项委员会议均以过半数列席为法定人数。

第十八条：执行委员会有权于每月指拨不逾五百元会款以应本会之支用。

**第八章：职权**

第十九条：正会长主持本会内及会外一切事物签押本会各种文件并担任各项大会及委员会议之主席，副会长协助正会长，遇正会长不在时代行其职务。

第二十条：正司理负责管理本会会务保管来往文件并于各项大会及会员会议时记录议案，副司理襄助正司理，如正司理不在时则代行其职务。

第二十一条：财政负责管理本会一切收支款项惟现款至多得收存一百元超额时无论多寡均须存入执行委员会所指定之银行财政有权于每月为本会支出不逾一百元之款项以应本会之零星支销所有向银行提款之支票必须由会长或司理与财政联名签押。

第二十二条：交际负责办理本会一切交际事项并负责筹备纪念庆祝等事。

第二十三条：中英文书负责办理本会一切中英文来往文件。

第二十四条：各委员如有一连三次在委员会会议缺席而无充分理由者将被认为自动向委员会辞退所留之缺得由执行委员会另委别人填补直至下次常年委员大会方再选举。

第二十五条：每届常年会员大会必须选出一人为本会之查账员该查账员不得兼任执行委员会之委员其任期为一年不得连任查账员负责检查本会每年账目并需于常年会员大会报告本会账目之情况在彼之任期间会长随时有权令其检查本会当年任何一时期之账目并令其向执行委员会报告。

## 第九章：来宾

第二十六条：本会会内须设一来宾簿以便登记所有来宾之姓名及介绍彼等之会员签名并来访之时日无论何人若来将姓名登记在此簿上者不得作宾客论。

**第十章：禁例**

第二十七条：本会会所内禁止一切赌博及牌九或麻将游戏不论其是否有赌注无论任何人不得携带赌具鸦片烟具不良分子进入会所。

第二十八条：本会会款不得用于代偿会员因犯法而被法庭判处之罚款。

第二十九条：本会不得参加任何政治活动或将会款或会所作为政治用途。

第三十条：本会不得图谋限制或以任何其他方式干涉商业或物价亦不得从事于一九四零年职工会法令中所定职工会之活动。

第三十一条：本会不得以本会名誉或执委会名誉或职员名誉或会员名誉发行任何彩票不论其是否限于会员购买一律均在禁止之列。

**第十一章：章程修改及解释**

第三十二条：本章程如有不妥处得由会员大会议决修正之惟必须经社团注册官批准后方能生效。

第三十三条：如遇任何问题发生而本章程又无明文规定其处理办法时则执行委员会有权裁夺解决之。

### 第十二章：解散

第三十四条：本会须获得不少过五分之三会员同意方可解散本会若解散时须将一切合法债务全部偿清如有余款则捐助慈善机关解散通知书须于解散后十四天内呈达社团注册官。

## 新加坡江兜王氏公会第 25 届执委会成员[①]

名誉主席：王荣漳　王荣涵　王荣汉　王声厚　王振祥
　　　　　王嘉良　王俊发　王文华　王如光
名誉执委：王声世　王声辉　王金龙　王泰平　王文桂
信托人：王福顺　王发祥　王声厚　王如明
主　　席：王福顺
副主席：王发祥　王宗祝
总　　务：王如明
副总务：王武镇
财　　政：王绍经
文　　教：王文秀
中文书：王发祺
英文书：王绍光
执　　委：王声华　王勇冰　王达永　王如英　王声德　王声兴　王金祥
查　　账：王荣栋

---

① 资料来源：时任新加坡江兜王氏公会主席王福顺先生提供。

## 新加坡昭灵庙董事会成员名单[①]

名誉顾问：何炳基副教授（律政兼内政部高级政务部长、义顺东国会议员）

尚穆根高级律师（三巴旺集选区国会议员）

庙务顾问：王金祥　王金棋

法律顾问：李绍森大律师 BBM，JP（太平局绅）

产业信托：王福顺　王宗祝　王发祥　王声厚　王金祥
王武镇

名誉主席：王福顺　王文地　王发祥　王声厚　王声德
王添祥

王金龙　王绍华　王如民（马来西亚）

王嘉良（马来西亚）

营顺机件私人有限公司　新和平木身（戏班）

伟达机械私人有限公司　黄南泰酒庄

中华铁架私人有限公司　金河商店

锦珍饮食机构有限公司

执行委员：

正主席：王宗祝　副主席：王达永

正总务：王武镇　副总务：王亚细　王文秀

正财政：王财祥　副财政：王声德

正交际：王绍福　副交际：陈庆富

---

① 资料来源：新加坡昭灵庙董事会成员名单（2005—2006），时任新加坡昭灵庙总务王武镇先生提供。

中文书：王金发（A）　　英文书：陈文财

正查账：郭赞辉　　副查账：王少明

理　事：

王琛发　王德祥　王文华　王荣瑞　王发良
王金清

王文泉　王文贵　王培荣　王玉辉　王标生
王霜元

周尾声　陈壁德　陈文华　丘亚平　王骏骥
黄梅兰

王美玉　王瑞玉　王贵兰　王水治　陈银宋
陈凤兰

刘爱月　王珍玉　王绍森　王昭伟　王昭明（A）

王金发（B）　王澎涛　王发祥　王银祥　王瑞连

王金木　王　绩　林祖复

附注：

| | | | |
|---|---|---|---|
| 声华（B） | Upper Bt. Timah Rd. | 绍明（A） | Broadrich Rd. |
| 绍华（A） | Brich Rd. | 绍明（B） | Ang Mo Kio |
| 绍华（B） | Waterloo St. | 绍明（C） | Hougang |
| 文龙（A） | Syed Alwi Rd. | 顺安（A） | Kitchener Rd. |
| 文龙（B） | 印度尼西亚 | 顺安（B） | 印度尼西亚 |
| 金龙（A） | Aven Park | 文华（A） | Towner Rd. |
| 金龙（B） | Eunos Ave. 4 | 文华（B） | Owen Rd. |
| 金龙（C） | Race Course Rd. | 文华（C） | Ang Mo Kio |
| 金发（B） | Thomson Green | 荣铭（A） | Thong Soon Green |
| 金发（C） | Sin Ming Ave | 荣铭（B） | Mandalay Rd. |

# 新加坡江兜王氏公会与新加坡昭灵庙（图）

附图1　新加坡江兜王氏公会所在的福清大厦①

附图2　新加坡义顺区慈灵联合庙

---

① 据新加坡江兜王氏公会主席王福顺先生介绍，自20世纪80年代以来该公会会所迁入新加坡福清会馆所在的福清大厦，以租用方式在该处办公。

附图 3　慈灵联合庙内的昭灵庙

# 参考文献

## 一 基本史料

（一）中国方面：地方志、民间文献及调查资料

（清）饶安鼎修，李修卿、林昂纂：《乾隆福清县志》，《中国地方志集成·福建府县志辑》，上海书店、巴蜀书社、江苏古籍出版社2000年版。

石有纪修，张琴纂：《民国莆田县志》，《中国地方志集成·福建府县志辑》，上海书店、巴蜀书社、江苏古籍出版社2000年版。

福建省华侨志编纂委员会主编：《福建省志·华侨志》，福建人民出版社1992年版。

福州市地方志编纂委员会编：《福州市志》（第八册），方志出版社2000年版。

福清市志编纂委员会编：《福清市志》，厦门大学出版社1994年版。

莆田市江口镇志编辑委员会编：《江口镇志》，华艺出版社1991年版。

中共福清市委党史研究室、福清市市志编纂委员会编：《福清华

侨史》，2003 年。

福清市《新厝镇华侨史》编委会编：《新厝镇华侨史》，新厝镇侨联，2004 年。

王福瑞：《江兜侨乡史略》，杨银仙主编《福建地区华侨出国史论文集》，福州市华侨历史学会，1994 年。

王锦照：《光贤故事》，远方出版社 2004 年版。

福清市政协文史资料委员会编：《福清文史资料第 8 辑》，1989 年。

福清市政协文史资料委员会编：《福清文史资料新第 5 辑》，1998 年。

周益民、雷凤忠：《莆田文化丛书·宗教信仰》，福建人民出版社 2003 年版。

彭文宇、蔡国耀：《莆田文化丛书·海外交流》，福建人民出版社 2003 年版。

金文亨：《兴化古今情》，厦门大学出版社 1993 年版。

郑振满、[美] 丁荷生编纂：《福建宗教碑铭汇编》（兴化府分册），福建人民出版社 1995 年版。

李文海主编：《民国时期社会调查丛编［二编］华侨卷》，福建教育出版社 2009 年版。

《江兜韶溪书院碑记》，清代乾隆二十七年（1762）立于福清江兜村草堂山。

《江兜华侨大厦碑记》，福清江兜村侨乡建厦委员会，1981 年立。

王声远抄：《韶溪江兜王氏族谱》（三卷本），1983 年。

王锦照主编：《江兜村王氏族谱》（重修本），2005 年。

江兜村王氏宗祠董事会编：《江兜始祖严清公诞辰五百周年纪念

册》，1999年。

江兜村昭灵庙宣赞大元帅出郊巡游锡福纪实董事会编：《江兜昭灵庙宣赞大元帅出郊巡游锡福纪实》，2005年。

陈章照主编：《福山学海：福清江兜华侨中学50周年华诞纪念特刊》，2005年。

《1997年江兜侨建基本情况统计表》，原福清新厝镇侨联副主席、江兜村人王金春先生提供。

《1997年江兜侨胞捐赠项目登记表》，原福清新厝镇侨联副主席、江兜村人王金春先生提供。

笔者在福建省福清市江兜村田野调查期间收集的口述访谈资料，重点如下：

2003年至2006年期间笔者在福清江兜村对王金春先生（时任江兜村党支部书记，福清市新厝镇侨联副主席）所做的多次访谈记录。

2006年8月13日笔者在福清江兜村对王振民先生所做的访谈记录（新加坡归侨）。

2006年8月15日笔者在福清江兜村对王先明先生所做的访谈记录。

2006年8月15日、17日笔者在福清江兜村对王玉清先生所做的访谈记录。

2006年8月19日笔者在福清江兜村对王锦照先生所做的访谈记录。

2006年8月21日笔者在福清江兜村对王国珍（印尼归侨）先生与王国荣（印尼归侨）先生所做的访谈记录。

2006年8月21日笔者在福清江兜村对王福瑞先生所做的访谈记录。

2006年8月22日笔者在福清江兜村对王玉荣先生（时任江兜小学校长）所做的访谈记录。

2007年10月5日笔者在福清江兜村对王宗耀先生（马来西亚华人）夫妇所做的访谈记录。

2007年10月5日、7日笔者在福清江兜村对王文龙先生（时任江兜村昭灵庙董事长及王氏宗祠负责人）所做的访谈记录。

（二）东南亚方面：史籍、档案、传记、社团特刊、报刊及调查访谈资料

（清）李锺珏：《新加坡风土记》（1882年），南洋珍本书献之一，南洋编译所编印，1947年。

[新] 曾铁忱：《新加坡史记》，黎明文化事业股份有限公司1975年版。

[新] 卓南生：《从星洲日报看星洲50年》，星洲日报社1979年版。

[新] 宋旺相：《新加坡华人百年史》（华文版），叶书德译，新加坡中华总商会1993年版。

新加坡华会馆沿革史编辑委员会编：《新加坡华人会馆沿革史》，新加坡宗乡会馆联合总会、国家档案馆、口述历史馆、新加坡新闻与出版有限公司1986年版。

[新] 吴华：《新加坡华族会馆志》（第一册、第二册），南洋学会1975年版。

[新] 彭松涛：《新加坡全国社团大观1982—1983》，新加坡文献出版公司1983年版。

郁树锟等主编：《南洋年鉴》，新加坡南洋报社有限公司1951年版。

《新加坡年鉴2003》，新加坡新闻、通讯及艺术部、联合早报

2003 年版。

［新］林孝胜主编：《义顺社区发展史》，义顺区基层组织、国家档案馆、口述史馆 1987 年版。

严仁山：《南洋车业交通录》，私人印行，1948 年。

许直、许钰：《新加坡工商业全貌》，华侨出版社 1948 年版。

陈展翼、庄瑞麟主编：《新加坡华侨商业指南》，私人印行，1956 年。

［新］区如柏：《祖先的行业》，胜友书局 1991 年版。

林博爱等：《南洋名人集传》（第二集），南洋民史纂修所 1928 年版。

林博爱等：《南洋名人集传》（第五集），南洋民史纂修所 1941 年版。

许教正：《东南亚人物志（第二集）》，私人印行，1967 年。

曾心影：《闽人创业史》，马来西亚、新加坡福建社团联合会 1970 年版。

宋哲美：《星马人物志》（第三集），香港东南亚研究所 1985 年版。

《创业传奇：18 位企业家的故事》，胜利出版私人有限公司 1988 年版。

［新］王如明：《振敬先生顺治夫人百年冥诞》，私人印行，1998 年。

［新］林菊英等：《兴化人与交通行业（1880—1971）》，南洋大学，1971 年。

［新］陈金姿等：《新加坡华人巴士交通行业》，南洋大学，1971 年。

《新加坡福清会馆 70 周年纪念特刊（1910—1980）》，新加坡福清会馆1980年版。

《新加坡福清会馆三庆纪念特刊》,新加坡福清会馆1995年版。

《融入狮城:新加坡福清会馆千禧大庆特刊》,新加坡福清会馆2000年版。

陈青主编:《福莆仙乡贤人物志》,福莆仙文化出版社1990年版。

陈青主编:《福莆仙人物志》,福莆仙文化出版社2003年版。

陈青主编:《福莆仙人物志》,福莆仙文化出版社2005年版。

严仁山:《新加坡兴安会馆50周年纪念特刊》,新加坡兴安会馆1972年版。

《新加坡兴安会馆成立75周年钻禧纪念特刊》,新加坡兴安会馆1995年版。

《新加坡车商公会银禧纪念特刊》,新加坡车商公会1957年版。

《新加坡车商公会庆祝成立四十周年纪念车业通鉴》,新加坡车商公会1972年版。

《新加坡车商公会金禧纪念特刊(1932—1982)》,新加坡车商公会1982年版。

《新加坡兴化音天道堂50周年金禧纪念刊》,新加坡兴化音天道堂1962年版。

《芙蓉培华学校创校八十周年纪念特刊》,培华学校2005年版。

《新加坡民俗导览:庙宇文化》(第二本),焦点出版有限公司2007年版。

《新加坡昭灵庙重建碑记》,新加坡昭灵庙董事部1998年立。

《福清人旅馆紧系家乡情》,新加坡《联合早报》1998年9月27日。

《人力车局百年沧桑》,新加坡《联合早报》1985年1月20日。

《一生劳碌今享成果——汽车零件商王万源》,新加坡《联合早报》1984 年 10 月 7 日。

《与汽车零件为伍——王声邦的创业经验》，新加坡《联合晚报》1984 年 4 月 7 日。

Ong Kim – Siong, The Story of the Bicycle and Other Land Transport In Singapore（CD – ROM）, Singapore：National Archives of Singapore, 2000.

新加坡口述史馆访谈记录，访员：郭庆和；被访者：王万源（第一代移民，新加坡江兜王氏公会发起人，新加坡大顺公司创办人）；访谈时间：1982 年 6 月 12 日；访谈地点：新加坡滑铁卢中心。

新加坡口述史馆访谈记录，访员：林孝胜；被访者：王声邦（第一代移民，原新加坡江兜王氏公会副主席、新加坡车商公会主席）；访谈时间：1983 年 2 月 19 日；访谈地点：新加坡森林金融有限公司珊顿大厦。

笔者在新加坡田野调查期间收集的口述访谈资料，重点如下：

2006 年 12 月至 2007 年 1 月期间笔者在新加坡对王福顺先生（时任新加坡江兜王氏公会主席、新加坡昭灵庙名誉主席、新加坡福莆仙公会主席、新加坡福清会馆名誉主席、世界福清同乡联谊大会副主席）所做的多次访谈记录。

2007 年 1 月 26 日、2007 年 10 月 24 至 28 日期间笔者在新加坡对王宗祝先生（时任新加坡昭灵庙主席及新加坡江兜王氏公会副主席）所做的多次访谈记录及后续联络记录。

2006 年 12 月至 2007 年 1 月笔者在新加坡对王武镇先生（时任新加坡昭灵庙总务、新加坡江兜王氏公会副总务）所做的多次访谈记录及后续联络记录。

2006 年 12 月 12 日至 16 日期间笔者在新加坡对王声厚先生（时

任新加坡新加坡江兜王氏公会名誉主席、前任新加坡昭灵庙主席）所做的多次访谈记录。

2006年12月1日笔者在新加坡昭灵庙对王金发先生所做的访谈记录。

2006年12月1日笔者在新加坡昭灵庙对王亚细先生所做的访谈记录。

2006年12月2日笔者在新加坡昭灵庙对陈太太所做的访谈记录。

2006年12月2日笔者在新加坡昭灵庙对周女士所做的访谈记录。

2006年12月2日笔者在新加坡昭灵庙对萧女士所做的访谈记录。

2006年12月3日笔者在新加坡昭灵庙对王达永先生（时任新加坡昭灵庙副主席、新加坡江兜王氏公会执委）所做的访谈记录。

2006年12月3日笔者在新加坡昭灵庙对王文秀先生（时任新加坡昭灵庙副总务、新加坡江兜王氏公会文教）所做的访谈记录。

2006年12月7日笔者在新加坡昭灵庙对丁晓冬先生（时任新加坡昭灵庙理事）所做的访谈记录。

2006年12月7日、2007年10月26日笔者在新加坡昭灵庙对王金棋先生（时任新加坡昭灵庙顾问、新加坡莆田天后宫理事）所做的访谈记录。

2006年12月21日、1月29日笔者在新加坡昭灵庙对王金祥先生（时任新加坡昭灵庙顾问）所做的访谈记录。

2006年12月21日笔者在新加坡昭灵庙对王金清先生所做的访

谈记录。

2007 年 1 月 1 笔者在新加坡慈灵联合庙对唐先生（时任新加坡慈云山宫总务）所做的访谈记录。

2006 年 1 月 1 日笔者在新加坡昭灵庙对刘先生所做的访谈记录。

2006 年 1 月 1 日笔者在新加坡昭灵庙对黄先生所做的访谈记录。

2007 年 1 月 11 日笔者在新加坡对王发祥先生（时任新加坡江兜王氏公会副主席、新加坡昭灵庙名誉主席、新加坡福清会馆副主席、前任新加坡车商公会主席）所做的访谈记录。

2007 年 1 月 14 日笔者在新加坡对王如明先生（时任新加坡江兜王氏公会总务）所做的访谈记录。

2007 年 1 月 19 日笔者在新加坡对王勇冰先生（时任新加坡江兜王氏公会执委、新加坡车商公会总务）、王勇诚先生所做的访谈记录。

2007 年 1 月 19 日笔者在新加坡对王宗琎、王宗钰先生所做的访谈记录。

2007 年 1 月 19 日笔者在新加坡对王宗源先生所做的访谈记录。

2007 年 1 月 25 日笔者在新加坡对王荣汉先生所做的访谈记录。

2007 年 1 月 27 日笔者在新加坡对王进隆太太及其女儿所做的访谈记录。

2007 年 1 月 29 日笔者在新加坡昭灵庙对王美琴女士所做的访谈记录。

2007 年 1 月 29 日笔者在新加坡昭灵庙对王声德先生（时任新加坡昭灵庙副财政）所做的访谈记录。

2007 年 2 月 1 日笔者在新加坡对李先生（时任新加坡兴安会馆秘书）所做的访谈记录。

2007 年 2 月 2 日笔者在新加坡对王如英先生（时任新加坡江兜

王氏公会执委）所做的访谈记录。

## 二 研究论著

### （一）著作

［英］D. G. E. 霍尔：《东南亚史》，中山大学东南亚历史研究所译，商务印书馆1982年版。

［英］巴素：《马来亚华侨史》，刘前度译，光华日报社1950年版。

陈碧笙主编：《南洋华侨史》，江西人民出版社1989年版。

陈达：《南洋华侨与闽粤社会》，商务印书馆1939年版。

陈荆和、陈育崧：《新加坡华文碑铭集录》，香港中文大学出版社1971年版。

陈景熙：《海外华人文献与中华文化传承：新马德教紫系研究》，社会科学文献出版社2016年版。

陈文德、黄应贵主编：《"社群"研究的省思》，"中央研究院"民族学研究所2003年版。

陈衍德：《集聚与弘扬：海外的福建人社团》，湖南人民出版社2002年版。

陈衍德：《现代中的传统：菲律宾华人社会研究》，厦门大学出版社1998年版。

陈支平：《福建六大民系》，福建人民出版社2001年版。

陈志明：《迁徙、家乡与认同：文化比较视野下的海外华人研究》，段颖、巫达译，商务印书馆2012年版。

［新］崔贵强：《新加坡华人：从开埠到建国》，新加坡宗乡会馆联合总会、教育出版私营有限公司1994年版。

［新］崔贵强：《新马华人国家认同的转向：1945—1959》，厦门大学出版社 1989 年版。

范可：《在野的全球化——流动、信任与认同》，知识产权出版社 2015 年版。

范若兰：《移民、性别与华人社会：马来亚华人妇女研究（1929—1941 年)》，中国华侨出版社 2005 年版。

［法］格罗塞：《身份认同的困境》，王鲲译，社会科学文献出版社 2010 年版。

郭于华主编：《仪式与社会变迁》，社会科学文献出版社 2000 年版。

黄贤强：《跨域史学：近代中国与南洋华人研究的新视野》，厦门大学出版社 2008 年版。

黄枝连：《马华历史研究调查研究绪论》，万里文化企业公司 1971 年版。

［英］康斯坦丝·玛丽·藤布尔：《新加坡史》，欧阳敏译，东方出版中心 2016 年版。

［新］柯木林主编：《新加坡华人通史》，海峡出版发行集团、福建人民出版社 2017 年版。

［美］孔飞力：《他者中的华人：中国近现代移民史》，李明欢译，黄鸣奋校，江苏人民出版社 2016 年版。

李恩涵：《东南亚华人史》，东方出版社 2015 年版。

李明欢：《当代海外华人社团研究》，厦门大学出版社 1995 年版。

李威宜：《新加坡华人游移变异的我群观：语群、国家社群与族群》，唐山出版社 1999 年版。

李一平、周宁：《新加坡研究》，国际文化出版公司 1996 年版。

李亦园：《田野图像：我的人类学研究生涯》，山东画报出版社 1999 年版。

李亦园：《一个移植的市镇：马来亚华人市镇生活的调查研究》，"中央研究院"民族学研究所1970年版。

李亦园、郭振羽主编：《东南亚华人研究（上、下册）》，正中书局1985年版。

［新］李元瑾主编：《新马华人传统与现代的对话》，南洋理工大学中华语言文化中心、新加坡亚洲研究学会、南洋大学毕业生协会2002年版。

梁志明主编：《殖民主义史·东南亚卷》，北京大学出版社1999年版。

林国平、彭文宇：《福建民间信仰》，福建人民出版社1993年版。

［新］林纬毅主编：《华人社会与民间文化》，新加坡亚洲研究学会2006年版。

［新］林孝胜：《新华研究：帮权、人物、口述历史》，新加坡青年书局2010年版。

［新］林孝胜：《新加坡华社与华商》，新加坡亚洲研究学会1995年版。

林远辉、张应龙：《新加坡马来西亚华侨史》，广东高等教育出版社2008年版。

刘琛、王丹丹、宋泽宁等：《海外华人华侨对中华文化的传承与传播》，北京大学出版社2018年版。

刘宏：《战后新加坡华人社会的嬗变：本土情怀·区域网络·全球视野》，厦门大学出版社2003年版。

［新］麦留芳：《方言群认同：早期星马华人的分类法则》，"中央研究院"民族研究所1985年版。

［英］莫里斯·弗里德曼：《新加坡华人的家庭与婚姻》，郭振羽、罗伊菲译，正中书局1985年版。

［英］莫里斯·弗里德曼：《中国东南的宗族组织》，刘晓春译，上海人民出版社 2000 年版。

纳日碧力戈：《现代背景下的族群建构》，云南教育出版社 2000 年版。

彭兆荣：《人类学仪式的理论与实践》，民族出版社 2007 年版。

容世诚：《戏曲人类学初探：仪式、剧场与社群》，广西师范大学出版社 2003 年版。

宋燕鹏：《马来西亚华人史：权威、社群与信仰》，上海交通大学出版社 2015 年版。

唐志尧：《新加坡华侨志》，台北侨务书刊编印发行中心 1950 年版。

［法］涂尔干：《宗教生活的初级形式》，林宗锦、彭守义译，中央民族大学出版社 1999 年版。

汪鲸：《民族宗教研究文丛·适彼叻土：历史人类学视野下的新加坡华人族群》，广东人民出版社 2013 年版。

王付兵：《马来亚华人的方言群分布和职业结构（1800—1911）》，云南出版集团、云南美术出版社 2012 年版。

［澳］王赓武：《中国与海外华人》，台北商务印书馆股份有限公司 1994 年版。

王明珂：《华夏边缘：历史记忆与族群认同》，允晨文化实业股份有限公司 1997 年版。

王铭铭：《社会人类学与中国研究》，广西师范大学出版社 2005 年版。

吴凤斌主编：《东南亚华侨通史》，福建人民出版社 1994 年版。

吴主惠：《华侨本质的分析》，蔡丰茂译，黎明文化事业股份有限公司 1983 年版。

薛莉清：《晚清民初南洋华人社群的文化建构：一种文化空间的发现生活》，生活·读书·新知三联书店2015年版。

[澳] 颜清湟：《新马华人社会史》，粟明鲜等译，中国华侨出版公司，1991年。

[美] 杨进发：《新马华族领导层的探索》，新加坡青年书局2007年版。

杨庆堃：《中国社会中的宗教》，范丽珠译，上海人民出版社2007年版。

游俊豪：《移民轨迹和离散论述：新马华人族群的重层脉络》，生活·读书·新知三联书店2014年版。

曾玲：《新加坡华人宗乡文化研究》，中国社会科学出版社2019年版。

曾玲：《越洋再建家园：新加坡华人社会文化研究》，江西高校出版社2003年版。

曾玲、庄英章：《新加坡华人祖先崇拜与宗乡社群整合：以战后三十年广惠肇碧山亭为例》，唐山出版社2000年版。

曾玲：《新加坡福德祠绿野亭发展史1824—2004》（中英双语），新加坡华裔馆2005年版。

曾玲主编：《新加坡福德祠绿野亭文献汇编之一：1920—1927年会议记录》，新加坡华裔馆2005年版。

曾玲主编：《新加坡福德祠绿野亭文献汇编之二：1953—1959年会议记录、1957—1959绿野亭坟山迁葬委员会立议案簿》，新加坡华裔馆2005年版。

曾玲主编：《新加坡福德祠绿野亭文献汇编之三：1887—1933年海唇福德祠绿野亭义山逐岁进支簿》，新加坡华裔馆2005年版。

曾少聪：《漂泊与根植：当代东南亚华人族群关系研究》，中国社会科学出版社2004年版。

张钟鑫：《近代新加坡华人基督教研究（1819—1949）》，福建人民出版社2015年版。

郑振满、陈春声主编：《民间信仰与社会空间》，福建人民出版社2003年版。

周怡：《解读社会：文化与结构的路径》，社会科学文献出版社2004年版。

庄国土：《华侨华人与中国的关系》，广东高等教育出版社2001年版。

庄国土等：《第二次世界大战后东南亚华族社会地位的变化》，厦门大学出版社2003年版。

庄孔韶主编：《人类学通论》，山西教育出版社2002年版。

G. William Skinner, *Chinese Society in Thailand: An Analytical History*, Ithaca: Cornell University Press, 1957.

James Francis Warren, *Rickshaw Coolie: A people's History of Singapore 1880 – 1940*, Singapore: Oxford University Press, 1986.

Jennifer W. Cushman & Wang Gungwu (eds.), *Changing Identities of the Southeast Asian Chinese Since World War II*, Hong Kong University Press, 1988.

Ju – Kang Tien, The Chinese of Sarawak: A Study of Social Structure, Dept. of Antropology, London: London School of Economics and Political Science, 1953.

（二）论文

蔡志祥：《汕头开埠与海外潮人身份认同的建构：以越南西贡堤岸市义安会馆为例》，李志贤主编《海外潮人的移民经验》，新加坡潮州八邑会馆 2003 年版。

陈春声、陈树良:《乡村故事与社区历史的建构:以东凤村陈氏为例兼论传统乡村社会的"历史记忆"》,《历史研究》2003年第 5 期。

[新] 陈明鸾:《从口述历史资料看新加坡估俚间和工会的关系》,[新] 林孝胜编《东南亚华人与中国经济与社会》,新加坡亚洲研究学会、南洋大学毕业生协会、新加坡宗乡会馆联合总会 1995 年版。

陈蒨:《会馆与文化教育:华人身份认同和国族主义》,周晓红、谢曙光主编《中国研究》2006 年春季卷总第 3 期,社会科学文献出版社 2007 年版。

陈衍德:《论华族:从世界史与民族史的角度所作的探讨》,《世界民族》2001 年第 2 期。

陈志明:《华裔族群:语言、国籍与认同》,《广西民族学院学报》1999 年第 4 期。

范正义、林国平:《闽台宫庙间的分灵、进香、巡游及其文化意义》,《世界宗教研究》2002 年第 3 期。

[挪威] 弗里德里克·巴斯著,高崇译:《族群与边界》,《广西民族学院学报》1999 年第 1 期。

傅乃昭:《新加坡宗乡会馆的发展及其面临的问题》,《华侨华人历史研究》1993 年第 3 期。

高伟浓:《东南亚华人的大伯公与土地神崇拜探析》,郝时远主编《海外华人研究论集》,中国社会科学出版社 2002 年版。

高伟浓、张应进:《对东南亚华人社团的整体性观察:渊源、功能、现状与前景》,《东南亚纵横》2015 年第 12 期。

韩方明:《海外华人三重性及其作用:以马来西亚为例》,《华侨华人历史研究》2001年第4期。

李天锡:《华侨华人民间信仰的特点及其前景》,《世界宗教研究》1999年第1期。

李勇:《移民时代新加坡华人帮群社会建构的个案研究:以"福建人"闽帮总机构为例》,《华侨华人历史研究》2008年第3期。

梁志明:《世纪之交中国大陆学术界关于华侨华人的研究》,《华侨华人历史研究》2002年第1期。

廖赤阳、刘宏:《网络、国家与亚洲地域秩序:华人研究之批判性反思》,《华侨华人历史研究》2008年第1期。

廖建裕、苏健璇:《对东南亚华人研究的几点看法》,《南洋资料译丛》1989年第3期。

林国平:《关于中国民间信仰研究的几个问题》,《民俗研究》2007年第1期。

林其锬:《论文化认同与华人社会》,《华侨华人历史研究》1992年第1期。

刘宏:《跨国华人社会场域的动力与变迁:新加坡的个案分析》,《东南亚研究》2013年第4期。

刘志伟:《地域社会与文化的结构过程:珠江三角洲研究的历史学与人类学对话》,《历史研究》2003年第1期。

龙登高:《海外华商经营管理的探索:近十余年来的学术述评与研究展望》,《华侨华人历史研究》2002年第3期。

[德]玛丽·F.萨默斯·海德休斯著,谧谷译:《东南亚华人社会研究中应考虑的一些特性因素》,《南洋资料译丛》1989年第3期。

[新]麦留芳、谧谷著,周翔鹤译:《新加坡华人传统民间社团

的发展趋势——联合还是分化?》,《南洋资料丛译》1989 年第 3 期。

聂德宁:《新马早期华人社会的民间信仰初探》,《厦门大学学报》2001 年第 2 期。

丘立本:《从世界历史的角度看东南亚华人宗乡组织的前途》,《华侨华人历史研究》1996 年第 2 期。

宋平:《传统宗族与跨国社会实践》,《文史哲》2005 年第 5 期。

汪鲸、戴洁茹:《他者、中国与新加坡华人的身份认同——以〈叻报〉为中心的历史考察（1819—1912）》,《华侨华人历史研究》2015 年第 1 期。

王苍柏:《重塑香港华人的族群地图:华人移民认同和族群建构的再认识》,《社会学研究》2004 年第 6 期。

[澳] 王赓武著,林金枝译:《东南亚华人认同问题的研究》,《南洋资料译丛》1986 年第 4 期。

王明珂:《历史事实、历史记忆与历史心性》,《历史研究》2001 年第 5 期。

王铭铭:《"双边共同体"中的游离与回归》,王铭铭《西学"中国化"的历史困境》,广西师范大学出版社 2005 年版。

谢剑:《试论全球化背景下的国族认同:以东南亚华人为例》,《浙江大学学报》2010 年第 5 期。

[澳] 颜清湟:《从历史的角度看新马宗亲会的发展和前途》,《亚洲文化》（第 15 期）,新加坡亚洲研究学会 1991 年版。

杨国桢:《中国船上社群与海外华人社群》,郝时远主编《海外华人研究论集》,中国社会科学出版社 2002 年版。

叶春荣:《人类学的海外华人研究——兼论一个新的方向》,台湾《"中央研究院"民族学研究所集刊》第 75 期（1993 年春季卷）。

曾玲：《华南海外移民与宗族社会再建：以新加坡潘家村为研究个案》，《世界历史》2003年第6期。

曾玲：《社群边界内的庙宇、坟山与移民时代新加坡华人帮群组织之建构——从碑文、账本、会议记录、章程等切入的研究》，《华侨华人文献学刊》第2辑，2016年。

曾玲：《社群整合的历史记忆与"祖籍认同"象征：新加坡华人的祖神崇拜》，《文史哲》2006年第1期。

曾玲：《移民社群整合与华人社团建构的制度化：新加坡福德祠绿野亭（1824—1927）研究》，《史学理论研究》2008年第3期。

曾玲：《创造传统：当代新加坡中元节研究》，《华侨华人文献学刊》2019年第1期。

曾玲：《从"华侨"到"华人"的重要转折》，新加坡《联合早报·言论版》2018年8月10日。

曾玲：《宗乡社团的推动与新世纪以来的新加坡华人文化》，《华侨华人历史研究》2018年第3期。

曾玲：《凝聚、开放与融汇：新世纪以来的新加坡华人宗乡社团》，《源》2018年第2期。

曾玲：《侨乡碑文中的新加坡华社领袖》，《源》2017年第4期。

曾玲：《社团账本与二战前新加坡华人社团经济研究——以嘉应五属社群总机构应和会馆为个案》，《中国社会经济史研究》2016年第4期。

曾玲：《坟山庙宇的社群化与东南亚华人移民帮群组织之建构：兼对东南亚华人社早报会结构研究的新思考》，《华人研究国际学报》2015年第7卷第1期。

曾玲：《以数字实录华人社会的历史图像：华人社团账本与二战前的东南亚华校研究》，《文史哲》2015 年第 1 期。

曾玲：《社会变迁、国家因素与当代新加坡华人社会宗乡文化之复兴》，《河南师范大学学报》2013 年第 1 期。

曾玲：《中国因素与新加坡华文教育的变迁》，《河南师范大学学报》2008 年第 6 期。

曾玲：《坟山崇拜与 19 世纪新加坡华人移民之整合》，《思想战线》2007 年第 2 期。

曾玲：《社群边界内的"神明"：移民时代的新加坡妈祖信仰研究》，《河南师范大学学报》2007 年第 2 期。

曾玲：《新加坡福德祠绿野亭文献及其学术价值》，《华侨华人历史研究》2006 年第 4 期。

曾玲：《转型与调整：当代新加坡华人宗乡社团变迁》，《暨南学报》2005 年第 1 期。

曾玲：《李亦园教授与东南亚华人研究：人类学的视野与方法》，《华侨华人历史研究》2004 年第 3 期。曾玲：《新加坡华人的龙牌崇拜初探——兼与祖先崇拜的比较》，《厦门大学学报》2003 年第 5 期。

曾玲：《阴阳之间——新加坡华人祖先崇拜的田野调查》，《世界宗教研究》2003 年第 2 期。

曾玲：《研究和建构中国与东南亚之间的"接触区"——评刘宏〈中国-东南亚学：理论建构、互动模式、个案分析〉》，《北京大学学报》2003 年第 2 期。

曾玲：《认同形态与跨国网络：海外华人宗乡社团的全球化初探》，《世界民族》2002 年第 6 期。

曾玲：《新加坡华人宗乡社群认同形态的历史考察》，李元瑾主编《新马华人：传统与现代的对话》，新加坡南洋理工大学中华语言文化中心、新加坡亚洲研究学会、南洋大学毕业生协会联合出版2002年版。

曾玲：《坟山组织与华人移民之整合——十九世纪新加坡华人建构帮群社会的历史考察》，周南京主编《华侨华人百科全书总论卷》，中国华侨出版社2002年版。

曾玲：《"虚拟"先人与十九世纪新加坡华人社会：兼论海外华人的亲属概念》，《华侨华人历史研究》2001年第4期。

曾玲：《坟山组织、社群共祖与帮群整合——十九世纪的新加坡华人社会》，《亚洲文化》（第24期），新加坡亚洲研究学会2000年版。

曾玲：《新加坡广惠肇碧山亭的建立及其社会文化意义》，陈荣照主编《新马华族文史论丛》，新加坡新社1999年版。

曾玲：《一个聚族而居的华人村落的建立与运作——殖民地时代新加坡华人村落的调查研究》，《亚洲文化》（第21期），新加坡亚洲研究学会1997年版。

曾玲：《华人民间文化——新加坡文化的重要资源》，新加坡《联合早报·言论版》1999年4月14日。

曾玲：《殖民地时代新加坡华人的坟山组织与"春秋二祭"》，《源》2001年第2期。

曾少聪：《菲律宾华人社会组织的建构及其功能》，《世界民族》2001年第4期。

曾少聪：《全球化背景下的东南亚华人社会》，《世界民族》2003年第6期。

张禹东：《东南亚华人传统宗教的构成、特性与发展趋势》，《世界宗教研究》2005年第1期。

张钟鑫:《华人网络与基督教网络的相互嵌入——近代新加坡华人基督教跨国网络探析》,《华侨华人历史研究》2015年第4期。

赵树冈:《东南亚华人的人类学研究:以区域及主题为分析焦点》,《华侨华人历史研究》2003年第3期。

郑莉:《东南亚华人的同乡同业传统——以马来西亚芙蓉坡兴化人为例》,《开放时代》2014年第1期。

周聿峨:《战后国际局势对新加坡华文教育演变的影响》,《暨南学报》2002年第1期。

庄国土:《略论东南亚华族的族群认同及其发展趋势》,《厦门大学学报》2002年第3期。

Cheng Lim Keak, *The Xinghua Communtiy in Singapore: A Study of the Socio - Economic Adjustment of a Minority Group*, in *Chinese Adaptation and Diversity*, ed., by Leo Suryadinata, Singapore: Singapore University Press, 1993.

Hervert S. Yee, Research Trends in China on Southeast Asian Chinese Studies, *Contemporary Southeast Asia*, Vol. 14, No. 1 (June 1992), pp. 59 – 81.

Lawrence W. Crissman, The Segmentary Structure of Urban Overseas Chinese Communities, *Man*, New Series, Vol. 2, No. 2 (Jun., 1967), pp. 185 – 204.

# 后 记

本书研究源起于多年前笔者撰写博士论文时的学术选题。屈指算来，该书整个学术研究的探索过程已逾十数年。对于笔者而言，本书的撰写不仅包含学术问题的探讨，亦记录了笔者在东南亚华人问题研究领域中不断进行学术探路的成长历程。

大学时期，笔者在河北师范大学历史系开始系统学习历史学专业知识，逐渐熟悉了世界通史和中国通史、各专题史以及史学理论，初步具备了一定的史学基底。不过，笔者的学术研究之路并未随即开启。2002 年至 2005 年期间，笔者在福建师范大学历史系攻读专门史专业硕士学位，选择以华侨史为研究方向，从而进入华侨华人问题研究领域，并开始尝试实地调查研究。2005 年至 2009 年期间，笔者在厦门大学历史系攻读世界史专业博士学位，以东南亚华人社会文化为研究方向，并深入开展针对性田野调查研究，进而确定并正式走上了长期从事东南亚华人问题研究的学术探索之路。从史学基础知识学习到东南亚华人学术问题研究，从文献阅读到田野调查，从北方到南方，理论视野的不断拓展与田野调查的实践体验不但逐渐促成了笔者的学术发展进路，也孕育了本书主题的研究缘起和学术面向。

一路走来，在笔者学术成长和本书研究的不断推进过程中，记录于心且需要感谢的人有很多。首先要特别感谢的是笔者在厦门大学历史系攻读博士期间的授业恩师曾玲教授。曾教授不仅是笔者走进东南亚华人问题研究领域的学术引入人和培养人，而且本书从选题缘起到研究及撰写过程，亦是在业师曾玲教授的长期指导和关心下进行的。

曾玲教授是东南亚华人问题研究学界的知名专家，治学严谨，长期专注于东南亚华人社会文化研究，并取得了丰富且卓有成效的一系列重要研究成果。其对于东南亚华人问题的考察范畴甚为广泛，涵盖东南亚华侨华人史、新加坡华人社会文化、东南亚华人民间宗教、东南亚华人社会文献以及东南亚华人与祖籍地关系等多个领域。在继承前人研究成果的基础上，曾玲教授始终坚持于多元视野中深度考察东南亚华人社会结构与文化形态。其有关华人社群建构问题的广泛丰富研究实践不仅突破了以往东南亚华人社会结构研究中的既有局限，亦为该问题研究提供了一个新的分析框架。与此同时，曾玲教授还积极探索和创新研究方法，坚持历史学和文化人类学研究方法相结合，坚持深耕文献分析和田野调查研究相结合，坚持个案研究与宏观考察相结合，并在广泛具体研究实践过程中确立起行之有效的研究方法论。曾教授的这些学术思想和研究方法论尤其是其在东南亚华人社群建构方面的研究成就对我影响至深。

作为当年曾教授招收的首个博士研究生，自笔者入学伊始，其便非常重视并格外用心对笔者进行学术培养。当时，虽然笔者经过硕士研究生阶段的学习已对华侨史有了一定的知识积累，但是对于从未到访过的东南亚华人社会却缺乏基本感知，相关的系统研究方法论基础更是凸显不足。面对此种情形，在为笔者进行理论精讲的同时，曾教授还将自己多年的田野调查笔记和研究心得倾囊相授，并多次特意安排笔者随同前往华南侨乡开展田野调查，以便于笔者能在调查实践中更好地学习体会田野研究方法。正是在曾教授从理论解读到田野实践的系统培养和精心指导下，笔者逐渐走进东南亚华人社会文化的研究领域，并开始尝试以历史学和文化人类学相结合的方法开展研究。在博士论文选题过程中，基于撰写硕士论文期间笔者已在侨乡福清市江兜村做过调查的经历，曾教授建议并鼓励笔者以该村海外移民群体为研究对象继续开展深入的个案研究，并将田野调查的空间范围跨越至东南亚，以多元视野对福清"江兜人"到新加坡"江兜人"的内在历史意涵转换进行深度考察与分析，进而从中进一步深入探讨东南亚华人社群建构的相关议题。而这也成为笔者博士论文和本书主题的研究源起。

本书主要以新加坡江兜移民社群为个案研究对象，具体地讨论19世纪以来江兜移民如何在新加坡社会变迁场景中重寻生存之道，并充分运用祖先崇拜、乡族观念、神明信仰等中国祖籍地中华传统文化资源凝聚社群认同，进而在新加坡建构出一个血缘、祖籍地缘、业缘、神缘相结合的华人移民社群形态及其当代演化情形。从本质上讲，本书研究主题当从属于东南亚华人社会结构问题的探讨。这既是近一个世纪以来海外华人问题研究学界始终关注的主要议题，也是曾玲教授长期深入研究的一个重要课题。

曾玲教授围绕华人社群建构方式和过程而进行的卓有成效的系列研究成果，既为东南亚华人社会结构问题研究提出了一个新的分析框架，也为该问题拓展了更为广阔的研究空间。与此同时，其还在研究中指出，基于社会历史文化等多方面因素的影响，东南亚各华人移民社群的具体认同形态及整合情形并非完全相同,复杂的社群关系和多元的认同形态是殖民地时代华人移民帮群社会的一个重要特征。因此,若要对东南亚华人移民社群的建构问题进行更为完整而深入的研究以得出更具普遍性的理论认识,则仍有必要对更多不同情况的华人社群进行具体考察,并在比较分析中不断归纳出更具普遍性意义的理论观点。就此而言,本书个案研究对象之新加坡江兜移民群体系为一个兼具血缘、祖籍地缘、业缘与神缘特征的华人移民社群,尽管其并非当地华人社会中的显赫"大群",但是却兼具了自身特点和东南亚华人移民社群的诸多一般性特征,正所谓"麻雀虽小,五脏俱全"。对该移民社群的研究有助于我们从微观层面更为细致地分析东南亚华人社群建构逻辑和演化趋势。特别是新加坡江兜移民社群既是一个以祖籍地血缘纽带维系的宗亲组织团体,又兼具显著业缘和神缘特征,从而令其在历史建构中呈现出更具特色的方式和形态。由于这类个案在学界以往的研究中并不多见,因从这个意义上讲,本书内容正为曾玲教授社群建构视角下的东南亚华人社会结构之分析框架提供了一个有价值的研究个案,有助于我们更深入地讨论东南亚华人社群的建构方式和内在逻辑,亦有益于我们更全面地了解新加坡乃至东南亚华人社会的结构与形态。

事实上,在对笔者的学术指导过程中,曾玲教授亦曾多次对本书东南亚华人社群个案研究的特有意义给予充分肯定,并始终支持和鼓励笔者能够在深入思考的基础上更进一步,不断丰富东南亚华人社群建构的理论逻辑内涵。特别是2009年笔者进入上海海洋大学从事教学科研工作以后,曾玲教授仍然一如既往地不断在学术研究方面给予笔者诸多指导、支持及帮助,鼓励笔者以博士学位论文研究为基础继续围绕东南亚华人社群建构问题开展相关课题研究并进行更深入的学术思考，同时利用国外访学等机会广泛查阅、补充并分析有关研究资料。在本书初稿告竣后，曾玲教授更是于百忙之中抽出时间给予认真审阅，并多次不顾劳累与笔者进行深入交流，对本书研究提出诸多中肯的宝贵意见，对本书后期的优化改进具有重要指导意义。概言之，正是在业师曾玲教授长期一以贯之的精心培养和学术指导下，本书主题研究的理论探讨亦得以不断走向深化。回首以往，每当笔者遇到学术困惑之时，曾玲教授总是及时给予答疑解惑与关心指导，从而使我可以在学术道路上不断跨越障碍，促我前进，助我成长。每念及此，在对恩师满怀无限感激之余，亦常倍感自己人生之幸运。

詹冠群教授是笔者在福建师范大学攻读硕士学位期间的研究生导师，也是一位华侨史研究专家。詹教授是笔者走进华侨史学术领域的启蒙授业恩师。在笔者从一个北方人地域观转向华南侨乡新视野的过程中，詹教授始终给予了笔者足够的关心、引导和帮助，并认真指导笔者在实地调查基础上对福建侨乡新移民问题进行学术探讨。巧合的是，詹教授建议并帮助笔者联系的实地调查地点正是福清市江兜村，而日后这也成为本书华人移民社群研究个案的国内田野调查点。此间对该村落状况的初步实地调查了解也为笔者后续在此深入开展田野调查研究奠定了良好的基础条件。攻读博士学位期间，尽管笔者的研究面向已经转向东南亚华人社会文化的新领域和新选题，但詹教授仍然一直关注着笔者的学术成长，在学术研究和国内田野调查方面继续给予笔者力所能及的指导和帮助。詹教授是一位仁慈的师者，常以和蔼的笑容对待每个学生，令我至今记忆犹新。五年之前，突闻恩师詹教授因病去世的噩耗，内心悲痛难以言表，万般怀念和感恩之情油然而起，心中久久难以平静。

范丽珠教授是专注于中国民间宗教社会学研究的知名学者，亦是笔者在复旦大学社会学博士后流动站工作期间的合作导师。其学术卓越而又平易近人的师者风范给笔者留下了深刻印象。在对笔者撰写博士后工作站出站报告的指导过程中，范教授常常深入浅出地为笔者解读宗教社会学的研究内涵和方法论，并曾多次为本书有关华人民间信仰问题的研究思路提供学术启迪，尤其是在传统与现代之间考察华人传统文化价值视角方面给本书研究带来不少重要启示，令笔者受益匪浅。

美国波士顿大学魏乐博（Robert Weller）教授是著名宗教人类学家和中国民间宗教问题研究专家，并有着丰富的中国民间信仰田野调查经历。笔者在国外访学期间，魏教授亦曾从宗教人类学角度对笔者在东南亚华人民间信仰研究方面给予面对面指点，从而进一步拓展和深化了笔者在东南亚华人民间信仰问题研究中的方法论视野。

从田野调查出发是本书研究方法上的一个基本立足点。在多次田野调查实践中，许多素不相识的被访谈者都给予了笔者尽可能的配合与帮助，从而有效保障了本书研究所需一手资料收集、整理等田野研究工作的正常开展。

在福清江兜村田野调查期间，当地人王金春、王玉清、王振民、王先明、王锦照、王文龙、王声远等先生都曾给予笔者不少热心帮助，从而使笔者总是能够得以较为顺利地在当地收集到研究所需的诸多民间文献与口述史资料。此间，笔者尤其要感谢的是时任福清市新厝镇侨联副主席、江兜村原党支部书记王金春先生，他不仅为笔者提供了江兜村许多重要的侨情记录资料，还多次抽出时间专门陪同笔者在当地四处展开调查访谈，并为笔者充当方言与普通话的临时翻译者。当然，我还要感谢更多曾经积极配合我调查访谈的江兜村淳朴村民，并祝愿他们明天的生活变的更加美好、幸福！

在新加坡华人社会开展田野调查期间，首先我要由衷感谢新加坡江兜王氏公会和新加坡昭灵庙董事会，是它们给笔者提供了邀请函和必要经费以及便利的调查条件，从而保证了笔者在新加坡的田野考察得以顺利进行。在新加坡田野调查过程中，我还要特别感谢时任新加坡江兜王氏公会主席王福顺先生。作为新加坡老一代江兜移民中出类拔萃的商业翘楚和社群领袖，其丰富的移民经历和商业经验以及深厚的故土情怀令其自然成为笔者访谈的首要对象。从相识初起，王福顺先生便对笔者关怀备至，不仅积极为笔者安置住处，还特意留出时间接受笔者的深度访谈，并为笔者提供便利查阅了新加坡江兜王氏公会的诸多档案资料。尤其令笔者感动的是，当时已是80岁高龄的王福顺先生还频繁地亲自驾车带笔者前往不少新加坡江兜人家中开展访谈，每次出去来回都是从上午到晚上整整一个白天，令笔者实在不胜感激。笔者也非常感谢时任新加坡昭灵庙董事会主席、新加坡江兜王氏公会副主席王宗祝先生和时任新加坡昭灵庙董事会总务王武镇先生。他们不仅为我提供了新加坡昭灵庙内档案资料的诸多查阅便利，还积极帮助笔者进行田野调查。当时每次新加坡昭灵庙内有重要活动，他们都会亲自驾车到住处接笔者乘车前往庙内开展访谈和参与观察。此外，新加坡江兜王氏公会名誉主席、前任新加坡昭灵庙董事会主席王声厚先生，新加坡江兜王氏公会副主席王发祥先生，以及数十位在新加坡接受笔者个案访谈或随机访谈的江兜人与非江兜人均为本书研究提供了许多不同侧面的口述材料，笔者在此也一并向他们衷心致谢！

其次，笔者还要感谢诸多新加坡华人社团领袖和同门师友或朋友给予的诸多支持与帮助。笔者在新加坡田野调查期间，时任新加坡中华总商会社会事务委员会主席、新加坡宗乡会馆联合总会副秘书长、新加坡三江会馆会长李秉萱先生不仅热情邀请笔者走访其所属华人社团，还和太太林明珠女士一起在生活方面对笔者慷慨相助并不断给予诸多亲切关怀，令我永存感动。新加坡海南天后宫领袖王兆炳先生、韩玉瑜女士在生活上给予笔者诸多悉心关照的同时，亦多次驾车载笔者走访不少新加坡华人社会文化团体或单位，使笔者对当地华人社会的感知程度不断加深。另一方面，当时在新加坡国家档案馆任职的王丽萍女士、新加坡国立大学历史系博士候选人张静女士、新加坡艺术片编剧文南飞女士以及新加坡海印佛学院的丘婉鸣小姐在笔者收集当地华人社会文化论文资料的过程中均提供了诸多及时的帮助。每念及此，笔者的内心中都不由得升起一种由衷感激之情，难以忘怀！

本书研究的全面顺利开展还得益于教育部人文社会科学研究项目基金、上海市教委科研创新项目基金的经费支持。上海海洋大学学术著作出版资助基金则为本书提供出版经费，并由中国社会科学出版社编辑出版。在此，也特别感谢责任编审宋燕鹏教授在本书书稿编校和出版策划中所做出的辛苦付出及其在本书书稿修改过程中给予笔者的诸多关心、指导与帮助。

感恩之心并无止境，在学术道路上和本书撰写过程中曾给予过笔者帮助的人还有很多，虽然在此无法一一致谢，但均已铭记于心，永怀感恩之心。

最后，我必须感谢的还有我的家人，他们始终是我内心最深处的幸福港湾所在。这其中包括背后一直默默支持我的内子张科赟女士，刚满十岁却日渐懂事的爱女，更有那一路辛苦将我养大成人且永远淳朴善良的父母双亲。正是因为有了家人的无限支持、理解、宽容与疼爱，让我可以在精神上有着永久的归属与期待！

是为记。